哈佛管理课

元金萍 ◎ 主编

团结出版社
UNITY PRESS

图书在版编目（CIP）数据

哈佛管理课／元金萍主编．—北京：团结出版社，
2018.1

ISBN 978-7-5126-5941-4

Ⅰ．①哈… Ⅱ．①元… Ⅲ．①管理学－通俗读物
Ⅳ．①C93－49

中国版本图书馆 CIP 数据核字（2017）第 310922 号

出　版：团结出版社
　　　　（北京市东城区东皇根南街 84 号　邮编：100006）
电　话：（010）65228880　65244790（出版社）
　　　　（010）65238766　85113874　65133603（发行部）
　　　　（010）65133603　　（邮购）
网　址：http：//www.tipress.com
E－mail：65244790@163.com（出版社）
　　　　fx65133603@163.com（发行部邮购）
经　销：全国新华书店
印　刷：北京中振源印务有限公司
开　本：165 毫米×235 毫米　16 开
印　张：20
印　数：5000 册
字　数：270 千
版　次：2018 年 1 月第 1 版
印　次：2018 年 6 月第 2 次印刷
书　号：978-7-5126-5941-4
定　价：59.00 元

前　言

　　哈佛大学是美国最古老的高等学府，也是世界最负盛誉的名牌大学之一。哈佛大学人才辈出，ABC 著名电视评论员乔·莫里斯在哈佛 350 周年校庆时曾这样说道："一个曾培养了 8 位美国总统、33 位诺贝尔奖金获得者，32 位普利策奖获得者，数十家跨国公司总裁的大学，她的影响足可以支配这个国家……"。哈佛大学是辉煌的，但大学中的哈佛商学院更令人称道。

　　哈佛商学院在近百年的辉煌历史中，向社会输送了大批优秀的管理人才，他们已成为世界工商界的巨头和中坚，为美国及世界经济的发展和社会的繁荣进步，作出了重大的贡献。也正因为如此，哈佛的管理学成了人们追踪的热门课题，特别是近几年来，美国政经界名人、商界弄潮儿纷纷前往哈佛进修深造。以期从中了解管理的真谛，深刻理解哈佛管理奇迹的不解之谜。

　　有"全球第一 CEO"之称的杰克·韦尔奇曾说道："作为管理者，必须高度重视识人、用人的能力，不断提高管人的技巧。作为一个合格的现代管理者，既需要有'才智'，又需要有'直觉'；既需要有'理性'，又需要有'感情'；既要善于在办公室中分析研究问题，得出'科学'的结论，又要善于学习和借鉴别人的经验。"

　　哈佛大学之所以能在管理方面造就出灿若群星的杰出人才，得归功于它在培养和提高学生的管理能力方面有着一套独特有效的方法。考入哈佛大学，亲自去学习这些方法，是多少学子梦寐以求的事情；将自己的孩子送进哈佛大学深造，又是多少父母望子成龙的殷切希望。然而，能真正走进哈佛大学的人毕竟是少数，大多数人难以如愿以偿。为了帮助莘莘学子及广大渴望在管理方面有所成就、有所作为的读者不进哈佛也一样能聆听到它在培养管理人才方面的精彩课程，学到百年哈佛的成功智慧，我们编写了这本《哈佛管理课》。

　　也许你刚刚被提拔为公司的管理者，那么你知道该做什么，不该做什么吗？新晋领导摸石头过河如何走好第一步？超凡魅力的 CEO 应该是什么样？如何驾驭员工或下属、建立优秀的团队？如何做到知人善任、各尽其才？如何实现与员工的无障碍沟通？如何用较简单的管理取得较大的绩效……管理团队甚至一个公司将面临各种各样的问题和挑战，那么你在面对这些问题时，是否会有"困惑"之感呢？是否需要一些新鲜的知识来充实身心，来进一步提高自己的管理技能，以便能更好地应对公司出现的新挑战呢？本书将力图帮助管理者掌握最切合实际的人力管理方法，使其在企业或部门管理上少走弯路，拥有更多的优秀人才，以促进事业的稳步发展。

本书共分为23篇，从战略规划、领导能力、决策管理、绩效管理、中层管理、创新管理、改革管理、变革管理、成长战略、时间管理、招聘管理、人才管理、激励员工、交流管理、谈判管理、团队管理、重塑职业生涯、服务管理、财务管理、知识管理、幸福管理、口才管理、商业写作等方面入手，涵盖管理学的各个领域，结合具体的实例，为你全面解读哈佛管理学的精髓，演示管理问题，提供管理方案的实施工具和框架，把详尽、真实的哈佛商学院经典教学的课堂搬到你家的书房里。

本书是一本真正的你能看得懂的管理学。不仅汲取了哈佛商学院的知识精髓，还融汇生动的语言、经典的点评和鲜活的案例，把以往枯燥、乏味、艰深晦涩的管理学原理，用轻松的方式、诙谐的笔调展示出来，既专业实用又活泼有趣。本书适合于从事各类管理工作的领导者和管理者阅读，对于各类企业管理人员、经商管理者、各职能部门的管理人员，以及从事其他领导和管理工作的读者具有十分重要的借鉴意义。

当然，管理不是一朝一夕的事，管理实效的取得也不是立竿见影的。然而，掌握管理的妙法，却能对企业的良好运作和稳步发展起到决定性的作用。企事业单位的管理者如果能在广泛阅读的基础上开动脑筋，对现实中的疑惑进行深入思考，坚持学习与运用相结合，知行合一，日积月累，必然能够在错综复杂的局势下左右逢源、如鱼得水，成功地应付各种显露的或者潜在的危机，成为出色的管理者。同时，由于管理学与人们的工作和生活有着非常紧密的联系，应用也十分广泛，因此，现代社会，学习管理学对每个人都具有重要意义，即使你现在是一个初学者，一个渴望掌握管理能力的普通人，你也能从本书中得到有益的帮助，突破自己现有的格局。

目　录

第一篇　开放式战略规划，企业成功的通行证

第一章　如何选择战略规划中的关键点 ……………………………… 2

一、为什么战略规划不再只是高级经理的事 ……………………… 2

二、认知偏差很像野葛这种植物 …………………………………… 4

三、盛宴上的乞丐 …………………………………………………… 6

四、寻找急流和水坝 ………………………………………………… 8

第二章　巩固战略技巧——要精心策划，不要轮盘赌局 …………… 10

一、如何将高层战略转化为团队行动 ……………………………… 10

二、向短期思维宣战 ………………………………………………… 11

三、聪明的错误不会招致惩罚 ……………………………………… 13

四、找人来扮演"魔鬼代言人"——繁荣于

不确定时代的五个步骤 ………………………………………… 15

第三章　打好企业增长战略牌 ………………………………………… 18

一、销售员不做水虎鱼——你的销售战略

是否具有战略性 ………………………………………………… 18

二、是创造性破坏还是集中力量发展核心业务——哪一条

才是正确的增长之路 …………………………………………… 20

三、企业如何实现顶线和底线增长 ………………………………… 21

四、如何让战略落地 ………………………………………………… 23

第四章　战胜特殊困难的战略 ………………………………………… 25

一、经济衰退期会比繁荣期出现更多"洗牌现象" ……………… 25

二、不要像鸵鸟一样把头埋进沙子里，逃避现实 …………… 26

三、外包是否能改善行业竞争态势 ………………………… 27

第二篇　领导能力：一个不断向前推进的实践

第一章　领导们该做什么不该做什么 …………………… 31

一、好的领导不会让企业躺在桂冠上休息 ………………… 31

二、作为独行武士的领导虽然很英勇，却无疑是一种自杀 … 33

三、在崇尚授权和舆论建设的年代，权威是否失去了
原来的地位 ………………………………………………… 35

四、就像教会和皇室各司其职一样，领导的作用
也各不相同 ………………………………………………… 37

五、老将与新秀 ……………………………………………… 39

六、为何要做一个讲诚信的领导 …………………………… 40

第二章　对个人英雄主义领导的崇拜过时了 …………… 43

一、没时间闲聊，员工希望从组织领导那里得到更多、
更多、更多 ………………………………………………… 43

二、权力——在公司变革时期意味着"针尖对麦芒" ……… 45

三、超凡魅力的 CEO 应该是什么样 ……………………… 47

四、值得信赖的领导：重新发觉创造恒久价值的秘密 …… 48

五、领导能力其实是一种制度能力 ………………………… 50

六、亲近后英雄主义偶像 …………………………………… 52

第三章　新晋领导摸石头过河走好第一步 ……………… 55

一、述职——提升新领导的起点 …………………………… 55

二、记住公司是动态的——而领导公司所需的技能也是 … 57

三、快速进入角色 …………………………………………… 59

四、给新任领导的建议——搭建起自己的支持系统 ……… 60

五、新任 CEO 如何诊断企业 ……………………………… 62

六、新经理：初为领导 ……………………………………… 64

第四章　卓越领导的技能 ………………………………… 66

一、用"受控的燃烧"来管理 ……………………………… 66

二、如果你是房间里最聪明的人，那么你有麻烦了 ……… 67

三、权力更受关注吗 ……………………………………………… 69

第三篇　决策管理——控制好你的思维力

第一章　不正确的决策过程让你的行动出轨了吗 …………… 72

一、决策者解决问题的奇思妙想 ……………………………… 72

二、一个问题的"真正的指关节球"——决策分析提
　　升项目规划 ………………………………………………… 74

三、涉及棘手的伦理问题时，如何做决策 …………………… 75

四、避免权力过于集中——同时避免过于民主 ……………… 77

第二章　寻找能够在利益群体之间取得双赢的决策策略 …… 80

一、创造一个正确决策概率大的"安全空间" ……………… 80

二、双管齐下，降低决策失误风险 …………………………… 82

三、不要和恺撒大帝一样对警告视而不见 …………………… 84

四、你可以通过"无偏见同事"的考验吗 …………………… 86

五、致命的漏洞——"请相信我——我理解这个地方的
　　行事规则" ………………………………………………… 88

第三章　克服认知偏见，避免日常的决策陷阱 …………… 90

一、认知偏见——决策过程中的系统性错误 ………………… 90

二、尽力避免可以预见的意外 ………………………………… 92

三、绝不仅仅依赖先例，历史不会精准重复自己 …………… 94

第四章　直觉管理——应该在多大程度上相信它 ………… 97

一、可靠的直觉火花来自于对某个领域的精通 ……………… 97

二、毫不犹豫地决策，带领公司冲破"死亡之谷" ………… 98

三、做决策，慢即是快 ………………………………………… 100

第四篇　绩效考核已死，绩效管理长存

第一章　挖掘绩效管理体系的最大价值 ………………… 103

一、放下老板架子，想着自己是个教练 …………………… 103

二、采用多层次、个性化的考核体系 ……………………… 105

三、就像跳水或花样滑冰的评委一样，考核人的打分

直接判定员工业绩的好坏 ·· 107

第二章 美好的期望——良好结果的关键所在 ···················· 110
一、管理学上的皮革马利翁效应 ···································· 110
二、反馈能开启持之以恒提高业务之锁 ························ 112

第三章 高效的绩效评估是工作锦囊中最有价值的道具 ········ 115
一、指导业绩的仪表盘闪起了红色指示灯 ···················· 115
二、不要让你设定的目标如空气般空洞 ························ 117
三、为高绩效做预算 ·· 119
四、为创意加上价值——评估知识型员工的五个关键 ········ 121

第四章 细微改变把可憎的评估苦差变美事 ···················· 124
一、360 度评估：到了重焕青春的时候 ························ 124
二、打分游戏，改进 360 度反馈评价法 ······················ 125

第五篇 中层主管做教练，不做警察

第一章 中层经理职业特质解密 ································· 128
一、高效经理人为何高效 ·· 128
二、是什么造就了领导者 ·· 130

第二章 中层经理：挑战与机遇如影随形 ······················ 133
一、选拔中层管理者：外聘 VS 内部培养 ···················· 133
二、决战在中层 ·· 135

第三章 中层经理修正自己，稳步迈上进步的阶梯 ············ 137
一、中层管理者欠缺执行力，我该如何拯救 ················ 137
二、中层管理四大要务 ·· 138
三、为中层经理喝彩 ·· 140

第六篇 奋力推倒禁锢创造力的围墙

第一章 认清创新的误区，寻找突破之路 ······················ 144
一、创新不是天才的灵光乍现 ······································ 144

二、扫平错误认识，建设创新平台 ……………………… 145

三、创新局限：通往成功的路障 ………………………… 147

四、你要粉碎的想法是——当然，创新的人要毫发无损 … 148

五、双脑组合的创新威力 ………………………………… 150

六、创新的圣杯 …………………………………………… 151

七、停止创新内战 ………………………………………… 153

第二章　实施令人惊奇的创新洞见 …………………………… 156

一、开放式创新，超越"非此地发明"的想法 ………… 156

二、突破型创新透镜下看品牌创造：你的品牌优势在哪里 … 158

三、不断重复的小实验是创新的生命之血 ……………… 160

四、风险是创新的代价吗 ………………………………… 162

五、"跳出盒子"——不拘一格思考，左右开弓创新 …… 164

六、创新者的 DNA 有何不同 …………………………… 166

七、微创新——Google＋潜能何在 …………………… 167

第三章　检测一个创新想法的实际效用 ……………………… 169

一、你能确定十拿九稳吗 ………………………………… 169

二、如何下大注——创新的三种诊断法 ………………… 171

三、怎样使想法变为产品成功 …………………………… 173

四、"花生"的进化——你的产品开发流程是否有助于创新 … 174

五、快乐的突破型结局 …………………………………… 176

六、你看到突破继续开花的信号了吗 …………………… 178

七、模仿有理 ……………………………………………… 179

第四章　让创新破"茧"而出 ………………………………… 182

一、创造力不是"管"出来的 …………………………… 182

二、创新项目要少而精 …………………………………… 185

三、可持续发展为何是创新之源 ………………………… 189

四、如何借力国家创新 …………………………………… 191

五、创新大挪移 …………………………………………… 193

六、让创新成为每个人的工作 …………………………… 194

七、创新催化师 …………………………………………… 196

八、如何当好首席创新官 ………………………………… 197

第七篇　CEO们营造改革氛围，造就改革人才

第一章　融会贯通各种领导风格 ……………………………………… 200

一、"改革者"和"发现者" ………………………………………… 200

二、哪些行为最能激发创造性思维 ……………………………… 201

三、玩的就是人才和人才合作的游戏 …………………………… 203

四、不是老板如何管理下属 ……………………………………… 204

五、横向领导方式：实权也能影响大家 ………………………… 206

第二章　克服改革的阻力，逆境求生 ……………………………… 209

一、如何逆转潮流，赢得支持者 ………………………………… 209

二、别拿困难开玩笑——酝酿改革，避免毁灭 ……………… 210

三、领导艺术催化剂——成功企业如何培养各个层次的领导 … 212

四、少年英才和老年精英——标新立异的领导者如何

吸引新的追随者 ……………………………………………… 213

第三章　有效的沟通关乎改革成效 ………………………………… 216

一、跟丘吉尔学习如何沟通 ……………………………………… 216

二、打造改革者的明星效应 ……………………………………… 217

三、改变领导方式，给问题加"框架" ………………………… 220

四、如何调动员工请点击网络 …………………………………… 221

五、群体思维和玻璃天花板——成为有共鸣的领导者 ……… 223

第八篇　未雨绸缪的变革，打碎禁锢成功的锁链

第一章　运用基本变革领导战略 …………………………………… 226

一、营造变革的气氛 ……………………………………………… 226

二、变革计划的关键——短期成功 …………………………… 228

三、肯定式探索：与想象同步的变革 …………………………… 230

四、支持能够保证战略实施的变革日程 ………………………… 232

五、一致性及协作精神对变革的作用 …………………………… 233

第二章　清除变革道路上的路障 …………………………………… 235

一、更好的重组之路是无痛的变革 …………………………… 235

二、如何克服"变革疲劳症" …………………………………… 237

三、不只是为了幸存——如何帮助员工实现变革的

角色转变 …………………………………………………… 239

四、接受这样一个事实：变革从来都不是直线发展的 ………… 240

五、变革审查，在变革开始前 …………………………………… 242

第三章　未雨绸缪的变革永不过时 ………………………………… 245

一、公司被成功（积极）的惰性禁锢了吗 ……………………… 245

二、发动一场"预期的而不是有反作用的"的变革 …………… 247

第四章　有效沟通助力变革 ………………………………………… 249

一、坚持到底——利用沟通实现变革 ………………………… 249

二、不要把沟通只限于会议和印刷品上——来自专家的

五条变革沟通建议 ……………………………………… 251

三、员工是否也做好了顶线收益增长的准备 ………………… 252

四、反思变革思维的战略 ……………………………………… 254

五、变革之舞——将沟通作为变革的舞鞋 …………………… 256

第九篇　设计成长战略，打通企业持续发展的隧道

第一章　成长理论浸润心灵 ………………………………………… 260

一、"卒、将、帅、王"——管理者的成长史 ………………… 260

二、企业持续成长的战略思考 ………………………………… 262

第二章　高成长的达·芬奇密码 …………………………………… 265

一、价值创新：高增长的战略逻辑 …………………………… 265

二、增长的相对价值 …………………………………………… 267

三、闭环式管理：从战略到运营 ……………………………… 268

第三章　成长战略的快速实施 ……………………………………… 271

一、把东西卖给富起来的大众 ………………………………… 271

二、搭建一个新增长平台 ……………………………………… 273

三、成长动态战略，持续掌控 ………………………………… 275

四、破解企业成长的内在动力 ………………………………… 276

第四章　企业蝶变的魅惑 ···················· 279

一、突破成长瓶颈 ························· 279

二、老企业如何创建突破性业务 ··············· 281

三、打破产品生命周期的宿命 ················· 282

第十篇　了解时间管理，远离时间陷阱

第一章　创造性管理时间的基本策略 ··········· 285

一、像每天照镜子似的频繁对照，确信你把时间用在
正确的地方 ························· 285

二、不要把时间资源短缺这个烫手的山芋传给别人 ··· 286

三、把"与自己的约会"安排在生物钟的黄金时间 ··· 289

四、"计划家"和"组织家" ················· 290

五、时间管理的五条法则 ··················· 293

第二章　在特定的情况下进行时间管理 ········· 295

一、治好你的"会议症" ··················· 295

二、处理管理信息过载——消息控制 N 部曲 ······ 297

三、数据的迷雾 ························· 298

四、多任务真的好吗 ····················· 300

第三章　管理能量，而非时间 ··············· 303

一、陷入一种"嗜忙"的状态 ················· 303

二、提高你的专注力 ····················· 304

三、谁背上了猴子 ······················· 307

第一篇 开放式战略规划，企业成功的通行证

第一章

如何选择战略规划中的关键点

一、为什么战略规划不再只是高级经理的事

战略规划，就是制定组织的长期目标并将其付诸实施，它是一个正式的过程和仪式，对于企业的发展而言，良好的战略规划能够帮助企业及时找到自己的市场定位和内部管理方式。一些大企业都会有意识的对大约50年内的事情做出规划。

这样的规划对于企业来说意义重大，所以一直以来，企业高管和相关管理学研究人士都认为，战略规划应该是高层例如高级经理的工作内容，但是随着市场经济和全球经济多元化的发展，人们渐渐发现，事实并非如此。

尤其是进入网络时代之后，互联网资源为企业的发展带来很好的契机和资源结构调整，以美国电子数据系统公司在互联网时代之初为例，当年它的总收入是163亿美元，这几乎是前一年总收入额的两倍，创造了公司业绩的历史纪录。

对此成绩，电子数据系统公司营销副总裁、战略规划行动的负责人之一约翰·哈里斯分析道："我认为这很大程度上归功于有明确的工作重心，而这正是战略规划所带来的，我们正努力强化的理念就是——制订战略计划是公司每一个人的责任。"

将制订战略计划纳入公司每个员工的日常工作中去，这一点听起来似乎很新鲜。实际上，电子数据系统公司并不是唯一一家在董事会之外实现战略决策的企业，在北美和欧洲，越来越多的大中型企业都已经意识到：成功需要最准确的市场信息和依据这些信息迅速采取行动的能力。而直面市场的员工对于这些信息拥有最直接也最敏锐、最直观的触觉，他们对于市场数据和客户体验的分析，往往直接揭晓容易被非一线人员所忽视的细节，而这些，是每日面对着数据报表的高级经理们所达不到的。

除了从市场的角度来考虑之外，每一位员工如果能够从战略角度思考，

如何让自己的工作符合企业目标，对于企业而言绝对是一种宝贵的财富。

全球咨询公司摩立特公司董事长罗杰·马丁认为，在目前的市场环境下，企业管理者们再也无法设想基层的员工是只会执行上级下达的任务的机器人。而与以往的这些思路恰恰相反的是，每天，所有员工对如何完成自己的工作作出的关键决定都可能给公司战略带来或好或坏的影响。这样的企业氛围，不仅给企业的发展带来更好的契机，也从最大程度上激发了员工对于公司的归属感和凝聚力。

但是这样的契机或者说是资源企业应该如何加以利用呢？

"在各行各业，以了解客户需求为中心的趋势正日益加强，"马努斯战略咨询公司的香农·赖伊沃尔指出，"如今，赢得客户的真正秘诀在于能够给人们他们正在寻找的东西。在管理层餐厅就餐的企业高管们可能会变得相当封闭。如果能吸纳其他人加入（战略规划流程），就有更大的可能制定出符合市场状况的战略。"

在各行各业当中，直面客户的往往是基层员工，所有的调查数据都是从他们的体验中提炼而出，所以制定规划，他们的感受和专业意见都是公司宏观战略的法宝。

"突破常规思维框架的唯一方法就是把企业想成是一家'选择工厂'，"马丁继续说道，"每个人其实都是一个选择实体。战略制定者和战略执行者之间没法划出明确的界限。"

"选择工厂"的实际意义，其实就是指在进行战略规划的时候，将每个员工纳入这个"工厂体系"中来，这样的"工厂体系"对于整个规划而言，这正是以客户为服务主体的导向所导致的。

这一点在纽科钢铁公司、约翰·迪尔播种机厂以及天合汽车集团远程无钥进入系统生产厂的例子中得到证明。这三家企业都不约而同的成功实施了将一定比例的员工收入与企业业绩挂钩的方案。而且这三家企业都将绩效薪酬制度向前推进了一步——让基层员工分享数量空前的企业信息，每个员工在企业内部都能享受到一定的主人公权益，其中包括企业为每位员工提供研读损益表的短期课程，就企业生产和劳务成本以及销售、市场和分销运营状况发布及时、详细和准确的报告，并且让员工了解本企业与竞争对手的成本与销售数字对比情况。在此基础上，所有员工的工作效率都提高了一倍不止，并且让员工参与到规划中来，保证了公司信息和战略方针的上通下达。

全员战略规划对于传统管理学来讲确实是一个新鲜事物，但是高效迅捷和极大的便利性为很多先行一步的企业带来了丰厚的回报。让员工变成企业反战的主导者，正是新兴企业所需的模式。

将战略规划从高级经理的报表中解放出来吧，让直面市场的主导者们说话，这样才能把市场攥得更紧、更贴近。

二、认知偏差很像野葛这种植物

认识偏差，每当在做一个商业决定时，这种误差似乎都很难避免。但是判断失误，很容易在整个商业流程中造成巨大的损失，而且对于职业经理人个人而言会是职业生涯中的一笔污点。尤其是在商业收购案中，制定收购方案时似乎尤其容易产生这些无意识的判断失误。这些认知偏差在不知不觉中暗暗作祟影响决策人当下的思维，可是很多人，只有在事后反思某些灾难性后果时它们才变得一目了然。

1. 在新产品开发当中的确认偏差问题

确认偏差为什么会产生？归根结底是由于管理者为自己的信念或自己想要获得的结果寻找市场相关数据做佐证和支撑时，忽略了搜寻不符合自己产品利益的证据而导致的。美国战略优势公司总裁理查德·古丁说，这种认知偏差在新产品开发阶段就开始起作用了，当一个新产品开始进入策划阶段，处于兴头上的企业很容易会忘记"考虑产品会不会以及为什么不被市场接受"。

以美国亚利桑那仪器公司为例吧，该公司上市后不久，其董事会就开始迫切要求推出一套新的系列产品来进一步打开市场销路。他们研制出一套全新的比任何现有技术都精确一百倍的地下汽油测漏方法。当时，他们得知美国环境保护署正通过国会立法强制对所有汽油储罐进行持续不断的检查，所以亚利桑那仪器公司当时的思路是，就在市场对这项卓越技术产生巨大需求的时候推出它。

可是，这项产品在面世后，遭到巨大的打击，因为该项产品只卖出了一台。对于在兴头上的公司而言，这实在是一项意想不到的挫折。实际上，这个挫折真的意想不到吗？公司的首席执行官后来承认，亚利桑那仪器公司在策划该项新产品时从来没有站在目标客户——比如大型的石油公司如在北美市场拥有众多连锁店的德士古或康菲的立场来看待项技术，没有从他们的角度问过："我们对于检测出地下汽油储罐泄漏的需求有多强烈？"倘若他们真的从这个角度进行过调查，他们会发现回答是——他们根本不是非常迫切地想知道储油罐是否泄漏，他们认为只要不违反组织条例而招来麻烦就行了。

从亚利桑那仪器公司的角度来说，这个产品无疑是巨大的失败，从经济收益角度或者从打开新的市场而言，都是一场滑铁卢。其实这个失败案例，并不罕见。归根结底，产生这样的认识偏差就在于，产品策划时，公司有意或无意中屏蔽了反面的声音，而这些反面的声音恰恰确是该项产品失败的原因。

所以，这个事例提醒我们，在做任何策划时，都应该最大程度的考虑到负面性，以及该负面影响带来的危机是否能承担。这样才能确保认识偏差的干预降低到最小。

2. 战略联盟与可得性经验法则导致的认识偏差

在进行一项全新的策划或者产品设计的时候，在负责人的设想中最容易得到的信息往往就被认为是最恰当的信息，这也是可得性经验法的实例之一。源于这种经验法则的偏差，常常会在企业考虑战略联盟挑选生意搭档的时候发生意想不到的意外。

著名的职场经理人奎因·斯皮策是凯普纳一特里戈管理咨询公司的董事长兼首席执行官。他对上述问题解释道："没有人肯定战略联盟是什么——从一项普通的列有约束条款的合作开放市场协议一直到员工共享行为，都属于战略联盟的范畴。结果常常导致一种'集聚现象'，如果一种联盟获得了成功，那么管理者就会说，'让我们再开展 20 次和这次一模一样的联盟吧。'"斯皮策继续说，"错就错在推断最近一次联盟的结构模式应该能够指导以后的所有战略联盟——即使相关的企业需求已经发生了很大变化。"

3. 企业并购与非理性承诺升级带来的认识偏差

在几年以前，美国管理协会针对商业市场常年出现的企业并购问题展开了一项市场调研。被访者说，在企业并购案例中最让人惊讶的是，合并两家公司财务系统的过程所用的时间比预料中长得多。大部分的人都认为企业并购只需 6 个月就能完成，但很多都延长至两年半。造成这样认知偏差的原因是什么呢？一次兼并或收购需要做的全面尽职调查，造成许多企业不愿作出不应继续某笔交易的结论，所以在一开始，他们就对待并购案兴致勃勃，产生"成交热"，在此势头下，很可能做出不怎么明智的决定，而且在此氛围下企业会陷入一种拍卖叫牌似的气氛之中，结果为一次收购付出了过高的代价。

三、盛宴上的乞丐

情景规划是战略专家在制定战略（尤其企业规划和项目策划时）的利器，它能够为我们在局势不明朗的情况下指引航向。情景规划如果正确应用，会对企业的发展和项目的进行产生很多的良性影响，但是它们也可能会为警惕性不高的使用者设置陷阱。因为再好的情景规划都不是专门用来准确预测未来的，它帮你想象出表面看来同样可信的一些未来图景，并帮你规划出针对每种情景的适当回应，是为了一些特殊极端状况的出现而做的准备。

情景规划的盛行是在 20 世纪 70 年代的美国，据说当时，老牌集团英荷壳牌集团通过情景规划预见到石油生产国将在石油行业占支配地位的前景，于是他们制定出相关的战略规划，所以早早地该公司在应对石油输出国组织的禁运政策时就比竞争者们占有更多优势。这是情景规划运用在企业规划上一个著名的案例。还有很多欧美大集团中像壳牌这样大型的运营稳定的企业，倾向于利用情景规划来确定潜在的危险。但是渐渐地，情景规划运用的领域逐渐发生了变化，据全球商业网络咨询公司联席主管克里斯·厄特尔指出，如今，"情景规划被企业家们所使用的现象大大地增多了。近年来发生了一种不容置疑的转变：人们已很少把情景规划用做一种应急规划方法，更多地把它用做一种激发创意和革新的手段。对某些快速增长的公司来说，问题就是可做的选择太多了，所以它们就把情景规划当做一种机会管理工具来使用。"

这个趋势其实反向说明了，情景规划对于企业的意义越来越重大。

情景规划这种工具更多地依赖于叙述，而不是一般人们想象的图表。虽然借由图表来的形式进行的趋势分析，在情景规划中能直观明了的起到表述的作用。但是情景分析本身就是建立在故事的基础上的。这些故事不仅赋予趋势一定的背景，还具有分析工具所没有的一种心理冲击，而且能够使得管理者用一种纯理性操作不可能实现的方式运用他们的直觉和想象，将他们灌注在对项目和企业的规划中。

位于加利福尼亚州北部的马林学院，特意为情景规划这个高级工具所规划出来的几种情景配上了生动的描述词，分别是"盛宴上的乞丐"（特征是低级别的州政府资助和高等教育的买方市场）和"哈里叔叔的遗嘱"（特征是高级别的州政府资助和教育的买方市场）。通过这样的比喻和通感，除了分析具体情境的生动性之外，还能够唤起人们的情感，使其进入人们的心理模式当中去，将经验丰富的企业家们的直觉和经验开发得更完全。

情景规划应该如何做呢？首先，我们要做的是询问企业最高决策者对未来发展的看法，因为企业的整体走向实际上是由这些大佬们决定的。

你可以问他们一些专业的问题，例如：你认为哪些决策会在未来几年决定企业的成败？当你试图想象从现在起未来几年这个世界的样子时，你最想了解的是哪些发展趋势？哪些潜在的发展趋势最令你感到激动？这样的问题不仅可以帮助你借由他的思维看到行业内的发展情况，也能激发他的经验累积的直觉和深刻体悟，他的意见将对你的规划起到非常重要的作用。

然后你需要做的，就是收集并分析你所能弄到的所有趋势资料。

在此之前建立一个信息收集网络，把似乎最有可能产生重要影响的各种外在力量罗列出来。你需要学会在各种途径，无论是网络还是现实人脉资源中找到你需要的准确的信息。

等这些资料分析完成后，你所要做的就是拟订情景了。

之前我们已经说过，情景规划本身就是站在对故事合理推测的基础上的，所以你需要把你认为最具影响力的一些外在力量编织成一个连贯的故事，不但专业还要有说服力。对此全球商业网络咨询公司共同创始人兼董事长彼得·施瓦茨建议道，规划者可以将情景数目限制为三个：最可怕的噩梦；一个根本上不同但更为美好的世界；一个基本上延续现状只是更为美好的世界。这三种情况其实就囊括了所有你可以预测到的情形。

例如德士古石油公司就曾经设计了一个情景，配备了先进电池和燃料电池的混合动力汽车实现了量生产，当时的设计人员在专业规划师的帮助下还为此情景编造了一个背景故事，通过故事的方式充分描述了也许会使这种批量生产成为可能的各种经济和技术条件。他们用这样生动的形式使得顽固的董事会欣然接受这项提议，最终导致了产品的成功。

最后你需要做的是评估每种情景的影响和设定每种情景出现的标志。

在这个步骤里，你需要记住的是即使你设计的情景涉及全球性的发展趋势，也要明确表达出其隐含的区域性影响，即本企业决策的直接结果。因为大多数人关心回报率的同时也会关心回报期的长短。

当管理者依照步骤做完情景规划之后，对于未来的各种可能性他都了如指掌了，这就等于他掌握了战略决策的基础。在其基础上，他得到提高的是经营组织的决策能力——能够敏锐地发现在其他情况下可能被错失或遭到否定的决策，而这个能力是所有管理者必备的优良品质。

四、寻找急流和水坝

在经济高速发展的时代，尤其是各行业关系日趋紧密的多元化经济联盟中，机会的涌现和消失有时候就是企业发展的生机、突破瓶颈的转折点，但如何发现这些机会和对这些机会运用得当呢？

首先，你需要学会的，要在这些山泉般喷涌的机会中找到急流和水坝。

对此哈佛商学助理教授唐·苏尔说："机会不再是千载难逢的了——它就像开了阀门的消防龙头一样喷涌倾泻。众多的可能性令人不知所措：我们是应该利用现有资源还是创造新的资源，是应该巩固目前的地位还是进入新的市场？我们是应该孤军奋战还是寻找合作伙伴？"

比起机会匮乏的年代，目前这样混乱的市场似乎更让企业家和投资者们心烦，在这样看似"处处都是水"的情况下，管理者们如何高效又准确的选择值得一饮的那滴水呢？《哈佛商业评论》上的一篇文章中谈到，选择"具有战略重要性的步骤，这些步骤会将企业置于机会不断大量涌现的环境之中"。

美国著名互联网巨擘雅虎公司董事长蒂姆·库格尔在为雅虎制定发展规划的时候，他老道又敏锐地指出：雅虎公司最好的前景将会沿着内容"食物链"展开。他为雅虎制定的战略是由互联网最原始的链条开始，这和雅虎公司的口号是一致的，"要想找到任何信息或任何人、与任何事物或任何人取得联系，Yahoo! 是大家唯一的去处"。雅虎从一开始就制定了先用搜索工具完成信息页的聚集，在这个步骤成功了之后再去开发通信和连接工具，最后着手解决商务和安全交易问题。整个生物链的规划完美而无缺憾。

其实雅虎的这些规划正体现了一个商业决定中的重要特征：一旦选好了战略步骤，要拟定几条简单规则，以指导作出快速行动和贯彻到底的各项决定。

这些规则既不能太过于复杂，难以执行，也不能太过于遥远，没有当下的参考性，这些简单规则需要提供充足的机制，指引你在变化无常和快速运转的市场当中游刃有余，同时也具备足够的弹性，帮你应对稳定、结构完善和步调缓慢的市场。而且对于公司内部而言，这些规则是连接人与新的工作任务的纽带，因为它们往往能迅速地传达出什么对一个企业来说是具有重要意义的，新的投资在哪些方面符合企业的整体战略，以及如何衡量一个投资项目的成功。这样的规则对于每一个等待机遇的企业都是非常重要的。

那么这些规则是否具有一致性呢？哈佛的经济学家苏尔和艾森哈特为这

些简单规则确定了五种大致范畴：

①具体实用规则引导战略步骤的执行。情景规划这一策略在雅虎公司深入人心，每一位工程师都必须参与每一个项目，而新产品都选择在投放市场时悄无声息的进行。这些都是情景规划中定好的战略，而在安然公司，每一项交易进行时商品交易人都必须以另一项能规避风险的交易，来对冲本笔交易给安然带来的投资风险，这样的情景规划确保了交易的正常有序。

②优先规则帮助你合理配置资源，让企业员工或者项目参与者都在一开始就能明白自己的工作重点，从而合理规划在这项工作上投入的时间、人力和金钱。

③时间选择的规则可以使一个团队的工作与眼前的机会同步，也与企业的所有计划同步。这样就不会出现因为规划不周密而导致团队之间配合有问题。

④边界规则会让管理者能把那些与企业核心理念相一致的机会，从另外一些不符合企业核心理念的机会中区分开。例如，美国的运通公司经过边界原则的界定，决定只和那些能为运通客户提供独一无二的优势服务——而不只是只能提供毫无特殊价值的"雷同效益"的公司建立合作伙伴关系。同时美国运通公司还坚持要优先获得合作伙伴的资源和信息，他们要求所有的合作伙伴必须拥有能达到运通服务标准的基础设施，对此，他们的检查很严格。

⑤退出规则帮管理者确定何时切断鱼线，不懂得放弃的公司，就像滥赌的赌徒一样，美国运通公司为每个合作伙伴都设立了业绩和投资目标，用退出机制来对这些目标进行约束，这样的机制就能避免不必要的损失，对公司的长远发展是绝对有利的。

第二章

巩固战略技巧
——要精心策划，不要轮盘赌局

一、如何将高层战略转化为团队行动

我们理解中的战略实施或者项目策划之类的词汇往往是和公司高层联系在一起的，就像所有的策划会议，统统是高层参加制订计划，然后颁布实施。对于很多管理方式较为传统的公司来说，战略方针是属于上层的东西罢了，但是这样的观念对于企业的发展是很不利的。

泰莱达因器材公司、上泰莱达因公司的子公司的前任总裁米切尔·古泽说："对保持行动与战略一致性来说，最大的障碍就是缺少理解。"

这一点对于很多管理者而言有点难以理解。为什么说最大的障碍是缺少理解呢？这是因为，作为制定方针的高层，你仅仅复述企业战略给去执行的下属很容易，但是为了保证实施效果必须把战略生动地解释给团队成员才行，不幸的是，许多管理者都会忽略这一点。

可是这样的忽略会造成什么样的后果呢？

团队的核心原本就是共同奉献。如果没有这一点，团队只是松散的个人集合。这种共同奉献需要一个个成员们能够为之信服的目标——而这个目标正是需要高层领导们对团队成员讲解的，这个目标不论是"将供应商的功能转变为对于消费者的优质服务"，"让我们能够为公司感到骄傲"还是"证明所有孩子都一样聪明"，对于成员来说都非常的重要，因为可信目标是与成功及保持领先密不可分的，如果不能，那么这个团队的失败几乎是必然。

如何才能将战略目标对团队成员做一个好的阐释呢？

罗申美－麦格拉德雷公司总经理兼战略规划顾问凯·劳里森对此很有经验："管理者应该做的是理解企业目标和战略，然后以一种能让本部门员工感到企业目标和战略与自己实际工作相关的方式进行重新阐释，所以阐述的方式越简单直接越好。"例如，如果战略的一个关键部分是提高新产品的成功率，那么你不妨用PPT或者各种方法来向你的团队一步步进行演示，这个战略将如何提高新产品的成功率，对市场的了解和把握是怎样的，阐明这与你所管理的客户服务部门的工作有怎样的关系，这对你的团队而言会有莫大的帮助。

这种阐释从心理层面更能帮助员工获得项目的成功。

基本上说，作为团队的领导者，你在面对一项战略的时候，应该首先推断一下企业战略对你所领导的团队会有怎样的影响，并且想象一下该如何对员工们阐述清楚这种影响，这种方式比起单纯地向员工传达指令的话效果可能会更好。因为你需要确保让员工们感到自己在参与本团队工作计划的制订，而这种参与感可以从心理层面上大大加强他们对这项任务的归属感。通过直接让你的员工参与如何在本部门执行企业战略的讨论，可以大大加强他们对战略的责任感，并提高他们在战略执行过程中坚守个人职责的意识，这一点对于团队的凝聚力以及工作效率是相当重要的。

所有的管理者在向员工阐述战略和方针问题时，需要着重讲明白三个问题：

①企业战略对我们的部门有怎样的影响？

②为此我们必须实现什么样的目标？

③我们怎样才能实现这些目标？

当你和你的团队一起解决了这些问题的答案之后，自然而然的团队就可以开发出一种共同语言和框架来思考并探讨战略与行动的一致性问题——这其实才是团队凝聚力的表现。

著名的咨询公司凯达利斯特咨询团队的一项报告指出，这种工作方式将使员工得以让"自己的行为与一套共同理解的目标和行动"相一致，如果在团队内部实现了这一点，那么团队合作的强度和效率就会大大加强。为强化这一点，咨询专家劳里森建议领导者在阐述战略目标时，可以使用图表和其他辅助手段来衡量新目标的进展。

现代企业管理，尤其是在北美西欧一些大中型企业，团队化的运作是保证企业制度继续优化和项目成功的核心。作为领导者如何将高层战略转化到团队运作便是团队管理中的关键。

二、向短期思维宣战

战略规划和情景规划都是对于未来发展前景的一个长期规划，它们的作用就是在现阶段将那些导致企业发展方向陷入迷茫状态的迷雾扫开，尽可能地把企业向它的目标推进，从而制定出适合企业发展而且具体可行的战略。但是在制定这样的战略过程中，很容易出现一个局限性的问题，导致战略计划的失败——那就是规划者的短期思维。

这种思维其实是指，策划者和实施者在宏观考虑整体发展方向的时候被眼前局势所误导，导致只考虑到短期利益，忽略了长期的重要性，这样的问题其实实施者也经常犯，例如实施者在被意想不到的目标打动而放松对长期性的把持，导致项目被打乱，这也是常有的事情，所以，管理者在进行任何一个项目的时候，应当要时时刻刻注意，向短期思维宣战。

所以，在战略规划和实施的过程中，项目经理尽量每周都要检查和整理出项目进展信息，和团队成员开会确定目前实施的步骤和成功，如果什么时候感觉到团队目标与公司总体目标已经不协调一致，甚至偏离方向时，可以中断项目或者调整目前方向，这样对项目进行的直接干预和监控有利于项目的良性进展。

全球著名的电脑企业惠普公司为 IT 部门安装业务分析系统，负责人贝尔突然停止部署这项工作。这是因为当时他从项目进展的情况中认识到，如果用不同的整合方式，这个系统可以使所有业务部门受益，不只是 IT 部门。于是他开始重新找寻整合方法，然后付诸实施。总体来看，虽然这次的突然延迟造成了 IT 部门的不便，但是最终却建立了一个企业业务智能系统，提高了惠普购物网站的运行效率，惠普购物网站 70％的员工每天在使用这个工具，对于整个公司来说，实在是获益匪浅。

在和短期思维作战时，管理者不妨多用一些激励手段：

为了保证战略与行动协调一致，管理者一般会特别定制的衡量与奖励制度来支持战略的具体实施。

"战略计划一旦获得了资金支持，就应该明确业绩衡量指标，并在组织的各个相关层次进行监测。"美国全国现金出纳机公司数据仓库事业部战略规划副总经理约翰·丁宁对这种手段表示赞同，"这使企业能够参照它们的目标来衡量业绩成果，并钻研业务中需要大胆改进的细节问题。"

合理的奖励制度在项目的实施过程中是必不可少的，现代企业中非常盛行的绩效考核也就是这种思维的延伸。摩根·霍华德全球公司北美区总裁马克·刘易斯曾经对公司建议，把团队着眼于企业，赢利战略所取得的特定成果与其整体薪酬挂钩，这就是奖励制度中的一种，这样做是奖励团队成功理解了企业的战略调整、能以战略调整为中心制订工作计划并完美地实施了这些计划。在这个过程中，员工不仅能充分明白自己对这个项目的意义，而且能获得切实的利益，这对员工的积极性来说是个很大的促进。

对于管理者而言，没有什么比看到自己精心制订的战略计划，在短期利益的驱动下被打乱还要感到头疼和沮丧的事情了。可是追求短期利益几乎是每个人都会犯的毛病，也是挫败协调战略与行动工作的常见原因，如果你想追问有没有办法能完全避免这样的事故发生，那么对不起，对待这种思维，没有一劳永逸的解决办法，需要你在实际过程中一一解决它所出现的可能。

人们自然都想创造有形的成果，而且是最直接最有效越好，大部分的员工都愿意取悦老板，而最有效的途径就是在最短时间内获得一定可观的效益，这对他们而言似乎是性价比最高的事，但往往怀着这些心态的员工都不会注意到公司利益的长期稳定发展。《天国的火种组织和个人发展中的潜力所在》一书的作者阿德里安·W. 萨维奇说，许多员工认为用这个月的销售数字来取悦老板，或为某些表面上紧迫的问题找到解决方法，比把精力耗费在一项直到本年晚些时候才能实现利润的任务上强。追根究底来看，为什么员工会有这样的想法呢，很大程度上和老板的眼界短钱是相关的。管理者需要注意，如果你注意长期利益，并且这样告诫员工，你的计划和战略才能真正实施。急功近利，对于每个公司而言都是需要避开的弊病。

在美国，赫赫有名的布兰查德·谢弗广告与公共关系公司为了加强战略目标与日常事务的联系，经常采取的措施是把个人目标与战略目标挂钩，例如，每年公司会发给每位员工一份材料，把企业目标列在最上面，收到的员工就必须在企业目标之下写下5～6项他们觉得自己年内必须完成的、有助于实现企业目标的计划，这样从认识当中，员工就能明晰的知道自己的工作任务是围绕着公司利益服务的。而员工在与管理者协商工作内容的时候，每一项计划都被分解为若干个要在90天内达到的目标，这些目标又再被细分成一条条的行动计划，既具有可行性也能保证大方向的正确和稳定。

该公司主管肯·谢弗说，公司规定项目管理者每周都必须要和下属碰面，以便指导他们的工作进展。

"这些会面就是进度检查，我们能借此开诚布公地讨论团队成员在实现目标的过程中所取得的成果和所面临的难题。"——唯有管理者有这样清晰的态度和明确的检查方式，才能确保在项目实施过程中，不会被短期思维干扰。

三、聪明的错误不会招致惩罚

在职场中，我们往往不缺乏对项目直观的敏锐性，但很多时候，却不敢承担相应责任去进行一个新产品或者项目的开发，因为积累了一定经验后我们会发现，我们在被一种创意所蛊惑的时候，很可能会对成功的可能性抱有过分乐观的想法，而导致更大的失败。虽然综合起来有各种各样规避挫折的方式，但是任何一个项目都是有风险的。

"要不是过分夸大了成功的概率，人们是决不会签约一项难以完成的项目的，"对此，深谙商业市场的经济专家加文说，"此外，在大多数情况下，其风险性直到项目已经进行到一定程度才会表现出来。"

这便是很多时候，人们害怕犯错而对项目战战兢兢的缘故。

多萝西·伦纳德是哈佛商学院工商管理教授。她同意加文所作的评价，但她更补充道："重要的是，确保让你的上级知道你正在做的这个项目是有一定风险的。"还有，她在自己的著作中指出，应该根据所冒风险的程度来组织和构建团队。因为一个风险很大的项目往往需要一个非常有创造力、知识结构多样、凝聚力非常强的团队和一位有重要影响力能够掌控整个团队的领袖。

为了使人们摆脱这种恐惧的心理，首先要替员工建立心理安全的基础。

根据专家埃德蒙森对美国大西洋沿岸中部地区一项公用事业公司的研究取得的数据来看，冒险意识并非只有在那些无压力的公司才会出现，在大西洋沿岸中部的这家公司迫于缩减成本的巨大压力，竟然一次性解雇了 25% 的员工，在这样的情况下，管理层居然还找到了其他提高生产力的新方法。在非常有魄力的新上任的首席执行官的领导下，这家公用事业公司参照了类似经营组织的最佳做法，取消了整整一层管理层（采用提前退休的方法为公司减少了人员压力），并且提高了多数未裁员员工的工资，并通过组建具有执行力的团队，让他们负责找到成本更低的经营方式，赋予员工更大的决策灵活性——这一点是最重要的。让员工参与到决策性上来，对于整个团队来说，百利而无一害。

专家埃德蒙森对此事例分析道，首席执行官在企业遭受重大危机时临危受任，他在重组公司架构后传达给所有员工的是这样一种信息："形势危急，我们需要你来扭转局势。"这种压力和信任加诸在员工身上，他明确表示，现在项目遇到了困难，如果这种情况没有得到改变，那么公司就会遭受巨大挫折，所以现状一定要改变。但是，他还立刻会让留下来的员工们知道，他们不会因为尝试新方法而遭到惩罚。在此情况中，如果留下来的员工战战兢兢不敢承担责任，那么这个困境始终无法摆脱。这一案例其实就向我们说明了什么是聪明的错误：它们不会招致惩罚。

"危机与惩罚确实是目标相互冲突的两种作用力（即便最初看上去并不是那样）。"埃德蒙森说，"员工们只要确信他们的同事和老板不会因为自己适当的冒险行动而大发雷霆的话，就能承受营业收入下滑的压力和对即将临头的裁员的恐惧。"

毫无疑问的，该公司最后闯过了难关，甚至在行业内重新塑造了辉煌。

有时候，员工的创新对于公司来说，是一种无形财富，哪怕这种创新会招致百分之百的挫折，但是通过实践所累积的经验都是不可小觑的，所以真正懂得管理的领导者，一定不会让员工失望，对于这样的聪明的错误，不仅不会招来惩罚，甚至还会有奖赏，因此企业发展才有足够的动力，这是因为，个人的错误一旦归于团队，就不一定是毫无价值的。

任何一个有前途的公司都不会制止创新，因此也就不免会从各种角度招致失败。其实失败不过是创新过程中不可避免的一个环节，一旦这个项目的团队领袖能够为树立这个理念而作出示范，那么团队中其他人都会明白，在工作中犯错误并与同事谈论所犯的错误真的没有什么大不了，于是他们才敢用于表达意见和尝试自己从来没进行过的实践。

四、找人来扮演"魔鬼代言人"——繁荣于不确定时代的五个步骤

众所周知，作为每天运筹帷幄和各种琐事打交道的管理者而言，保持大脑的时刻清醒，在所有项目中都保证不出现项目偏差，是一件很难的事情。这不仅对企业管理者的水准是一种考验，就对整个企业而言都是一件重大的事情。

著名商业专家迈克尔·希特在《高级经理学会》2004 年发表的一篇文章中，希特重点分析了企业在加强战略灵活性的过程中所面临的障碍，并为这个障碍的扫平方法替管理者确定了五个可以采取的步骤。希特的这些有创新价值的想法充分吸收了商业市场上众多专家和高层经理人通过实践总结而成的深刻见解，这五个步骤为企业加强战略灵活性提供了有价值的指导框架。

我们来说说发生在宝丽来公司身上的事情。这个原先领先于即时拍领域的前霸主，直到数字影像出现了好几年才肯承认市场的改变，但是当它这么做了的时候，一切都已经太迟了，市场已经出现了翻天覆地的变化。

宝丽来最终失去了自己的霸主地位，甚至被彻底赶出数字影像的市场，无论最终导致它失败的原因是什么，但是我们都可以从中看出，宝丽来的企业战略是被矢志不渝地坚守着的，这听起来似乎是没错，但是当技术的进步已使战略变得不合时宜也不作任何改变，这便是最大的错误。适时的改变比起坚守策略，更需要考验企业家的能力。

1. 绩效测评与监控

在道康宁公司里，高级的管理团队每个季度至少都会检查一次每项重要计划的战略实施情况，这是为了对公司战略方向的保证和监控。

道康宁公司首席市场官斯科特·富森说："在实际操作中，监控过程更为流畅，因为我们会经常会面，参照指定目标检查并评估项目绩效，道康宁公司业务涉及十几种一贯变化莫测的多样化市场，严密监控对于项目在预算范围内的正常进行是绝对必要的。"

在制定绩效测评和监控的措施之后，企业要充分考虑在测评中都应该加入哪些评估指标。例如，如果你替一部分员工设定的工作目标是从一个竞争对手那里争夺市场份额，那么在替他们做测评的时候就不能只是衡量总销售额而已，因为市场很可能已经增长了，而竞争对手的销售额也会随之增长的，所以你的测评标注也必须有改变。

2. 找人来扮演"魔鬼代言人"

在任何一个团队中，都需要这样一个人，勇敢提出不同见解，而且能够逼迫领导者意识到他们自己的认知偏差，这样的人能够防止团队陷入过于僵化的世界观而无法自拔。所以管理者可以指定自己倚重的一名（多于一名更好）副手来扮演团队中"魔鬼代言人"的角色，是揭示自身认知偏差的一种绝妙方式。

但是对于我们而言，实施"魔鬼代言人"策略的主要障碍，就是我们天生都不愿意被别人看成是唱反调的人，也不愿意每天去接受忠言逆耳，但是对于团队利益而言，这几乎是必需的。

3. 积极获取外部观点

这一点或许毫无新意，但是却很必须。领导者和团队成员都必须虚心听取来自于外部（无论是本业务部门之外还是本企业之外）的不同想法和观念，因为一个团队的人往往会出现想法雷同的情况，而外部的声音很可能旁观者清，因此这是另一种抵御管理认知偏差的有效方式。认知偏差（如忽略负面反馈意见或过快采取行动的那种倾向）在团队当中通常会被忽视，特别是在管理层人员流动率低的环境中，这些认知偏差会随着时间的推移在企业文化中变得根深蒂固，或许有人发觉了，却不敢开口。正因为如此，定期去攫取来自外部的新鲜观点对于企业各级员工来就很重要，这是一个保持团队活力的有效途径。

4. 将决策视为多种选择的组合

一般来说，大型的欧美企业通常同时推行多个项目和计划，但是通常领导者只能看见其中的重要项目，精力只受其中一两个项目的支配。但是，这样做很有风险，一旦市场形势发生变化时，有些看起来不那么重要的计划能很快就变成了最有价值的计划。坚持对各项计划一视同仁的态度，这样不仅能鼓励员工的积极性，还能将市场风险降到最低。其中一种方法就是把企业各种项目和计划当做是多种选择的一种组合，领导者要定期检查各项工作进度。对项目的整体把握就使得从一个项目向另一个（根据市场状况判断，发展前景更为广阔的）项目调配资源变得更加容易。而所有的项目都能在市场资源中合为一体，更好的应对市场风险。

5. 分析结果，运用经验

对企业管理和市场把握的灵活性其实归根结底是来源于学习的能力。别以为只有成功的经验才能带给公司有利的促进，实际上只有仔细研究导致负面结果（以及正面结果）的原因，管理者才能从中学到尽可能多的经验。对市场而言，往往教训的意义要比成功经验要大得多。

美国思科系统公司就是一个很好的例子。该公司通过一系列成功的收购已经有了相当大的发展，在市场上具有一定的知名度。在每一次收购当中，思科公司都上下协调一致，力争从每一次收购中都学到尽可能多的东西，而不仅仅是希望获得本次的成功而已。思科公司和流失率相当高的公司不同，他们非常注意避免骨干人员的流失。他们很注意这些骨干对于公司的重要性，这些骨干们掌握着与被收购公司、其所在行业及其市场状况相关的重要信息，对于公司的改进和发展将起到莫大的作用。

这五个步骤是企业管理者应当悉心学习的战略宝典。

第三章

打好企业增长战略牌

一、销售员不做水虎鱼——你的
销售战略是否具有战略性

销售，是目前市场上最热门的行业之一，也是最需要人才的。哪个经营部门能比销售部门更倚重于人才的应用呢？对于企业管理者而言，众所周知"聘用到合适的销售人才是件极富挑战性的事。除非企业非常具有战略眼光，通常能找到合适人选的概率是50%。"这句话是视康公司北美区销售副总监拉里·麦吉尔说的。

可是，对于一般的公司而言，往往是不具备这样的战略眼光的。

正是这家公司为了提高这个概率，不惜代价开发了一种个性概况分析工具，可将客户主管候选人的个性特征与公司业绩一流的销售人员的个性特征相比较。根据知名人力资源专家柯林斯认为，企业应该更加重视"性格特征"而不是具体的经验、技能或背景。因为性格特征会影响销售在职场中的种种表现，于是视康公司依据他的这一观点与 Profiles 国际咨询公司进行合作，确立了占销售团队总人数五分之一的销售精英们的基本个性特征，并且将这个总结出的标准个性概况作为后来视康公司用于招聘的那个测评工具的基础，采用性格适配法则，而不是从个体过往经验上去寻找概率的效果确实非同凡响的好。

但是视康公司还不满足于此，他们还很重视培养执行力强的销售经理。于是他们进一步分析出本公司最优秀的一线销售经理的基本个性概况，并开发出一套测评管理职位候选人的工具。可是他们在这里遇到了挫折，在做这个分析的时候，他们很快就认识到，个人的销售业绩并不能确切地表明此人的管理潜质。公司高层发现在寻找销售经理的过程中并不是在找业绩精英而是在寻找能够影响周围同事的业绩精英。

作为一个业绩精英不容易，但是作为一个能影响同事的业绩精英更不容易，但是什么才是销售员销售业绩的真正驱动因素？

　　美国西北大学凯洛格商学院市场营销学教授安迪·佐尔特纳斯说，许多主管都忽视了多数真正驱动销售业绩的因素，在刺激销售员的成绩时，他们往往仅仅期望通过培训或薪酬手段来提高业绩。但毫无疑问，这是不合理的。

　　因为这样根本无法解决诸如结构不合理的销售队伍或员工不能人尽其才或执行力低下的一线管理的问题。

　　根据市场调查显示，真正业绩出色的销售人员会在帮客户了解自身需求和问题上所耗费的精力可能和在推销商品上耗费的精力一样多。《复合式销售模式》一书的作者杰夫·图尔在书中说道，在高科技专业服务和卫生保健这类行业中，这种诊断方法尤其重要。决策是一个个人行为，如果客户从销售员那感受到的仅仅是水虎鱼的冲劲，那么是远远不够的，帮助客户了解自身需求，比强硬的灌输他们观念要有效的多。

　　格雷厄姆公司是美国的一家商业保险经纪公司。他们的经营案例突出体现了营销诊断的价值。格雷厄姆公司在美国各大保险公司中排名第 51 位，不算太前也是相当有分量的一个位置，但是他每年保险金收入超过 2 亿美元，而它的销售团队在将近 170 名的员工总数中所占比例不足 10%，而且所有保险金都是从为数 200 家的企业客户那里获得的。这个成绩即使是在出类拔萃的保险公司当中也是难以做到的。

　　能取得这个成绩，是因为格雷厄姆公司彻底脱离了传统的营销方式。在一个销售堪称数字游戏的行业中，格雷厄姆公司采用一种严格筛选新客户的手段。公司在过去几年当中，通常每年只与 350 家潜在客户进行联系，而往往，一般的同行都会尽可能的掌握大量的客户资料，然后忙得昏头涨脑，但是经过筛选，格雷厄姆公司决定只争取与其中的 35 家企业建立合作关系，通过销售精英们的努力最后赢得了其中 28 家企业的保险业务。

　　在整个从筛选到争取客户的过程中，格雷厄姆公司在诊断客户情况方面投入了丰富的资源，不惜为每一个客户都派出一个团队（包括律师、风险管理者、工程师、注册会计师和客服行业的专家）来对潜在客户保险方面的问题和风险进行评估，这项服务是免费提供的，但是对于所有客户来说，都是颇具价值的。

　　同样，格雷厄姆公司还不断调整风险管理战略，使之始终符合客户的商业目标——例如，审核计划收购的项目中存在的保险问题。这在很多机关冗繁着眼于细节的公司是不可能达到的，但是格雷厄姆就是靠着它的灵活销售战略保持了骄人的成绩。

　　重视客户又稳扎稳打，是销售员个性特征中最重要的成分，但是这更说明了一点，销售是一项需要战略的活计。

二、是创造性破坏还是集中力量发展核心业务
——哪一条才是正确的增长之路

所有的企业都会遇到困难，就连在全球范围内掀起 IT 飓风的苹果公司都不例外，但是在企业陷入困境时该选用什么样的方法来突围，确实相当考验企业管理者。

根据专家的研究，集中精力发展企业核心业务是在这种艰难时期实现增长的最有效方式。而麦肯锡咨询公司的董事理查德·福斯特对增长问题进行了深入研究，他指出，大型企业生存的宗旨是持久经营而非变化。这一点是不是和你想象中有很大的出入，我们很多人都以为，在企业面临困境时，创新力应该才是支持企业发展下去的根本动力。一个企业的组织架构、业务流程和决策过程都在为优化持续的经营活动从而保持长期稳定提供了支持。但是，有创造性的破坏在关键时刻也未必是那么毫无作用。著名经济学家祖克说，增长的根本，首先就是要对企业核心业务有一个明确的界定。什么是核心业务呢？应具备如下要素：

具有本企业最具战略意义的"代理加盟商"客户（具有最高利润潜力的客户）；

具有本企业最具特色和战略意义的资质及本企业最重要的产品品种；

是本企业最重要的销售渠道；

具有其他重要的战略资产，如对于企业来说至关重要的专利或品牌。

在对核心业务进行明确界定之后，你需要警惕的是那些怂恿你"抛掉旧业，把有重要历史意义的核心业务弃诸脑后，起程奔向希望热土"的致命诱惑。在关键时刻，核心业务能为你带来的增长是你想象不到的。

在这件事上著名的案例就是，稳步经营了 120 年的眼镜业务之后的博士伦公司，在购买了一项突破性专利技术赢得了软性隐形眼镜市场之后，竞争对手开始向它的主导地位发起攻击时，此时博士伦公司居然决定去寻求新的增长源泉，不停地横向扩张经营起诸如电动牙刷、护肤膏和助听器等产品。渐渐地，因为失去了足够多的资源投入和管理层的关注，博士伦公司赖以生存的隐形眼镜业务一落千丈，导致公司的股票大幅度下跌；这家曾经在市场上遥遥领先的眼镜巨擘在市场上排名落后到第三位，排在了强有力的竞争对手强生公司和视康公司之后。

但是，我们也并不是鼓吹坚守僵硬落后的体质，在很多拥有辉煌过去的大型企业常常会神化过去的成功模式，并将其确立为一项制度，认为过去有

效的方法也会促成将来的成功。但是这样固守过去的成功模式只会使经营组织变得僵化，使企业丧失灵活性，难以适应日益动荡的商业环境。这样的时候，创造性的破坏比起坚持守旧来说，会对公司有益得多。

开拓一项新业务无论由谁操刀都不会是一件简单的事情，但是比起摆脱已有的业务来说，还是略输一筹，但是往往想要利用新的商业机会势必要摒弃关于某业务领域约定俗成的商业经，甚至要连根拔起一项存在已久但目前业绩表现不佳的业务。这对于很多历史悠久的老公司而言，尤为难以接受。但对于体制陈旧的老公司而言，这样壮士断腕确实是必需的。

但是这样的创新业务也不代表着例如上述的博士伦公司的肆意横向扩张，例如 IBM 公司就不应进入卫生保健行业，而强生公司也不应涉足计算机领域，企业要求的生存，不一定非得从根本上改变或完全转变业务种类，相反，这样的大幅度改变带来的未必是转机，而真正有效的创造性破坏其实是指如果企业想取得具有市场规模的业绩，它们就必须根据市场运行的节奏和规模进行稳健的改革。这其中包涵了两点含义：

①企业需要了解市场；

②企业需要对自身的核心业务有充分的了解。

过于强调核心竞争力可能会使企业变得刻板僵化，不容易接受有前景的新机遇。但是集中精力发展核心业务也并不足以确保可持续的发展。所以，当企业出现相关问题时该如何是好呢？

经济专家祖克和福斯特建议："在评估相关业务类别之前，要确保对于核心业务有一个清晰明确的界定。然后，寻找具有最强大竞争差别和优势资源的相邻业务机会——例如，新产品、新渠道、新的客户细分群体、新的地理分布、新的价值链环节、新技术和新业务。"

创造性破坏并不一定和核心业务相对立的，将两者理性地结合起来，或许对于企业发展更有利。

三、企业如何实现顶线和底线增长

随着全球经济的发展，所有的企业尤其是一个行业或者产业链上的企业，都像是一根绳子上的蚂蚱，稍有动弹大家都会受到影响。例如美国次贷危机引起的全球经济危机，从制造业到房地产业影响都颇为深远，如何在行业不景气的整体状况下，抓住机会实现增长呢？如果行业景气，如何抓住壮大的机会呢？

首先企业管理者需要做的第一条便是始终抓住精选细分客户群。

一家企业最有价值的资产是其自身与现有客户的关系。这一点被越来越多的企业管理者所认同。

这项战略的各项组成要素有：

仔细分析现有客户群，确定有哪些客户是企业想要继续服务的。在很多行业，例如商业保险行业，往往企业 60％ 的利润都是来自少数 20％ 的客户，而面向其余客户进行的销售手段其实是一种得不偿失的行为。

在目标客户群确定了之后，企业管理者应当带领着销售人员问问自己："我们是卖什么的？"然后再问问客户们："你们要买什么？"经济学家怀特利和黑桑曾经说过："我们通常都认为自己销售的是产品和服务。但实际上客户购买的是他们在利用我们产品和服务时得到的种种好处，如安全保障、生产率提高、自我形象、信誉等。"一旦弄清楚这两个问题，企业就可以把精力高度集中于所选目标市场，来大力提高自身收益。

使用这个战略获得成功的著名的范例就是美国联合汽车服务协会。他们最初是向部队军官出售汽车保险，现在则为他们提供了一整套的金融服务——每年销售总额达 60 亿美元，这笔单子羡煞多少同行。

在抓住客户群之后，你需要做的是系统化开发新产品或服务。

正如经济学家格茨和巴普蒂丝塔在他们的书里所阐释的那样，过去的 30 年里，企业在这一方面的重要经验来源于固定业务流程中"系统化"的那一部分。企业对于系统化的依赖，不仅仅表现在企业的日常运营上，而且在项目管理、风险降低和及时上市思维方面取得的种种进步，都可以看做系统化是如何共同推动某些企业的成长的。这样的企业往往都具备同一个优势——那就是"擅长于快速连续地推出一套套成功的新产品和服务"。两位经济学家称，"系统化地开发新产品和服务的战略，加速推动了整体业务运作。"

但是要想让这一战略行之有效，企业仅仅管理好一个单独项目是不够的，企业的系统化还必须要有能够支持多个项目同时运作的基础设施。而在这个系统内能够表明企业各项基础完善的迹象有：及时并按预算完成项目的经营模式和推动企业进入高级发展阶段的项目所占比例较高这两点。根据《成长与壮大》这本书所述，包括吉列公司、3M 公司和最有代表性的惠普公司都倡导这一模式，它们牢牢确立市场控制权，与市场同步成长，取得了非凡的成就。

但是很多这样的行业霸主，由于多年的市场主导地位，往往容易导致他们自身产生可能催生自大情绪，在一些创新事物上尤其对于彻底创新的变革性技术可能会缺乏战略眼光，导致错失市场良机从而被一些新兴的小公司抢先。

对这种现象，美国经济学家托马什科非常挖苦地指出，从某种意义上讲，通用汽车是 20 世纪 50 年代的微软，而 IBM 则是 20 世纪 70 年代的英特尔。缺乏创新意识，确实是一些企业的弊端。

除此之外，想要抓住顶线和底线进行发展的企业应该重新思考让客户接受服务或产品的方式。这一战略又可以被归类为渠道管理，因为这相当于整合自己过去的渠道资源，使得产品获得新生。这项战略有三种表现形式：创建或开发全新的渠道。例如戴尔电脑公司在和同行竞争并未取得明显成果时，通过电话销售个人电脑让企业焕发了勃勃生机；让企业自身成为事实上的渠道，吸收很多过去总是被制造商或效率较低的中间商赚取的利润，这个案例如建材行业中的家得宝公司、办公用品行业的史泰博公司；或是干脆就更好地利用现有渠道，如为小型企业提供薪酬管理服务的 Payehex 公司。诸如此类的渠道管理，对于陷入瓶颈或苦于如何突围的企业来说，不失为一剂强心针。

在底线中徘徊或者在顶线中求得发展的企业，无论是谁最先解决上述这些问题，谁都能真正成为增长热潮中最大的赢家。

四、如何让战略落地

有太多的高层习惯性地将战略和运营割裂开来，这是很多企业都会犯的错误，甚至是一些具有悠久历史、战绩辉煌的大企业也不例外。深入到每个行业中来看，甚至有一些颇有经验的 CEO 都会有类似的错觉：自己的主要职责是制定战略，而执行则是下属应该做的事情。但这样的结果是什么呢？所有公司的高管在会议上大谈战略，办公室和会议室随处可见的墙上贴满口号，但是基层员工们却始终找不到发展方向，公司运营状况一塌糊涂。但追究其原因来，那些高高在上的 CEO 还是认为自己制定的完美战略并没有问题，所有的问题都是下属"执行力不强"而已，作为决策者，他并不能意识到自己应该承担的责任。

其实，经营一个企业，需要把企业看做一个有机整体，而在使得这个有机整体运转时最紧要的是，不要把战略和运营割裂开来，作为决策者，不仅要从宏观上替公司把控发展方向，还要能够具体的制定出切实可行的方案方针，并且督促基层员工的实施。这样才能做到严密的管理，使得决策本身产生意义。

对任何企业而言，管理者的主要职责都不仅仅是制定战略，而是通过这些战略如何运营企业。亨利·明茨伯格在《管理者的工作：传说与事实》一书中写道："大多数管理者并不是深思熟虑的、有条理的规划者，他们往往马不停蹄地工作，他们的活动具有短暂性、多样性和不连续性等特点，他们热衷于行动，而不喜欢思考。从时间分配上来说，管理者主要在处理运营问题，而不是战略问题。"这样非常可惜的，管理者的工作如果不能落到实处，他的管理也将是白纸空文一张而已。

如何把战略和运营有效地衔接起来呢?

战略管理是指对一个组织的未来方向制定决策和实施这些决策。它大体可分解为两个阶段:战略规划和战略实施。在规划完成后要注意,企业战略调整会以不同方式影响到企业各个层次,让部门、团队或个人清楚地认识企业战略对自己的影响和意义,是各级管理者的共同责任。

如果你想将企业战略转化为可实施的具体行动,那么需要注意做到的便是以下三点:

①采用适当语言和逻辑,针对企业战略同团队或个人进行沟通。

②让团队参与战略"怎样和本部门及需要自己如何调整等方面"问题的讨论。

③确保每个直接报告都正常运转。

简单的重复企业战略是非常容易的,但是你必须将战略生动地解释给团队,许多经理们会忽略这些。

"管理者的工作应该是先了解企业的目标和战略,然后再以能让自己部门的员工感到更生动而真实的方式对战略进行解释",卡耶说。他是 RSM 麦克格拉德雷公司的管理主任及战略计划顾问。"越简单直接越好"。例如,如果提高新产品的成功率是战略的一个关键部分,那么就直接说明它是如何和自己管理的客户服务部门相关的。

这样最终的结果是,同下达指示相比,让大家揣测企业战略对自己团队的影响的做法会更有效果,因为你想让团队感到它在改变自己的计划,对于激发员工的责任感是有相当大的作用的。当然在这个环节中,管理者要推动和支配这个过程,指导员工们回答这样的问题:

战略会对我们的部门有怎样的影响?

我们要实现什么样的目标?

如何实现呢?

当员工们回答了这些问题,就如何思考和谈论策略联盟团队会因此有共同的语言和框架,这使得大家的行为会和共同理解的一系列目标和行动相一致。当团队的指导方针定了以后,管理者会紧接着确认每一个员工都理解自己怎样为公司带来价值,以及他们的行为会怎样推动公司的发展,特别是,经理人们要确认新战略对每个员工进行优先排序及时间管理方面的影响一致。

在这里需要特别指出的是,所有企业战略和执行手段都不会是固定不变的,战略是一个周而复始、不断改进的过程。所以管理者在制定明确的战略目标后,根据这些目标分配资源,明确运营措施的优先顺序,迅速确定这些决策对运营和战略的影响,以及在必要时更新他们的战略目标,并且随时注意市场的改变,而对执行力度和方向进行进一步的调整。

第四章

战胜特殊困难的战略

一、经济衰退期会比繁荣期出现更多 "洗牌现象"

根据著名的商业调查公司贝恩公司的调研发现，在上次全球尤其是北美地区经济衰退期间，有超过五分之一的企业行业排名从后四分之一跃入前四分之一。与此同时，所有在经济危机之前在市场上属于遥遥领先的霸主企业们当中，多于五分之一的企业跌入了排名后四分之一的行列。这个发现告诉我们，在经济衰退期间，市场的竞争比起繁荣期显得更加的残酷。

艾睿电子公司就是一个在艰难时期转败为胜的杰出案例。1986 年左右，北美市场上电子行业相当不景气，这家名不见经传的电子元器件和计算机产品的批发商却启动了一系列大胆又不失精明的收购计划，这个举措使公司销售额提高了 5 倍多，将原本处于亏损的经营状态转为赢利模式，而且甚至从竞争对手规模为他两倍大的安富利公司手里抢得了市场的主导权。

这样的局面出现并不罕见，追究其原因确实复杂的。

首先，在经济衰退的时候，许多管理者都勉强能够接受低于常规标准的业绩，认为一旦经济状况回转，他们的公司就会加速超越竞争对手。但实际上，我们很少看到这种情况真的发生。真正有市场竞争力的公司，哪怕是在经济衰退期内，都会有显著的盈利表现。商场也如逆水行舟，不进则退。当很多管理者将企业发展的停滞归罪于经济危机时，悄悄地，已经有企业蓄势待发，冲了上来。

2001 年，在整个电脑行业销售额下降了 12% 的环境下，戴尔电脑公司单位产品销售额竟然逆势增长了 11%。打赢这场看似不可能的仗，原因全是因为戴尔公司意识到在经济衰退期价格弹性有时会增强，于是早早做好准备利用合理的降价手段夺取了超过 6 个百分点的美国市场份额，并且在所有经济衰退期中最不景气的 2001 年第四季度，赢得了本行业 90% 的利润，同时，IBM 等行业巨擘都在萧条的冬天中艰难残喘，眼睁睁地看着戴尔闯入行业前列。

其实对于本身实力强大的企业来说，机遇总是存在的，但是，在经济衰退期内利用这些机遇，所产生的影响要比市场一派繁荣时要大得多，因为这时许多竞争对手不是惊慌失措就是止步不前。此时若能抓住机遇，往往你获得的就是巨大的转机。

同样，在经济衰退期，很多企业忙不迭地缩减规模或者给机遇调整自身发展战略，横向扩展到并不熟悉的核心业务之外，希望别的市场的支撑，但这时往往促成交易或削弱同行的战略机遇也会增多。这些公司的退让实际上就为那些在衰退期坚持稳健周密的经营战略的企业制造了机会。要坚持企业的经营重心，其实才是企业在逆境中找到突破的关键性因素。

繁荣的市场中依然可能存在暗点，汇聚在经济衰退期的，也不仅仅是障碍。作为企业管理者更应当学会如何抓住市场先机，逆势突起，为企业的发展占据领先地位。

二、不要像鸵鸟一样把头埋进沙子里，逃避现实

没有什么比起在行业遇到危机或者在大的企业难关时作为管理者还要让人感到棘手的事情了。那么，当经济出现周期性衰退时，管理者应当怎样实现成功自我管理呢？这个秘方包括平衡、重心、有效的沟通、充沛的活力。

对于很多处于逆境中的人而言，很难完成所有的待办事项，于是成功的经理人们介绍经验，此时就应当"高度"专注于确定许多目标中有哪些是对于他、他的团队乃至整个公司真正重要的。而当你无法抉择时，你不妨去和你的上司谈谈。

根据哈佛商学院教授组织行为理论的托马斯·德朗的研究，其实对大多数人来说，最大的挑战就是怎样开启这个话题。那么，这个敏感而棘手的话题应当如何开展呢？"如果有疑惑，就该把两难处境说出来让别人了解。"德朗说。只有当你把你心中所想的，从要求到期待都说出来时，你的上司才能根据你的状况为你指引方向，沟通无论何时都是摆脱困境最有效的方式。

当经济危机来袭，团队内部经常人心惶惶，人人感到心力交瘁。这时候作为团队的管理者，你就需要放下那些大目标，而把小的成就作为激励工具。首先要确保每个人都清楚长期战略。然后，你要想办法能让员工专注于现有成果，那么，小小的进展和成就也能很快地让他们打起精神来。处于经济衰退期，如果你的眼光还是像其他时候一样盯着树顶端的大果子不放，那么很

快你就会觉得沮丧，再也熬不下去。这时候，小的胜利也无法给你带来欢愉。

美国著名培训公司帕朗斯培训公司的帕莱特说，当人手不足时，"没人愿意做决定"。"大家就像玩击鼓传花一样把'烫手的山芋'一直传下去，每个人都把处理棘手问题的责任推给别人，直到最后有人成了替罪羔羊，没能创造出奇迹成了他一个人的责任。敢于站出来承担责任，敦促他们警醒——哪些工作完成了，哪些还没完成——你可能就成了英雄了。你做了别人都不想做的事，把精力集中在创造你认为最有意义的效益上。"

当你在对市场前景感觉并不明朗的情况下，你不妨采取缔结联盟的形式来突围。尤其是在规划这些跨团队联系时，根据战略需要将与管理者所影响领域有直接关联的股东包含在内。这种内部的联合不仅加强了你的运营实力，也促使你的工作受到关注。适时的寻找联盟者，对于此时你的工作效率和精神都会是一项积极的促进。

哈佛商学院的经济学家塞吉尔指出："在各项责任的重压下一味埋头苦干，意味着你的个人梦想和战略愿景将在你自己所在的组织中受到压制，无法实现。"越是在你难以抗拒的逆境当中，你越是要积极争取主要意见影响者的机会，因为此时如果你错过，那么在你今后需要帮助的时候，他们是无法给你提供支持的。所以在此刻，你不如寻找那些愿意"说实话的人"和你结成提供支持的网络式联盟。你应该在你的经营组织中找出两三位"会告诉你你不愿意听到的事情、在你不在场时能对你作出公正评价的人"，"有些人只会跟我们说他们认为我们会爱听的话，在困难时期我们最不需要的就是这样的人"。这样的人，才能在逆境中为我们带来有效讯息，甚至可以迅速帮助我们突破重围，挖掘出市场潜力的可能。

在面临经济衰退时，几乎大部分的主管都会觉得惶惶不安，对此经济学家齐默尔曼说："许多主管都在坐等不可避免的厄运降临，更糟的是，许多人干脆像鸵鸟一样把头埋进沙子里，逃避现实。但你把头埋进去，身体的另一个部位却暴露无遗。"既然我们无法躲避那注定将要发生的现实，那为什么不尽可能做我们能做的去挽救这一局面呢？

三、外包是否能改善行业竞争态势

对于很多企业而言，在行业竞争到达一个瓶颈时，他们会选择外包的形势发展。外包对于企业的好处是可以解除管理者的一些负担，让他们专注于更具战略意义、价值更高的业务活动，尤其是更需要精力来应对核心业务的经济衰退时期。但这个外包具有价值的前提是他们要懂得自律，合理利用节省下来的这些时间。

埃德·弗雷是博思艾伦咨询公司的一位副总裁。他说，他见过有些客户采用外包策略后却没能从中获得收益，这是因为他们对其合作伙伴实施"微管理"——这样的外包形式并不能真正发挥其作用，而管理者仍然将精力丢在了那些徒劳浪费精力的事情上。

埃森哲公司战略变革研究所副主管兼高级研究员简·林德对这种状态解释说，企业要从外包中获得最大收益，就必须"做长远考虑，想想有哪些举措能带来更高投资回报率（ROI）。通常，这意味着外包时要注重外部效益——如企业在市场中的重新定位或对企业针对客户的价值诉求作重大调整——而不是诸如利用外包节省内部行政管理部门5%的运行成本这样的内部效益"。

那么，为了使得外包发挥高效，企业应该采取什么样的方法呢？

1. 降低成本，增加价值

随着外包范围继续从后台部门转向更具战略性的业务领域，越来越多的企业认识到，他们可以通过这个途径降低不必要的成本，从而为自己的产品和服务增加价值。

2. 外包是变革的催化剂

"企业都不太善于变革，"研究院林德说，"无论是改变经营模式、实施创新还是重组流程，都是艰巨的任务，而且，人们是无法达到所有期望的。"

但是在经济衰退阶段，一些具有前瞻眼光的主管积极将外包视为一种变革管理工具，用它来驱动大规模企业层面的转型，如竞争地位的转变、市场份额或股价的大幅度提高。这样的转型方式的外包非常有效，因为它是在向外部寻找公司所缺乏的重要业务环节，向能使这项业务高效运转的合作伙伴寻求专业力量。

3. 外包最重要的是如何区分核心业务、非核心业务和战略性业务

理论上讲，外包很简单。企业通过与第三方服务提供商合作，可以去除非核心业务负担、剥离资产负债表资产、提高资本回报率。

但实际上情况更为复杂。对于被经济危机弄得一头雾水的管理者而言，他们真的很难弄清哪些是核心业务，哪些是非核心业务，一旦这一点出现问题，那么外包很可能变成企业的绊脚石而不是助动力。

在一些案例中，企业外包时会增加了被以前的合作伙伴夺取市场份额的风险。在博思艾伦咨询公司任副总裁的埃德·弗雷说，曾经在德国经营消费电子产品而享有盛名的蓝宝公司就是这种情况。当时，收到市场的销售额，蓝宝公司为了及时补充其提供给经销商的系列产品，决定增加磁带录像机，并把这项业务外包给生产此类产品相当有经验的松下公司。此后，原先名不见经传的松下此类产品因为有了蓝宝公司的信誉支持便打开了销路，后来松下就更干脆的直接联系了蓝宝公司的经销商，转眼间它就为自己的系列产品建起了分销网络。"蓝宝公司所做的只是为松下公司接触到它的经销商网络开了便利之门。"弗雷说。这样的外包无疑是搬起石头砸自己的脚，是一次失败的案例，所以这个实例告诉我们，在外包时，我们绝对不可以放过我们的核心业务。

最后，管理者需要回答一个问题：外包能改善行业竞争态势吗？

实际上，将一些产业外包有可能帮企业避开许多产业目前不断经历的盛衰周期。尤其是在需求旺盛或需求不断增长的时代，像美国电子行业的思科公司和IBM公司这样的原始设备制造商向其合约制造商提供的市场容量预测值高于它们的实际预测值，它们就将这样的外包形式视为一种过压保护。而合约制造商也出于同样的原因对所需组件的市场容量作出了高于自身实际预期的预测，以防需求量增大令它们措手不及。结果，价值链的两端都出现了投机性订货的现象。这种过压保护策略是与市场的真实需求量完全无关的，这种现象不会存在于垂直一体化的经营模式当中。

外包其实只不过是供应链中一个附加的层次，它对于企业的意义通常是意味着又多了一层安全保护。这些保护层本身当然不会造成产业衰退，但是如果处于衰退期内，它们会加剧整个行业衰退趋势的恶化。这样的观点当然不是说外包就是件坏事，它们能够让这些希望横向发展的公司得以利用所有其他方面的制造能力，而不必去建自己的生产厂。但是对于某一个特定行业来说，外包无疑并不是一个好的解决方法。

第二篇 领导能力：
一个不断向前推进的实践

第一章

领导们该做什么不该做什么

一、好的领导不会让企业躺在桂冠上休息

在欧美大型企业当中，CEO 首席执行官这样的职位对于企业来说，是非常重要的一个推动力，尤其是对于一个已经在业内算得上成就非凡的企业来说，怎样的领导才能延续企业的辉煌呢？

杰克·韦尔奇是原通用电气董事长兼 CEO，他在 1981 年 4 月上任，成为了通用电气历史上最年轻的董事长和 CEO。这在当时可谓是开天辟地的一件事情，但是韦尔奇却用他的能力让我们看到了不可思议的成功，他使得通用汽车这个汽车界的巨擘更上了一个台阶。

有人说："可能至少还需要 20 年，我们才能完全看到杰克对通用电子、资本市场甚至美国社会结构的影响。"但是仅仅就目前我们看到的，就已经让我们深刻体会到他作为领导者的魅力了。

那么韦尔奇是如何做到的呢？

1. 知人善任

"建构他们"是韦尔奇常说的口头禅，进入通用之后，他会用大量的、各种各样的经历来建构所有的员工。这样的话，员工就会得到更好地发展机会，而且也会在此前提上成长，例如对优秀员工用机会、奖金和赞扬来奖励他们，不能因为他们过去的成绩，就让他们躺在桂冠上休息，要不断从他们中间挑选最优秀的给他们更多的施展空间。

虽然韦尔奇上任之初并没有按照公司的既定战略来扩建更多的店铺，他觉得首要的任务并不是这个。实际上，他上任后做的第一件事是设立了一个规划机构，而这个规划在当时可能是世界上最大的规划机构，他会在组织中挖掘最优秀的人来完成，因为他认为人的力量是无穷的，人的潜力被挖掘出来比一味的扩张企业版图更有效。

我们可以看到，在韦尔奇指的特别的组织中，位于顶部的是最优秀的人（得"A"的人），这些人是公司中 20％ 的业绩最优秀的管理骨干，他们完全表现出了通用电子领导的 4 个"E"：精力（Energy）过人、能激励（Energize）下属员工为共同的目标而努力、面对抉择有果敢决策的能力（Edge）、对于公司的要求能够坚定的执行（Execute）能力和信守承诺的能力。每年，公司领导都要评选出那些 A 和其他 B 或 C 的人。而所有的领导，只要他们想得到提升，都要经过这一过程，无一例外。

2. 提出一些关键性的想法，在公司中贯彻这些想法，直到全部实现

这一点我们不需要旁征博引，从韦尔奇自己的书中你可以摘出下面的语句：

"无界限：将功能中所有的限制都除去，'将内部的高墙打破，将供应商和顾客整合到一个过程之中'，使'团队远离自我主义'，开放 GE 使它能够接受来自别的公司的'最好的理念和实践'。"

"全球化：1987 年公司的年收入中来自美国以外的部分还不到 20％，但到去年已达到 40％。"

"成长服务：韦尔奇将此寄希望于公司的医疗系统、动力系统和飞行器引擎业务，但是局外人会将这一项不可思议的资本增长纳入公司的总收入，此项在 2000 年占公司收入的 41％。"

"六西格玛：制造业以及服务业减少过失的基本措施。"

"还有 20 世纪 90 年代后期不可避免出现的电子商务。"

这一些是韦尔奇面对企业发展所提出的远景规划口号，虽然其他的公司也总是在提过这些口号，甚至有的口号更辉煌，但是你仔细去寻找，真正落到实处的却寥寥无几，而韦尔奇却不折不扣地实践了上述口号，这就是他能够将企业发展落到实处的原因。

3. 远离官僚主义

每一个公司可能都避免不了这个问题，例如在领导岗位每天面对的是可以替换的过程和系统——例会、评估、程序化的机制——这使得人们只需重复就可以直接进入岗位角色，但是这样的重复生活除了将员工工作推入流水线式的商业发展之外，是没办法使得企业获得任何发展的。看透了这一点的韦尔奇在成为通用电子的 CEO 之前就十分痛恨官僚主义，于是他上任以来就大力改变公司的架构。

例如，在每年的一些重要会议上，韦尔奇使得这些会议没有任何官僚主义的成分，不像别的会议那样冷冰冰或正式，也不会像别的会议那样有种种限制，这对公司的发展来说无疑是一件好事。同时在消除通用电子内部的官僚主义过程中，韦尔奇也改变了一些重要的员工分工，通过这种分工的改变使其转化为商业上的利益，其中一个最好的例子就是他关于公司的财务和审计制度。

4. 有话直说

这一点是很难做到的，你若拿通用公司的员工和其他公司员工相比，在通用电子，员工能够面对现实并妥善地处理问题，而不需要打官腔或者说一些似是而非的话来回避矛盾。这种有效地沟通方式应该归功于韦尔奇。

5. 完成业务，开始新业务，不停向前

韦尔奇从不满足于眼前的获得，他总是强调要行动、行动、行动，从不回头。

6. 保持数字的增长

这是成功的一种证明，也是 CEO 工作中的一个重要的衡量手段，它也代表了另一种审视生活的方式。

二、作为独行武士的领导虽然很英勇，却无疑是一种自杀

领导者和一般员工的评价标准不同，对于员工来说完成好的业绩，尤其是处于销售第一线而且背负着业绩压力的员工来说，他们需要的是英勇的拼搏，但是对于领导者而言，这样的行为却会导致很多的问题，例如会让员工开始出现依赖情绪，觉得领导自然会处理任何事情，而且领导的过多精力被占用，无法从宏观上顾及到整个公司的发展，这对他个人而言，实际上无疑是一种自杀行径。

毫无疑问，领导是要获得员工的认同的，这种认同会建立领导者的权威。但是人们对权威有多大的信任，这是不一定的。如果他们的信任度不够，领导就很难提出挑战性的问题，那样员工就可能消极怠工。这样下去对于整个公司的发展是很不利的。

人们通常从两个方面来获得信任：一是他们能满足他人的期望；一是他们的价值能满足他人的期望。这其实就为领导带来了方向。例如你是一个能力很强的领导，但是别人不能够预测你的价值将把你带向何方，你就会引起他人的压力和恐慌。但是从另一方面，你能摆正心态，但是能力不足，员工

也无法信任你。

所以，想获得员工的信任需要领导能同时满足上述两个方面的预期。所以，为了获得这种信任，领导在上任后的第一件事情就是将技术性问题和适应性问题区分来妥善对待，也就是说，能很有效地承担起责任，为组织注入活力，并确保一切在解决问题的过程中不出问题——即监督所有此类问题，这样，才是一个领导在一个团队中应当树立的形象和地位。

对于领导来说，他们的工作往往并不是单枪匹马的创造什么业绩，而在领导位置上的人常常想他的工作就是平衡。平衡公司内的大大小小事，平衡公司和市场外的大大小小事，但是在这其中，很多领导者可能没有意识到解决可适应性问题时可能要让人们长时间处于一种失衡的状态——这也是管理的哲学——所以受传统思想很浓重影响的领导者们需要使用新方法来处理这类问题。

领导力的问题关键在于控制压力、节奏和次序，通过良好的调节和控制可以使得即使在压力下人们也可以保持高效的工作。当然，这并不是说领导者只需要把球踢给员工让他们自己去踢。领导者的作用就是需要在人们处理问题的过程中进行全程监控和管理。

那么，如何才能不断地给员工施压，但同时又让他们觉不到太多的压力？这就是领导的智慧了。

要想日常的工作压力减轻到一个可以忍受的范围有很多种办法。比方可以适当的调整岗位，这样轮换岗位能让员工更加愉快地工作，同时也有更大的适应能力。当然这只是处理员工压力的一种方法，你也可以用别的方法。

比方说，如果你是权威型领导，如果你经常出现，可能你的员工压力就会变小，因为你的权威会给他们可靠的感觉，员工看到你，他们就会感觉很安心，特别是当公司压力巨大的时候，却看到你面对琐事泰然自若而不是摇摆不定，他们会认为目前公司的形势一片大好。但是如果连你也表现出痛苦的样子，他们会认为自己的好日子也长不了，会对公司的前途产生动摇。

而且，在面对员工情绪的问题时，你大可以通过自己来控制形势和问题的解决方式。同样也可以通过工作，在拥有相似的背景、相同的职业目标和相同的文化、相同的价值的人群中发现志同道合的人并将他们组合起来，这样的团队对于企业的积极性来说会有更好的促进。

例如，日本人常常在上班时间用健身操之类的集体活动来使人们形成共同的经历，而这种经历就会促进企业的团结和凝聚力。还有些欧美的公司采用共同国外集训的办法来训练员工，在陌生的环境里，更能增强人的危机感并增加他们的忍耐力。当他们能适应这种训练之后，这样员工就可以在高强度的压力下工作，企业的工作效率也会大大提高。

所以，对于领导者而言，最重要的不是在日常工作中单枪匹马的显示个人能力，如果一个领导沉迷于此，对自身前途来说，这无疑是一种自杀行为，纵观成功的职业经理人，他们在企业或者团队中，成为一位宏观的调控者和平衡者，这才是身为领导成功的真谛。

三、在崇尚授权和舆论建设的年代，　权威是否失去了原来的地位

在一个群体中，我们往往重视权威，因为一个权威的形象能够用激励、引导和授权来确定目标的讨论。但是目前在职场中，人们都开始强调授权的积极意义，开始讨论舆论建设，那么是不是代表着在管理者中，权威已经变成过时的东西了呢？

实则不然，权威对于如今这个更强调个人魅力和均衡管理的职场时代，更为重要。

为此，哈佛大学社会组织心理学的教授理查德·哈克曼为此还特意做了很多研究，在他的《优秀团队》一书中，他详细地讨论了领导者应该如何创造条件来让团队进行自我管理，经过他的论证证明，让团队进行自我管理模式的效果比起个人松散的结合所获得的效果要好得多，为此，哈克曼强调：即便是在自我管理的团队中，也需要有一个权威式的领导者，才能加强团队的协作和凝聚力。

团队领导者管理的对象是人而不是事，如果一位管理者每天大部分时间都用在处理一大堆的事务工作的话，将会影响在处理很多政策或沟通问题时的判断，因此团队领导管理者要设立可行的、明确的、可衡量的、达成度高而又有一定挑战性的目标，才会让你的团队凝聚成一股绳共同完成团队目标。

树立领导者的权威。首先要对你的下属做到言出必行，在你管理的范围内做出相应的规定，就是所谓的没有规矩不成方圆，要根据情况适当做出规定，相信聪明的人都应该明白其中的道理，作为上级你不但要关心你的下属工作的成绩，更要注意你下属每天生活工作的情绪，只有在愉快的工作环境下才能够创造出最理想的工作成绩，还要记得给你的下属创造发挥才干的机会。

在一个团队中，什么样的领导者才能树立自己的权威呢？我们说过因为树立目标需要实践权威，那么在此情况下团队的成员要么将领导视为"全能

的人,是他们可依赖的英雄",要么将领导视为"一个控制过严的人,是他们必须推翻和取代的对象"。这看起来似乎是两个极端的事情,实际上很可能就是一线之隔而已,所以领导者在树立自己的权威时,需要注意分寸。

对此,哈克曼做出了深入的分析。为了实现真正的权威,团队领导就必须一方面"为团队的一部分人确立起一个团队权威,而另一方面对另一部分人则不需要这么做。"哈克曼接着说道,"领导最应该做的是他们必须树立起足够的权威以形成一种统一的目标,而另外一部分人不需被压制得太厉害,这样的约束才能恰到好处。"

这样是由权威和约束构成的理想组合,其实领导者可以在工作布局当中通过一些特别的方法来达到。比如说预期结果,对此哈克曼是怎样看待的呢?

"不需要具体规定为了达到结果应该采取哪种方法",哈克曼写道。所以在处理例如那些不容许出现错误的缜密工作时,可以用分工合作或者流水线式的团队来解决,比方说:外科、核工厂或是飞行等工作,这样有条理的分工更有利于企业的发展。同时这种缜密的工作也可以增加团队产生创造性想法和思路的可能性。当这些状况发生时,其实这些都是不能事先筹划好的,所以更需要领导者权威的干涉。

并不是说,团队只能在一些合作时起作用。一般来讲,团队还可以在高层起作用,但是这样的结果更多地与"领导执行战略的质量以及领导动员他人来实现其目标有关"——这句话也被哈克曼写进书里。因为在确定具体该怎样做一件事,通常的效果仅仅是白白浪费人力而已。哈克曼对此说道:你排除了"现场团队即席创作的可能性,而有时这正是将问题引向成功或灾难的关键",而且"成员可能会对领导的控制产生依赖性,这似乎是一种极大的危险"。所以领导要避免这样的危机状况出现。

哈克曼认为:在领导既不指示结果又不指示方法的时候,混乱就会出现。所以,即使是在协作紧密的团队里面,离开了领导或者说领导的指导之后,团队的工作很快会陷入无目标的状态,成员的热情也会很快消失殆尽,这时候对于团队而言最需要的就是领导的加入。但是如果团队领导在此时只是武断地告知成员按照某种方式来完成工作而不给予任何解释,这样的团队也会陷入困境,领导并不能只是发号施令的。所以,如果在一个团队当中,成员们都只是靠生搬硬套来完成工作,而从不去思考他们采取何种方式如何去运作能够更恰当更迎合市场,那么这样的团队注定是失败的,不仅如此,这个团队的领导也是失败的。

四、就像教会和皇室各司其职一样，领导的作用也各不相同

对于企业来说，领导者有时候不仅仅是一个统筹者，还是各个项目的统筹者。在公司中我们经常可以看到负责各个事物的领导者，他们各司其职，就像是教会和皇室一样，不同的领导者处理不同的事物，让这个团队能够有效配合和运转起来。

那么，领导者在团队当中到底应该有哪些职责和如何承担呢？

现代企业管理是由一群才华出众的管理人员，运用现代管理的基本职能，领导其他工作人员努力完成企业的经营业务。由此可见，管理者在管理过程中应是一批出类拔萃的优秀人物，他们在企业员工中居于主导地位，他们有责任将员工的行为引向共同的奋斗目标；有能力履行管理的各项职能，完成既定的任务；有办法加强与市场各种关系的协调和处理，充分运用和配置社会的多种资源为企业服务。可以这样认为，凡是在现代企业中负担对全体员工的生产经营活动进行计划、组织、指挥、协调和控制的人就是现代企业的管理者。每个组织中都有着各种各样的管理者，而每个管理者又处于不同的管理岗位上，就形成了不同类型的管理者。

例如位居组织顶端，即董事会，是组织的最高行政长官的高层管理者，这些高层管理者掌握着管理机构，负责制订总体计划、战略目标和大政方针，并且激发、指导、控制其下属人员。然后有中层管理者，这些中层们的职责是规划、贯彻执行高层管理者确定的任务。另外是基层管理者即各部门主管，他们听从中层管理者的指导，负责把组织的各项计划和措施准确的传送给员工，并保证计划的顺利完成。这三个架构缺一不可，严密的组成了公司的管理体系。那么这些管理者们，在实际工作当中会起到什么作用呢？

1. 对公司员工进行选拔和进行适当调配

如何找到合适的新员工？当新员工入职后表现不好时，埋怨是解决不了问题的，更应该考虑招聘方法或选人标准是否合适？是否需要调整？这就是管理者们需要面对的问题之一。

而人的精力是有限的，与其花很多精力去把弱项改造成强项，不如把精力放在发挥强项上，简单说就是"扬长避短"，会有更高的投入产出比。牺牲效率追求完美不该是管理者所为，管理者更应追求整体效益最大化，利用和

发挥员工的优点，根据兴趣和特长安排任职和分工，用人之长，把人放在合适的位置上，才会更有效率。

2. 采用适当的方法激励员工的工作积极性

员工的工作效率很大程度上和工作积极性有关，管理者需要在调动员工积极性上多想方法，从多层面促进。企业管理工作都是在管理者与员工之间相互联系和相互作用的过程中进行的，其实质是一种人际关系。人际关系处理的好坏，将关系到企业的生死成败。因此，管理者须以极大热情关心员工、爱护员工，为员工营造一个健康的心理环境、良好的人际关系、真诚的企业氛围，使员工真实感受到企业像一个大家庭，充满家庭的和谐与温馨。

3. 为公司定制度、定规则

管理的最高境界就是要让组织避免对某个个体的过度依赖，制度对员工行为的影响是根本性的、深层次的，制度和规则定好了，后面的工作可以事半功倍；制度和规则定得不好，后面的工作可能徒劳无功。

4. 领导者在面临问题时应该敢于承担责任，勇敢抉择

管理者应有清晰明确的立场和态度，遇事当断则断，为公司的发展谋划大计，而不应该含含糊糊让下属搞不明白他的观点，让别人去猜他的意思，这不是卓越领导者的行为，会损害整个组织运行的效率，也降低别人对自己的评价。

5. 领导者应当培养、引导下属成长

在大型企业中常常会面临梯队的问题，所以在许多管理比较好的大公司里，培养下属是考核管理人员的因素之一。培养下属，不仅要教会怎么做，更要教会怎么思考。培养下属，是领导者的任务之一。

6. 领导者应当在公司业务和发展中起到带领作用

企业管理者率领全体员工为完成企业任务，实现企业经营目标而自觉地展开一系列的生产经营活动。在企业这些活动中，管理者通过计划、组织、实施、控制的管理程序及管理方式，对人、财、物等基本资源和管理要素进行充分合理的配置，投入到生产经营的管理活动之中，通过管理职能的作用，实施有效的转换、加工，达到企业最佳的经济效果和社会效益的统一。这是领导者对企业义务的体现。

五、老将与新秀

我们经常听到一些抱怨，例如某个新上任的 CEO 如何不懂得进行人事调配，使得原本进展顺利的项目都一塌糊涂。在职场上，尤其是在企业管理中，我们会发现，在老将和新秀之间，有着巨大的差异，到底是什么拉开了这两者的距离呢？除了经验之外，有关专家研究出一个重要因素，那就是：效率。

例如美国航空的前主席罗伯特·克兰德尔，他们在领导职位上多年，具备使用多种领导方式的能力，毫无疑问是管理的老将，而有一些新秀，企业对他们的遴选标准主要是看他们所取得的成就和名声，尤其喜好将他们和同龄人作对比。其中当然不乏一些成功的新秀，但是学者们发现往往能够一鸣惊人的新秀都有同一个特点：他们在非正式的环境下长大。

但凡学过一点心理学常识的人都知道，在一些环境下，人们想要生存下去需要的是指南，因为根本没有现成可遵循的方法，如果没有指南，在这些环境下是很难生存。但就是这样的混乱环境导致了一些人获得了高效的成长。例如商学院和美国的军官培训项目，已给一批又一批的毕业生传授了在混乱的环境下应使用的基本的领导技巧。这些技巧包括如 "OODA" 方法，它指的是一个连续的流程，包括观察（Observing）、定位（Orienting）、决策（Deciding）和行动（Acting）。这个理论就是这个发现的体现和应对之一。

往往我们会发现能在混乱中成长是因为领导者有这样一种信念：他们可以从各种各样的渠道获取新知，而不是依赖于别人给予或者从传统途径获得自己所需。例如缪里尔·西伯特，她是证交所第一个获得领导席位的女性，她要求自己从不同的角度来看待这个世界，包括从她自己的角度出发，还从她的下属及同龄人的角度、顾客的角度，还有债权人和监管者的角度来思考问题，这是她最与众不同的地方，因为这样经常地换位思考使她有一种紧迫感和敏锐洞察力，这种洞察力可以促使她发现以前没注意到的各种联系，所以对于种种局面，她更可以轻松、宏观和周密的把握。

在日常的工作和管理当中，高效的领导者很明显的一个特点是能够很快使周围的人参与进来，共同解决问题，而不是将所有事情揽上身独自处理。例如美国王牌汽车公司福特公司的王牌项目——雷鸟项目的负责人、全球知名的 32 岁的伊丽莎白·考，她就认为：一个领导得好的团队知道如何迅速解决问题，并善于决定采取何种决策较为恰当。譬如，某个问题应该服从多数原则解决还是听从少部分的人的意见。领导者能够高效应对所有问题，做出有力判断的基础很大程度上取决于他们永远懂得"借力使力",而不是永远试图靠着自我的力量去推动某件事的发展。只靠自己的力量去做事,实际上是对资源的一种浪费,是领导者的失败。

但是与此同时,高效的领导者在面对困境时,却能够做出困难的抉择,快速解决争端,必要时独立决策。就如同我们刚刚说的,老将们面对这种局面时,可以依据自己的经验,但是如果是新秀该怎么办呢?现今,那些要想在混乱中成长的新秀们,在他们的抉择中自信发挥着十分重要的作用。但这种自信既不是乔治·巴顿式的自大,也不是盲目的自负,不是任何一种贬义的,会做出武断结果的力量。相反,它是深植于价值观内的信念的产物,是来源于新秀们在他们成长环境中所汲取的切实体验和反馈,而这些经过长时间累积的价值观的适用范围可能变化,但核心本质是不会变的,他们永远能够抓住团队和公司发展的核心和目标,不断调整状态只为了朝目标更好的前进。

优秀的领导者其实就像出色的工匠一样,那些高效的领导者不管在面对什么样的困境似乎能毫不费力地、灵活地运用他们的技能实施高效管理。有时候他们甚至会变成魔术师一样,他们似乎能超越有形的限制,创造出我们无法想象的奇迹。这样的领导者其实正是成熟的优秀的管理人才,他们是杰出的艺术家,无论是从实战经验中还是混乱的生存环境中,他们都会通过不断练习从而避免由于年老而被迫结束艺术生涯。他们的勤奋使得他们在别人只是袖手旁观或机械地做事时,一直保持学习状态,不断充实自己,正是这样,他们成为了高效的领导者,而别人却做不到。所以,如果当你只是一个新秀,不妨停止"我一定不行""我犯错是理所当然的"这样的暗示,好好地学习吧。

六、为何要做一个讲诚信的领导

哈佛大学教育研究生院教授、多元智能理论奠基人霍华德·加德纳认为,相比其他专业人士,商业人士保持道德意识要更难一些。这是因为,专门职业会形成一整套管控机制以及对违规者的惩戒措施,因此道德约束比较强,而从商严格说来算不上一项专门职业,他们唯一的要求是:赚钱,但不要违法。但是这种观念在现今的现代商业社会,似乎越来越站不住脚。因为一个企业领导者的道德不仅仅是个人的事情,而且会影响到所有员工的道德水准,所谓"上行下效"。如果员工发现领导和同事做了坏事却安然无恙,他们就敢于去效仿。但反过来，如果企业领导者在伦理道德上以身作则，那么员工就会受到鼓舞，并以他们为榜样，这从长远来说对企业非常有利。仅仅从企业长远的利益角度考虑，诚信绝对是一件重要的事情，更不用说加上企业文化对企业发展的推动等等多重因素。

传统的特质理论认为，领导者具有某些固有的特质。这些特质是人与生俱来的，只有先天具备这些特质的人才可能成为领导者。但是随着现代研究的深入，这一种研究逐渐褪下了舞台，但是其中有一点还是永恒的，就是对领导者诚信的呼唤。

可是很多人也许会质疑，觉得领导者的私德和团队建设甚至企业发展有什么关系呢？

在《哈佛商业评论》发表的很多关于领导力的文章中，虽然观点千差万别，但有一条是统一的——那就是"诚实"。约翰·巴尔多尼在《领导者诚信是金》一文中指出，"诚信对于一位领导者来说至高无上。有了它，他才能够领导人们到达'承诺之地'；没有它，他就会在期望失落的荒漠上徘徊不前。诚信一旦失去，也许就无法重新获得。因此，对于任何一位希望有所建树的管理者而言，保护好你的诚信，照顾好它，永远不要把它丢失。"倘若丢失了诚信，你会得不偿失。所以，千万不要忽视领导者的私德的破坏力。

对于领导者来说，品格意味着行动。评判领导者，要看他们做了什么，而不是看他们是谁。做个好人是没有什么用处的，你必须做好事，面对危机你必须坚定。困难的时候，你要成为可以支撑团队的磐石。成功到来的时候，你要把功劳归于他人。品格的确很重要。

虽然每个人都是有缺点的，有时候领导为了树立自己的权威而可以忽视或者逃避它。但是与其逃避，不如想办法消除你的缺点，让你的周围充满技能和性格与你互补的人。比如，如果你属于高瞻远瞩类型，那就找实干家来执行你的想法。同样，如果你是急性子，容易发脾气，你身边一定要有冷静、镇定类型的人。这样的配合往往对于企业和管理者自身都更加有利。

为了实现企业发展目标，很多管理者都爱提出一系列的价值观点来激励员工，可能把价值观宣言贴在墙上，看起来不错，但要花时间去加以阅读。但更好的做法是去依照价值观采取行动。在一切顺利时，践行你的价值很容易；在困难时刻，挑战就来了。正如我们最近所看到的，一些金融机构的诚信被贪婪一扫而光。当你需要做出艰难的决定时，要考虑你的价值观。做正确的事情可能会让你痛苦，但做出牺牲不会让你蒙羞。最好为了长久利益而舍弃暂时利益。这也是诚信的另一种体现形式。

西方对诚信领导力的研究发现，伟大的领导者都要用现实考验自己、理解自己，发现自己的价值观、人生愿景，然后影响身边的人。坚持真诚是提高他们领导效力的良方。如果分辨不清自己的激情、梦想在哪里，就根本谈不上领导力。还有研究发现，伟大领导者共同的特征是在最严峻的考验中汲取力量和智慧的能力，它强调的是化磨难为财富、化逆境为力量的能力。此外，密歇根大学的罗伯特教授发现，人进入领导力的本真状态是最强大的。而领导力的本真状态，就是受内心的指引——你到底想要什么，你保持一种开放的思维，能够接受各种新观点。以上的种种研究都指向一个共同方向：要保持一个真实的自我，自己想什么就说什么、做什么，人在这个时候是最强大的。所以管理学在某种意义上是感性的学问，要想让你的员工去创新、改进、变革，你就必须言行一致、以身作则、言传身教。

第二章

对个人英雄主义领导的崇拜过时了

一、没时间闲聊，员工希望从组织领导那里得到更多、更多、更多

几乎每一个员工都在追问：领导能给我什么？而公司的董事也会时时在考量，到底某个领导能带给企业什么。

其实，从管理心理学的角度上来说，领导能给予员工的就完全等同于他给予股东和企业的。而员工希望从领导那获得的，便是企业发展所必需的。那么现在的员工需要的是什么呢？是领导的闲聊吗？不，员工在工作中最注重的是种种实际的利益和推动，作为领导者你需要从这个角度考量和员工间的合作。

到底什么样的领导才能符合员工期待呢？

美国企业界提出企业家应具备十大条件：合作精神、决策能力、组织能力、擅长控制和分配权力、善于应变、勇于负责、敢于求新、敢担风险、尊重他人、品德良好。

美国普林斯顿大学包莫尔提出了一个企业家应具备的十个条件：合作精神、决策能力、组织能力、精于授权、善于应变、敢于求新、勇于负责、敢担风险、尊重他人、品德高尚。

领导者特质理论研究的代表人物美国俄亥俄州立大学工商研究所的斯托格蒂尔把领导特质归纳为六类：身份特性、社会背景特性、智力特性、个性特征、与工作有关的特性、社交特性。

这三个不同的研究结果，其中有一些都是雷同的：那就是领导在职场上和员工们的互动。例如合作精神、决策能力、组织能力、责任感和创新力等等。

现在的员工需要从工作本身、从领导者、从组织那边获得更多。他们希望自己的工作价值得以体现，他们渴望被认可，他们想获得展现自己的机会，

他们需要能充分发挥自身能力及开发自身潜能的工作，这就要求企业管理者，在面对员工时应当更注意观测，更注意协作。如何开启员工的潜能，这就好似在你的车里有一个动力十足的引擎，但是却被刹车制约着无法发挥出力量。当你松开刹车时，你的车将会怎样？它必将快速前进。这就是现在的很多企业管理者所面临的问题——他们的员工身上蕴藏着巨大的能量，然而他们却无法充分使用那些能量，因为至今为止他们还没有找到松开刹车的方法，这就对企业的发展造成了很大的阻碍。

正如哈佛商学院教授克莱顿·克里斯滕森——他对领导和员工之间的关系作了深入详细的调查研究——在他的一个案例分析中所描述的：在进行创新工作时，你将要面临的主要阻碍是那些可以确保工作的可预见性和稳定性的公司制度，而这一点就取决于你对员工能力和公司发展状况的了解。这一点说起来似乎不难，但对于很多管理者而言不啻为一个盲点。

那么你有什么好的办法吗？如果你这样问的话，专家会建议你身为一个管理者，最重要的是学会保持自己的完整性。

你是不是觉得在云里雾里？其实这一点可以从下面三个方面来理解：首先，从安然公司的倒闭和教廷的动荡中，我们可以认识到保持完整性和透明度是同一件事，透明度极高的领导者实际上只是一块通透的玻璃，并没有恰当的承担起领导者的义务，身为公司的管理者你不仅要善于面对坏消息，同时还要能够承担发布坏消息的责任，这是毫无疑问不可推脱的。

对此经济学家罗纳德·海费茨认为，"公布好消息相对要容易得多，过去的 10 年中我们一直也是这样做的，但是现在你要分享的不光是快乐还有不幸。"这就是企业管理者在特殊时刻能为员工做的。

你需要向人们发布坏消息和一系列相互冲突的问题，海费茨说道："你的挑战在于你不能回避冲突，而且要在生产过程中协调冲突。"这是为什么呢？其实在这一过程中，领导能力对组织外围和组织中心同样重要，而且冲突种类越多越好，在这样的环节中你才能发现挑战和避免危机。所以，在这个观点中保持自我完整性的意义，可能就是要你继续待在游戏中完成游戏，并且勇敢面对在变革的过程中你所要面对的反对意见，也就是偏听则暗，兼听则明。

最后，对完整性的理解可能意味着能够使得管理者本身变得更加开放和透明。

"过去你可能是一个理性的领导，但现在你需要给予员工情感上的关注。"格雷厄姆说道，"各个级别的员工都希望你不是那么遥不可及，因为他们现在需要这样的领导。这也使得领导能力的概念与多年前有些不同。"其实这一点你可以从美国经历9·11事件后，很多管理者的所为中可以看到员工比以往任何时候更想问"你还好吗？"这时候的员工要的就不仅仅是冷冰冰的工作交流。

那么，你还好吗？当你试图和员工交流的时候，如果你想言不由衷地回答这个问题，那还不如让员工实实在在地看到你的状态，这样才是他们要的。

二、权力——在公司变革时期意味着"针尖对麦芒"

领导者的权力，在企业中是个重要又敏感的话题，因为有权力的领导者，可以将整个团队的凝聚力大大提升，让整个项目迅速的上行下效，但是领导者如果权力欲过于旺盛，又会导致团队内后续力量不足，一旦领导者出现什么问题，整个团队将散成一盘。在这种思维定势中，权力行为的榜样就是那些英雄，他们不仅能战胜敌人，而且能摆脱困难境地，像乔治·巴顿、诺曼·施瓦茨科普夫那样的硬汉。即便是在商业领域，人们还是控制不住的想象英雄，但是真正的英雄——在企业内——应该是为了完善体制而存在。

《哈佛商业评论》上曾经有一篇文章叫"权力是一种强大的催化剂"，在这篇文章中讲述了执行者应该如何应对混乱局面。在大量的研究基础之上，作者提出他对权力的看法，既是："对权力的需求是管理获得成功的最主要保证，这甚至比个人的业绩或其他需求更加重要。权力不仅仅是毁灭性的力量，而且是一种可以影响他人的能力。"于是他们认为企业领导者拥有一定的权力是必不可少的。作者发现受到权力需求驱动的人更善于"创造一种高效的工作氛围"。这样的人更倾向于利用权力为制度服务而不是为个人服务。

例如著名的职业经理人——戴维·麦克莱兰和戴维·伯纳姆虽然一直以来被董事会赋予高度的权力，但是却被称作"制度经理"。这样的制度经理倾向于引入更多的组织规范，并且将建立这些制度视为自己的责任。他们并不会因为权力而膨胀，相反他们喜欢工作有章法可遵循，这些经理人通常比那些受到绩效驱动的人更加成熟。这一点似乎与我们大众理解的权力不同，典型的制度经理往往在旺盛的权力欲望之下，都有一种很强的凡事求公正的愿望，在此基础上制度经理们的管理方式更加民主。

但是这样的分析仅仅是一家之言，因为在《权力和影响》一书中，其作者哈佛商学院教授约翰·科特提出了与上文的分析完全相反的观点，他认为——权力势必会引起腐化，绝对的权力引起绝对的腐化。约翰·科特认为实际上权力在公司内部是十分必要的，特别是在创造性解决冲突的时候，但是，他又指出："在本世纪内我们所开创的管理方式主要通过层级制实现其控制。随着不同层级之间完成同一项任务的人之间独立性的增强，层级制的影响就不那么明显了。"

权力对企业的影响是更加民主化还是会带来腐化呢？

杰弗里·普费弗将权力资源分为结构型、制度型和个人型三种。个人型资源包括注意力、权力、毅力、敏感性、灵活性以及影响他人思维的能力。这种不同的类型根据个人在公司地位的不同，会有不同的影响。而且资源的控制和组织关系也会影响权力演变的过程。

对此，心理学家詹姆斯·希尔曼提出了一个颇为激进的观点，他认为影响我们生活的不是爱，不是激情，也不是梦想，更不会是技术，而是我们对商业运作的认知，为什么呢？"商业的戏剧，其奋斗、挑战、胜利和失败构成了我们文明的最基本信条"——这是他对我们生活的解构。在希尔曼的认为当中，正是由于我们对商业的认知都指向日常生活，因此日常的商业活动都没有人意识到，也因此更需要进行心理学的分析。在这种心理分析的基础上，希尔曼建立了"培育商业新思维"的活动，进行这样的活动，主要有三个方法：

第一，让人们相信服务是一剂济世良方，并想尽一切方法来提高质量。

第二，将所有与权力相关的词，如：控制、办公室、野心、名誉、权威、魅力等变个说法，当然还有很多其他的词，以便于摆脱掉它们身上的负面意义。在接收到他们的正面含义之后，这样我们就能更好地理解权力运用的细微差别，而不是仅仅将权力理解为强权。例如，希尔曼在谈到"办公室"时指的是"对他人的责任"，其象征是一种接收仪器。我们服务时要听取他人的要求。

第三，对目前的市场，科特提出自己的观点，"大多数医疗机构都有优秀的政治人物"，而这些政治人物在市场环境中是无法生存的。渐渐地，一些人的权力变得更大已经不是困难的事情，真正困难的是让组织获得更大的权力。但是唯有组织获得了更大的权力，企业才能有所发展。

那么到底该怎样做呢？科特认为，很多公司停滞不前的缘故就是不会去深究其终极目的是什么，但是随着经济的全球化以及商业运作的压力越来越大，人们开始关心权力应该如何使用才能使公司满足市场和委托人的要求——这对企业和市场的发展而言，都是一个好现象。

三、超凡魅力的 CEO 应该是什么样

CEO 对于一个公司尤其是公司的影响，已经不再是管理范畴内的了，还有公司形象上，CEO 的战略或者构想可能对公司的业绩产生极大的影响，那么执行官的个人特点是不是也是这么重要呢？

CEO 的主要职责是：对公司的一切重大经营运作事项进行决策，包括对财务、经营方向、业务范围的增减等；

参与董事会的决策，执行董事会的决议；主持公司的日常业务活动；

对外签订合同或处理业务；任免公司的高层管理人员；定期向董事会报告业务情况，提交年度报告。还可以包括树立、巩固或变更企业文化、团队建设，等等。

所以，在履行职责的基础上，什么样的 CEO 才是优秀的呢？

西门子美国公司的负责人克劳斯·克莱因菲尔德，管理着全美国的 70000 名雇员，这一人数在欧美企业中算是多的了，这个数目比英特尔和微软两个公司加起来还要多。克莱因菲尔德在成为 CEO 之前担任过很多其他职务，所以由于他的经验使他对领导能力的观点更加实际。他认为，领导方式存在细微的差别，但是高效领导的关键因素都差不多一样，他经过对自己经验的分析提出，所谓成功领导有八个重要的原则，但是在此原则之中，却只有两个涉及个人品质：一是不停地给自己设定目标，并不断自我激励。第二，重视与有经验的人的交流与沟通，不轻易做决定。克莱因菲尔德本人是属于第二种。

这八条原则之中的其他的品质包括：认识到每个人对于公司都是有贡献的；调配团队资源；尊重员工；耐心听取员工的建议，并让员工能够通过某种渠道向自己反映情况——这对于像克莱因菲尔德这样需要管理 50 个州员工的领导者来说并不是一件小事情。

对此，经济学家格根做出了解释："过去我们在谈论领导时都希望他们能够说服别人，因为 CEO 不仅要面对公司的股东，还要面对雇员和客户。"于是，在这样的职责的要求下，善于说服别人就与领导的能力联系到了一起，而在过去的很长一段时间内，我们纵观欧美企业的发展和他们公司状况，发现这一点尤为重要。

克莱因菲尔德也承认善于说服别人的确十分重要。实际上，他认为"这是一种毋庸置疑的基本品质"，就像 CEO 必须确保他保持自身身体上的健康

一样，是一项基本要求。但是这不代表着 CEO 需要掌握非常强大的演讲魅力，有人可能沟通能力十分强，你也不用成为我们所说的那种有个人魅力的沟通者。真正重要的是表现出自己的实力，而沟通只是基础要求，所以克莱因菲尔德认为："如果一个人能将自己的能力与领导方式相结合，那么他就能成为优秀的领导。"

在我们的认知和所有的事例中我们发现，但凡是超凡魅力的 CEO 通常都是作为救世主登场的，尤其是在企业危难关头，他们承诺可以将看不见的力量带进公司，如远景规划、价值和使命感，与公司过去彻底决裂，从而带给公司截然不同的新生命。但是，哈佛商学院的库拉纳认为，领导能力这个词在 25 年前才开始进入公司的词典，所以这一种救世主的魅力放在企业中貌似并不合适。我们应该寻找那种"致力于打造经久不衰的公司"的领导。为了打造这样的公司，其实就应当摒弃 CEO 个人英雄之余的领导力。

比脆奶油成立于 1937 年，曾经一度在美国市场上大大领先于同行，但是出乎意料的，它的发展并不够好，而且它的销售额在创始人去世后（1973 年）开始缓慢地下滑。这其中一个主要的原因就是公司以批发为主的市场战略已经变得过时——而这个正是 CEO 应当承担的工作，为了整改这个劣势，临危上阵的总裁莱文古德通过倾听顾客的意见，得知他们大多想看到多纳圈是怎么做出来的。从 20 世纪 90 年代早期，公司开始在零售的卖场实地制作多纳圈。这个战略虽然需要耗时，但无疑是正确的，因为虽然新战略的实际效果过了一段时间才开始显现，但是到了去年，公司的赢利却从 1996 年的 1.9 亿美元上升到 39 亿美元。

什么样的领导者是超凡魅力的呢？其实答案很简单，就是能塑造紧密有秩序并且发展势头良好的公司的人。

四、值得信赖的领导：重新发觉创造恒久价值的秘密

对于企业员工，尤其是高层员工而言，领导者是职场上重要的合作伙伴，因为他们要分享市场信息，沟通对公司或者项目的规划，并且领导还对自己职业生涯发展而负有一定责任，因此，对于这些人来说，领导是否值得信赖是很关键的问题。

那么值得信赖的领导者是什么样的呢？

值得信赖的领导知道领导的责任并且恪守自己的核心价值，他们会为了赢得员工的信赖而努力奋斗，而在私人而言，值得信赖的领导往往是最正直

的人，致力于打造一个经久不衰的公司。他们将自己视为公司财产的管家和所有股东的奴仆，而不会被权力欲怂恿得自我膨胀，在管理项目过程中，他们是在用心领导，而不仅仅是用大脑，他们会尊重每一个员工和他们提出的问题，他们相信这一些努力都能够有利于员工对企业的认知和信任，而且他们都是严格自律的人，所以他们的努力不会是一时兴起，而是一贯为之的，这样才能一如既往地得到最佳的结果。

举例来说，身处职场中的领导者们常常会面临这样的情况，有时通过报告领导者知道了目前产品出现的问题，但是官方的文章——尤其是对外的宣传——使负责研发的工程师无法得到问题的确切反馈，这时候就出现了一个信息滞后和被限制的问题，而此时作为一个值得信赖的领导，将问题尽早解决是他们的一项责任。

在这个问题中，身为领导者你怎样将自己的道德规范和价值传递给别人？

领导者每一天都需要为了公司的使命和价值做大量的沟通工作，这是不能避免必须而有效地。而你所做出的决策必须与这些价值相符，因为这些价值从根本上而言，就是需要在决策当中被体现。因此你绝对不能坐在公司的包机上来完成这样的工作，因为每一个员工都在注视你的每一个行为，他们迫切地希望知道管理层每一个决策是怎样做出的，他们希望获得一定的参与感。这也是信赖感的关键之一。

所以，为了达成这样互相信赖的状态，领导者除了亲自与员工和顾客互动之外没有更好的方法。因为一般的员工都会模仿领导者的行为，领导者是怎样对待别人、怎样与别人交流，他们会有样学样，这就是一件体现公司文化的事情。

美德电子的 CEO 为此介绍了经验：在我加入美德电子后不久，我将一名重要岗位的执行官提升为欧洲区的总裁。四个月之后，我们公司内部审计部的负责人找到我，并向我报告了他对这个人在前任上的一起"不寻常的促销账目"的关注。我们指派了一名特别调查人员来调查这次活动的账目。他的报告表明这笔钱被我们的意大利分销商用来支付了自己的医疗费，所以我就打电话给执行官并且要他立刻回到明尼阿波利斯来汇报这笔费用。

当我问起他这件事情的时候，他回答说："你不会想知道这笔费用的。"而我直接告诉他我想知道时，他反而指责我将美国的价值观强加到欧洲。我明确地告诉他："不存在什么美国价值观，只有美德电子的价值观，而它适用于任何地方。你违反了它，就必须辞职。"

我们决定将这件事情公开并且告知员工、公众和相关的政府机构。但是我同时也深深地责怪自己，在任命之前没有好好地考察他的价值和商业实践。

一个人怎样才能将个人的信誉转化成为商业信誉？

这在商业社会中是无法被避免的，因为这涉及公司整体的架构和更为重要的——领导者的信赖度。

所以，对于一般的年轻领导者而言，这件事足以引起重视，因为在日常生活当中一方面你要满足工作的要求，另一方面你又想与一家人分享更多时间。所以，你必须夹在这两种欲望当中，你就会觉得压力，尤其是身兼数职的管理者们，对他们而言，这种欲望就更加强烈，甚至有时候就会变成冲动刺激的负面情绪。所以在这时，管理者们应当从妥当管理自身形象为契机，必须自己来打碎这堵人为形成的墙壁，并且做到工作和生活一个样——努力让家人和员工都能够信赖，当此时，管理者才算是成功了。

五、领导能力其实是一种制度能力

一个公司的领导能力不是一个有魅力的 CEO 的个人表现，而是一种制度能力，一种策略资产，将其用组织的 LQ（领导商数，LeadershipQuotient）来量度。调查显示，许多成功的公司将关键的领导职责并入组织制度、规则和文化当中，形成机制化领导，使其 LQ 得以发展、培养和提高，取代风险极大的个人魅力式领导。

但是根据 Burson－Marsteller 公关公司最近的一项研究发现，投资者更愿意给那些由明星 CEO 领导的公司投资。

多数全球性的公司在某种程度上是在传统的模式之下运作的，这种传统模式就是公司最高领导人强烈的个人化领导模式。公司的全部表现依赖于领导的个人能力。但是，到目前为止，学者们还没有发现 CEO 风格与公司表现的相关性。

虽然经济学家库拉纳在他的研究当中也承认，有时魅力超凡的领导能够起到一定的作用，但是"这种影响广泛的近似宗教的观念可能夸大了魅力超凡的领导对于公司的作用。这样我们就会倾向于考虑是否要让领导们拥有更大的权力和更少的限制"。在最近的一次访谈中，他作了这样的解释。

许多成功的公司的共同之处是应用系统和流程，将领导行为制度化。尽管许多铁腕的商界领袖，强迫组织去达成某个特定的目标，但有证据表明，从长远来看，这样的商界领袖是不稳定的。

在商界，独裁领导最终都是低效能的，并冒着很高的出现严重错误的风险。无论具备怎样的才能，都没有任何个人可能永远正确。没有任何个人，尤其在大的组织里，在做每一个重要决定时都能够得到足够的信息。而且我们有很多的资料显示，太多的公司都是因为失去一个被神化的领导之后开始走下坡路。

在3个近年来表现杰出的公司里——康宁公司、大陆航空公司、安然公司——许多关键的领导职责已并入组织制度、规则和文化当中。这些公司有着异常丰富的领导者资源，他们包括那些负责财务作业和风险管理的人员；那些主动解决问题和开发新业务的人员。安然的肯尼斯·雷，大陆航空的高登·柏修恩和康宁的罗杰·奥克曼深知，独裁式领导，只会破坏他们的信誉，以及他们所领导的组织的自我管理、自我更新的整体能力。他们的做法是，约束自己，利用与目标相关诱因作为推动力。不管发生了什么，他们都相信人才和市场。

尽管在这些公司里商业模式不同，新出现的领导模式与被广泛接受的经济原则相吻合。这些原则是：

1. 组织最小化原则

结构越简单越好，人是理性的，但组织很少具有理性。公司行为仅限于那些有赖于规模或稀有的技术专家才能达到目标的极少数的情形之下，其他一切则留给个人去主动地进行。

2. 决策权的分散化

好的信息带来好的决策，因此，一项决策除了有一个强制性的市场导向的原因要由最高层的掌权者来做，决策将由恰当的最基层的人员来代理，因为这个层次是正确信息的所在之处。

3. 市场机制

市场是分配资源的最有效的机制，应该避开中央计划人员和有高度权力的预算机构，以便支持市场化的过程，使稀缺资源根据风险和利润率的目标评估而流向个人或部门。

4. 所有权

鼓励主人翁行为。权力应该尽可能地与责任相配合，使各层次的人能感到自己决策的后果。

5. 法律原则

公司需要每个人都能了解的明确的法则，而违反者应该绳之以法，不得通融，即便他通过违法为公司创造了财富。

在实用性的市场领域，机制化领导超越了现在人们熟悉的垂直式领导。

垂直式领导依赖于在一个特定时间里哪个特定的人是最高领导。在高 LQ 组织里，许多人的行为像企业的所有者和企业家而不是雇员。

像安然和英特尔这些公司，并不特别关注传统的个人领导能力的发展。它们会问："我们的组织还需发展哪些能力？"而不是问："我们的领导还需要发展哪些特质？"这种方法，使英特尔在高登·摩尔、安德罗·葛洛夫以及现在的克莱格·巴拉特三任 CEO 的任期里，都能超过竞争对手。还有一个重要的例子：摩托罗拉有一个为期 10 年的自我更新模式，它使华尔街分析家关于摩托罗拉衰落的预言屡屡破产。摩托罗拉的秘密，是其强有力的团体领导能力——它的决策参与体系、经理人培训、与业绩表现挂钩的奖励，这一切都是前 CEO 罗伯特·加尔文的领导团队经过 30 年的时间创立起来的。

当一个公司开始有了领导职责必须由多数人、系统化地完成的概念时，就会产生深远的影响。比如，ABB 集团公司内部的统计和信息系统 ABA-CUS，不间断地接受来自超过 4000 个利润中心的负责人的信息。这使每一个中心能够做出风险评估，而其他公司将这些信息保存下来用以进行顶级管理；这就把利润中心负责人变成了领导，而不只是工程师或经理。

ABB 和英特尔成功的 CEO 交替反映了比交替计划更重要的东西。关键在于，这些公司都不是只依赖于某一个、两个或几个关键人物，都不是特别关心个别领导；相反，他们关注的是一种广泛的能力。

当然，个性强大的领导模式并不会消亡，也不必消亡。它还会在小公司以及新创公司里、在那些仍然由创办者领导的组织里、那些要通过个人魅力来吸引人去付出巨大牺牲从而带来巨大变化的地方存在。

六、亲近后英雄主义偶像

在市场竞争中日趋激烈的现实中，企业的领导们需要完成艰巨的任务，需要解开层级制陷阱的难题，将整个公司的责任都扛在自己肩上——这样一种形象很容易就使得在企业当中出现偶像崇拜。这使得英雄主义领导模型充满了一种神秘主义的力量。通过比较，后英雄主义模型似乎侧重的是一种谨慎的工作态度——但实际上这同样也是英雄主义在作祟。

在某种程度上说，一个企业经营的好坏直接取决于企业的领导，尤其是主要领导。领导在一个企业中的决定性作用是不容置疑的，这一点企业领导和员工都明白。因此，在大多数企业中，领导往往喜欢大权集于一身，领导本人也喜欢个人英雄主义———虽然很多时候领导本人也没意识到。

个人英雄主义的领导往往表现在两方面：

一是在微观管理上，领导过度干预。绝大多数的领导每天都很繁忙，产生这种现象的一个重要原因就是企业领导对下属不放心，总是要自己过问，自己亲自插手具体事务。即便在某些领域上他本人是一个外行，也想事必躬亲。这种情况看似兢兢业业，实际上是干扰了下属的正常工作，打乱了下属的计划。领导这样做很大的一个原因就是个人英雄主义在作祟，认为下属能力不如自己。

第二是在宏观管理上，一些领导在不了解实际情况下，又听不进去别人意见。端坐在高台之上，宣布伟大的愿景、宏伟的战略、抽象的业绩指标，而底下所有其他人都应该匆匆忙忙地去"执行"。这种凭主观意愿制订计划并进行管理的方式也是个人英雄主义的表现。宏伟计划、雄心勃勃的远景目标往往不切合实际。

在企业初期，企业的核心领导力其实就是企业领导人的人格魅力，这个阶段主要依靠企业领导人的人格魅力来发展，多以家族作坊为主要形式，管理松散、机制单一、一人管理决策，大家同心同力。而今，日益成熟的市场、更加激烈的商业竞争，对企业的系统管理能力、流程控制能力提出了巨大的挑战，在完善的市场机制下，企业必须在各个方面建立起与之相匹配的系统管理能力，只有在内部基础管理、人力资源等方面快速提升，才能保证技术、市场的持续增长。

而在成熟的市场中，企业的竞争不再是局部优势的竞争，而是整体的资源整合能力的竞争，企业只有形成系统优势，才能形成对手难以模仿的核心能力，要是还用昨天的思维来解决明天的问题，简直是异想天开、不可思议。

摒弃个人英雄主义，加强民主，需要从以下几方面入手。

首先，企业领导必须时时刻刻意识到自己只不过是企业的一个组成部分，虽然自身发挥作用比较大，但并不说明自己就完全等同企业、代表企业。实际上，那些具有个人英雄主义倾向的企业领导自身并不会意识到自身存在个人英雄主义，大多数是无意间长期养成的习惯。企业领导都应该意识到，企业的平稳运营和发展壮大离不开企业员工，自己只是其中的一分子。

其次，企业领导要充分认识到个人不是万能的，要有民主意识。

在企业管理中，企业领导要具有充分的民主意识，尊重下属及员工的意见。实践证明，那些发展好的企业都有比较好的民主管理模式，那些存在很多问题的企业往往缺乏民主管理。在现代公司治理中，民主是一项非常重要的内容，这不仅是管理上的需要，也是法律法规赋予的一项权利。实际上，几乎每个国家的公司法都规定了企业管理的民主内容。因此，企业领导要有充分的民主意识。在某种程度上说,民主是企业领导个人英雄主义情结的克星,如果能够发挥民主,个人英雄主义现象就会消失。个人英雄主义在民主面前,就像黑暗之于阳光。

第三,企业领导要加强学习,深入实际。

个人英雄主义是脱离实际的一种表现,往往是个人主观臆断的结果。如果企业领导能够深入实际,充分了解企业和行业现状与实际问题,就能够克服自己的个人英雄主义,就会从实际出发制订计划,进行适合的管理,就会在解决问题上做出正确的选择。

在现代企业治理中,个人英雄主义是企业发展的敌人,是影响企业发展的障碍。企业领导只有克服个人英雄主义、发挥企业民主管理,才能使企业不断发展进步,才能使企业克服种种困难和危机。

第三章

新晋领导摸石头过河走好第一步

一、述职——提升新领导的起点

使主管成功站上高位的知识与能力，并不足以使他们在高阶领导位置保持成功。四成的新领导人撑不过 18 个月，原因就在大多数的新高阶主管并未做好关键功课。那么这门功课应该怎么做呢？

1. 学会控制新身份

在上任之初，除了学习如何树立非正式权威、实施影响和协调利益，一个新上任的管理者必须能对这种身份上的转换控制自如。他必须使自己从一个做事情的人变成一个通过他人来做事情的人——这一点对于每一个新上任的领导者来说都是一个难点，这无疑是在颠覆以往的工作观念，还必须再次塑造和强化一个新的工作方式和理念。

为此，研究职场经济的希尔警告执行官们不要理所当然地认为，那些刚上任的新官们能了解这些概念，其实很多人都对此很不适应。

"你必须向他们解释，"她说，"并且他们理解在转变的过程中遇到的问题其实是再平常不过了的——这并不是他们或是组织的问题。记住你初为领导的管理经验会帮助别的刚入门的管理者走好他的第一步。"这是公司的执行官们很容易忽略的一个问题，却也是新上任的新官们必须完成自我转化的一个过程。

为此，希尔还建议执行官们应当在企业中塑造一种"健康的环境"。换句话说，"在经理们第一年工作的时候，他们不可避免会犯一些错误，而你不应该对此念念不忘。你应该辅导他，而不是给他施加压力，告诉他好好地扮演领导的角色是一种使命的召唤。你应该给他足够的空间，使他能够犯错，然后帮助他从错误中吸取教训"。这样的辅导，可以有利于这些新官们如何走向新岗位更快、更精确、更有效力。

希尔特别提醒老板们要注意那些不愿求助于他人的经理们。他们中有很多人都不会向自己的老板求助，因为他们害怕被别人认为是"愚蠢"或是无能。总监应该找出这些人并且避免惩罚那些总是向他人寻求帮助的人。

2. 学会授权

像很多其他的管理要求一样，将决策权下放也是一件十分复杂的事情。执行官们需要教育那些新上任的管理者接受这种选择，并且掌握好授权的度。

领导人之所以被晋升为领导人，往往因为他们很强调工作进行的品质，甚至常常接近完美主义。然而处于高层主管的位阶，你不能同时出现在任何地方去监看员工工作。你必须聚焦于全景式的工作成果，让你的团队去决定如何完成工作。

3. 关注发展

虽然一个新上任的经理与他的老板建立关系会为其提供一个学习的平台，但是一位执行官的目标却并不是要建立一种绝对的依赖关系，执行官们是希望新上任的领导者能够尽快适应岗位之后给公司带来长足的发展。相反，这是为了帮助经理们最终能够掌控自己的发展。也就是说要鼓励他们与现在和以前的同僚、从前的老板以及公司外部的人——这些人可能会成为你的导师、教练或是一种精神上的支持者——建立一种长期的可向前发展的关系。

所以，公司必须始终在当前业绩和长远学习之间作出平衡。根据希尔的经验，少数关注价值提升的公司都倾向于让自己的高级经理和执行官有机会获得教育。这样教育的结果虽然在短期内看不出来，但是从长远来说，无疑是对公司最有效的促进。

4. 注重相互作用力

但是公司对管理者发展的态度似乎发生着改变，这一点其实是根据市场而改变的，对此希尔指出，据研究表明，中低层经理们对于公司业绩实际上比想象中的作用要大，很大程度上来说，是由于这些中低层的经理比起高层来说更加直面市场。虽然面对减少成本的压力，越来越多的公司都开始接受这样一个观点：在高度竞争的时代，能否生存的关键是是否能得到人才，即那些对公司有高度责任感并且能取得良好业绩的人。在公司变得更大更复杂之后，这种情况就更加明显，但是我们仍然需要在更少的雇员中挑出更多的人才来，这无疑就加大了管理者工作的复杂程度。

随着公司变得越来越复杂，管理岗位也会随之变得越来越复杂。希尔举了一个例子："今天，一个新上任的经理可能会发现他上班的第一天就要领导一个虚拟的新产品团队——这在早先的 20 年中基本是不可能的。"就是因为这样的复杂度，所以执行官们面对新上任的管理者们更需要智慧和耐心。

很多老板们说培养和发展他们直接下属让他们感到没有得到足够的回报——不管是经济上或其他方面。相反，他们的公司越来越关注短期、直接的经济业绩。这一点其实是不利于企业发展的，如果能够通过给管理者些许补偿，公司就可以有效的传递这样一个信息，在公司各层，学习都是受到重视的——这对新上任的领导者来说，无疑是一个巨大的福音。

二、记住公司是动态的——而领导公司所需的技能也是

企业的发展是动态的，尤其是内外环境发生变化，企业原有的平衡运转机制被打破，企业为此要按新环境要求重塑平衡，以此推动自身不断成长的周而复始的循环过程。企业动态平衡发展问题的本质，是如何处理好企业与环境变化之间的关系。企业动态平衡发展循环过程有一个明显特征，就是每一次循环都会穿过一个"黑匣子"。优秀企业就是利用"黑匣子"的系统机制来应对变化，并引导自身从一个辉煌走向另一个辉煌。

所以，在此基础上，对企业负有领导责任的领导者而言，他们的技能也是动态的，需要不断发展的。

"如果你想确定成为理想领导的所有能力，然后照此来规划如何获得他们，那可能会没有任何意义，"美国的经济学家约斯特关于领导能力的动态发展观点说，"市场和技术的变化都太快，以至于你几乎很难跟上它。"相反的，你应该在前一年就确定下一年要取得更大成功需要什么样的领导能力。像企业家一样思考总是非常重要的，例如近几年在波音公司这种技能变得尤为重要，因为飞机的销售量一直在下降，而波音公司也一直在寻找办法开发更多的服务以同时满足军用和民用市场。这就要求企业的领导在市场发生变化时，领导技能也需要不断地改变和提高。

作为企业领导者，你还可以从更广的角度来审视公司的发展战略，并且考虑为了实现战略目标自己需要什么样的能力。比如说，想想在什么环境中让你的下属追求利益会有意义——这种管理观点虽然在现在还不是主流，但在将来可能成为主流。如果你能超前一步，那么体现在企业发展当中就绝对不只是一个小进步而已。

凡是优秀的企业一定是高效率的、高速运转的企业。这些企业不能容忍自己在自身竞争能力构建完成之前，蓝海就又变成了血腥的红海，甚至是自己"生出了蛋，却被其他企业孵化"。为此，他们总是在不停地提高自己的运

转速度，以求能够先于对手感知环境重大变化即将来临，并为此迅速做好调整和变革的准备。

思科公司 CEO 钱伯斯"快鱼吃慢鱼"的名言，精辟地道出了速度因素在日趋白热化的市场竞争中的战略意义。从长期来看，在信息高度发达、企业普遍重视先进管理思想和方法运用的环境中，竞争优势越来越取决于能否以比对手更快的速度（还有更低的成本）构建竞争优势。也就是说，在瞬息万变的环境中，不能实现高速运转的企业是无法实现动态平衡发展的。只有努力保证自身始终处于高速运转状态，企业才能实现真正意义上的"价值创新"。这是企业动态平衡发展的核心。

而企业的领导者如何在这种动态发展中把握住平衡呢？其中有三个重要原则。

第一，善于运用快速度解决不平衡问题。在发展中出现不平衡是正常的，但这个不平衡的过程不能太长，超过一定时期，就会转化为危机。要创造性地开展工作，最大限度地发挥潜能，快速地渡过不平衡过程，顺利达到发展目标。

第二，当遇到不平衡的问题时，可以另辟蹊径，跳过问题，寻求更大发展，这样既获得了新的机会和更大利益，又能推动或带动原有不平衡矛盾的解决。

第三，求变与创新。

在企业动态平衡或快速发展的过程中，要善于牢固地建立与保持某个或几个重要关系或关键部位的平衡，并且使这些基本平衡点具备抗干扰、抗破坏的机制。因为在某一时期内，某个基本平衡点是维系全局稳定的重心。

作为领导者如何适应企业的动态要求？你需要的团队成员必须跟得上快速的步调与变化多端的需求，还要能够成功达成目标。你应该随时准备、愿意、并能够雇用跟你一样聪明且能干的人才。换掉不胜任的人。别迟疑于换掉阻碍成功的团队成员。身边有了优秀而积极的人才，会使你的领导工作轻松得多。

重新定义你增加价值的方式。当你成为领导人，你该做什么以及该如何做，就变得比较模糊。问你自己"拥有了高层主管的视野与资源，有什么事是只有我才能做的?"答案中的项目不应太多，但都必须具有很高的组织价值，而且必须是向前发展的。

三、快速进入角色

新升任的领导人要在高位上苗壮成长，必须能够"放手"，这不是直觉所能想到，也从没被列入高层主管发展计划的教材，但是却能决定领导人的命运。

自信地融入你的高层主管角色。多数新领袖在头几个月都会感觉自己像个冒牌货。但想要成功，即使心中不情愿，你也必须投射出鲜明的领袖姿态。澄清并面对你自己的领导力弱点。每个人都有弱点，但是自己不一定知道。可以透过自我评估，以及征求可靠同僚、长官或部属的意见回馈，选择改变。你可以采用有效领导所需的新技巧与行为，并且扬弃无益的专业习惯或人际迷思。

在此之后，新任领导该怎样抓住契机进入角色当中去呢？

"身为领导者很大一部分的价值在于：如何正确的处理办公桌上的意料之外的垃圾，"哥伦比亚汽油传输公司的退休执行长凯西·亚伯特说，"你不能过量工作，挑战人体极限，从而蒙蔽了自己审时度势的冷静眼光。"

身为一名新领袖，首要挑战就是表现自信。对新角色感到不适是很正常的事，如离水的鱼一般不自在。关键在于：你不能够表现出不适应新角色的感觉。自信示人的要诀是：视自己为领导阶层的一员。切记，你被升职就是因为那些既有的高层管理人，认为你是最适当且最强的人选。平息你内在的自我批评。我们都会有心声质疑自己克服障碍、获取成功的能力，但你必须忽视这种心声，准备令人瞩目的现身方式，决定你在出席高层会议时的面貌。尽可能学习所有与讨论议题有关的事物，为你的新职位与谈话要点做准备，并主动参与会议讨论。

面临挑战或危机时，许多新主管会工作得更长、更努力，相信自己会像以前一样，凭着义无反顾的毅力渡过难关。这种方法的麻烦在于，管理阶层要面对的挑战总是层出不穷，若你持续不留余地的硬拼，最终垮掉的会是你。

有效的领导力必须将"自我依赖"转化成"团队依赖"，抛开唯我独尊的态度：诸如"这件事没人做得比我好"或"工作想做好，靠自己最好"这些旧思维。领导力意识将工作分派给你的团队，并支持他们的努力——即使他们现在没办法做得像你一样好。

全球美容产品巨人雅芳的资深副总裁鲁森·阿尔及亚利指出，领导力是在"别人"工作时，对他们予以训练、教导并监督。他表示，公司希望高层主管提供"更宽广的组织与领导技巧",好的领袖应该"与团队一起界定议题,从而厘清当下任务、长程策略与优先顺序"。

当阿利斯泰尔·格林菲尔德被任命来帮助一个刚开始创业的企业成为一个大型生产企业的时候,他发现了一种无法持续发展的商业模式,于是他飞快地制订了一个思路清晰的发展计划以使企业明白这一点。当然这只是作为一个新上任的领导者的美好愿景,事实上他的发现并没有被企业很好地接受,他的重要反馈也被人忽视。

"我不太懂非正式的权力结构,"格林菲尔德对此说道,"我需要制定严厉的决定并且给公司的管理层带来不好的消息。受到我批评的官员是公司的老员工,在公司的高层有很强的影响力。他有能力在我还在树立自信的时候给我下绊子。"

每一家公司几乎都有着自己不成文的规矩、一成不变的公司成规,还有权力的非正式网络都是新手们潜在的雷区,这些事很可能成为公司发展的制约和瓶颈。这就是为什么要在一开始就打造关系和合作的原因。

但是根据研究,五分之四的新管理者忽略了与伙伴的关系,结果往往是在工作上铩羽而归。这些新管理者染上了被我们称为"垂直隧道视野"的毛病,亦即只关注上司和部属,却忽略了自己的同僚。

对此,专家的建议是,你可以透过以下方法与同僚建立关系:了解他们的工作内容。询问同僚关于他们的角色与责任以及他们面临的挑战,有时你或许还能支援他们的工作,分享你的工作内容,开放且诚实地分享你自己的目标与挑战,从而可以建立互信。你也可以征求一件回馈,并根据正确的意见行事,不要感到被威胁或冒犯,平等相待。在日常营运中找到互惠的机会,克服障碍,并相互支持。

四、给新任领导的建议——搭建起自己的支持系统

作为一个新上任的领导,如果你是外聘到公司的,你将会有许多事情需要学习和了解,包括公司的目标、特有的企业文化、顾客群,甚至所处行业的情况。但是这还不是最重要的事情,想要在你的新岗位上获得发展,你还需要做更多的功课,事实上,不管你是内部提升的还是外部聘请的,你必须找到一批支持者,搭建起自己的支持系统——简而言之,也就是要找对合作伙伴,建立你自己的团队。事实上,无论你有多么好的声望,在新的职位上你仍需树立自己的可信性。这一点对于每一个新任领导者来说都是非常重

要的。

无论是操作一个产品还是管理一片区域，甚至只是组建一个最基本的社区工作小组，如何招聘到优秀的合适的人才一直是管理者最头痛的问题。

领导者要成功建立团队，并非要建立控制体制。因为人是不能管的，人是要关心的，每个人都应该自己管自己，坚持传统的管理思想是无法进行组织变革的。现在外国也开始不用管理者，改用协调者。现在不是管的时代，现在组织需要的是领导者，而非管理者。

3Corn 的 CEO 兼总裁布鲁斯·克拉夫林 1998 年 8 月加入电信系统设备公司时，已名声斐然，他曾在数码公司担任高级副总裁及总经理，此前，他在 IBM 公司工作 22 年，成绩赫然，其间他将 Thinkpad 便携式电脑投入生产。然而，克拉夫林却不认为这样辉煌的历史能带给他喘息的机会。他说：“关于实现组织变革的速度一直存在争论，我是否快得过了头？几乎在任何时候我的回答都是否定的，不论干什么，都应讲求速度，我犯的每个错误都是由于我行动不够快而造成的。”

身为领导者，要建立一个属于自己的支持体系，塑造一个活性化的环境，必须做到以下九点：

第一，拟定一个振奋人心、吸引人的远景，而且未来的成果是共享的。领导人已不再有权威，如果有一个美好的远景，员工就会为了远景努力工作，当然，先决条件是未来的成果共享，员工才会为了追求自己的利益卖命。

第二，充分授权，每一个小组都是自我管理小组。领导人如果还是权力一把抓，就无法取信于员工，终将形成官僚文化，像现在很多政府机关和大企业一样，会互相踢皮球、推诿责任。事事都得依照繁琐的规章，浪费人的时间，这样会失去改革的最佳时机，无法灵活地顺应市场需求。例如 GE 公司就做到这一点，组织内的人能迅速下判断，只需交给上面的人一张简短、扼要的报告。

第三，严于律己，宽以待人。领导者自己要守纪律，要求别人什么，自己一定要先做到。唯有领导人率先做榜样，员工才会相信这真的是这个企业的文化，才会心服口服。

第四，勇于冒险，并容许他人从错误中学习。员工挑战后如果失败，不要太苛责他们，但是如果多次警告他，他仍一意孤行，应该给他适当的惩罚，如果他走到危险处，也该救他，要注意的是，绝不能重复错误。

第五，全力倾听并接受批评。倾听他人心声是沟通的一种方式，如果只说不听，就无法了解他人。

第六，真正了解人性。而且懂人性还不够，领导者绝对要避免玩权力游戏。韩非子非常懂得人性，但是他抓住人性的弱点操纵人，这是不当手段。

第七，寻求能补偿你弱点的工作伙伴。除非是像松下幸之助那样全能的人才，几乎所有人都有弱点。找出自己的弱点，和别人合作以弥补不足，就能成功。

第八，懂得分享信息和利益。

第九，塑造你赢我赢的企业文化。你赢我赢的企业文化中，突破信赖的瓶颈，企业就能长大。

对此，沃金斯指出，当你进入一个新的领导岗位时，你的主要任务是营造一个有利于你完成未来两三年目标的氛围，这对你今后的工作开展将是一件非常有利的事情。他说："短、平、快必须放在首位。"旗开得胜将奠定你今后更大的胜利。因此要搜寻具有重大战略意义和示范效应的项目。例如，降低效率的瓶颈、停止扩招的决策，建立这样一个支持体系，对新任管理者上任之初的问题，将会有很大的帮助。

五、新任CEO如何诊断企业

如今，CEO的平均任期是越来越短。这些"短命"的CEO，只有其中很少一部分因为对新职位水土不服自己走人的，但更多的则是因为没能提升公司业绩而被扫地出门的。没办法，在现代企业管理当中，很多企业都追求着短期效益，所以人们的耐心似乎比CEO们的任期更短。

因为这种市场现状逼迫着新上任的CEO们在还没来得及全面适应公司状况的时候就必须在几个月内找到法子解决公司的大事——提高获利能力，增加市场份额，或是赶超竞争对手。想要达成这一件大事，那么CEO们就必须先完成的就是——对公司的全面诊断。然而，进行这样的诊断实在不易，头绪太多，无从下手，以下几条原则可供参考。

第一条原则是成本和价格几乎总是不断下降的。最能直观体现这一原则的分析工具就是经验曲线，根据这条曲线你能估计出成本和价格的走势。将你们公司的成本曲线和整个行业的价格曲线进行比较，你就能判断出公司的成本下降速度能否让你保持原有的竞争力。你要评估产品线的获利能力，即确定公司的哪些产品或服务是赚钱的，哪些是亏钱的，以及出现这样分化不同的原因，多问几个为什么你会对企业市场现状有个比较鲜明的了解。

第二条原则是你所处的竞争地位决定了你能采取的行动。行业不同，利润领先动因也会不同，但在大多数行业里，最能说明公司业绩的一个指标就是相对市场份额。在此基础上，你需要对企业发展的市场做出一定的了解和评估，所以你要估量市场规模及发展趋势。在对市场进行透彻的分析之后你还要评估你们公司的能力，确定公司能否充分发挥自己的潜能，扩大竞争优势，或者如何扩大自身优势，赢得市场资源。

第三条原则是客户和利润池并不是一成不变的。即便是再稳定的市场也只是相对的，所有的市场随时都在经历巨变，昨天还非常管用的计划和策略今天就失效了，这就会导致客户资源也在不断地变化，很多管理者发现先前的利润池不是已经干涸，就是引来了新的竞争对手，而新的大利润池却在其他地方形成。所以在进行市场分析的时候，管理者需要时时刻刻注意动态和评析趋势。

第四条原则是简单才能取得结果。这几条原则是根据几年前贝恩公司的研究数据表明的，组织复杂化会增加企业的成本，阻碍企业的成长。要评估企业的复杂性，首先，应该分析一下产品或服务的复杂性及其对成本的影响。另外，CEO可以利用一系列的方法对企业的决策流程和组织结构的复杂性做出评估，这一种评估简单高效，能够迅速区别出对企业发展富有影响力的几个因素。并且企业管理诊断，首先应从企业人员的管理认知切入，因为这是最直观也是最显现的。通过描述企业内部管理现状，总结归纳企业内部人对企业自身管理现状的评价。此时的主要工作是团队人员访谈；其次，在大概梳理完企业管理认知的前提下，进行企业管理框架或者管理体系的分析，探求现有企业的管控体系是否契合企业实际业务开展的需要；第三，细致扫描企业管理应用的系列措施以及独特的方法手段，如计划预算、招聘、辞退、考核等，看该系列措施的应用是否发挥了正向的积极效果；第四，评价企业的总体管理效果，主要从是否限制了业务发展与增长以及是否抑制了员工的主观能动性。

企业管理诊断基本的假设前提就是，基于现在业务框架、业务结构的稳定性，我们来看企业管理模式是否契合企业发展模式的问题。但企业发展模式是否需要做一些创新调整，也应该成为我们管理咨询顾问面对的第一问题。"经理"＝"经营"＋"管理"，经营为先，管理为后，业务是第一位。任何时候，我们均不能回避基于业务发展、企业竞争优势构建的管理模式思考。

任何企业的诊断应该是客观的，一个企业管理咨询顾问如不能整体客观地扫描目标客户，那么任何分析问题均是不全面且主观的，这很容易造成负面的影响。研究一个企业、行业和整个的宏观经济走势，其实有内在必然规律演进的。基于这个基本认识，我们研究一个企业的现状并判断看其未来，一定要看它的发展演进脉络。基于经济史、产业史、管理思想史和企业发展史的角度来思考，回归问题的基本原点看演进路线，总结其里程碑事件和战略成长因素。

六、新经理：初为领导

即便对最具天赋的人而言，成为领导者也是一个异常艰苦的旅程，需要不断学习和自我提升。而第一次当上司，就是这条路上的第一个考验，因为工作状态和所需要承担的责任、面对的难题都和以往截然不同了。这一个角色的转变恰恰是很多管理者忽视却最终失败的原因，实际上，在从芸芸众生中脱颖而出成为真正的领导，这一历程本身似乎就颇有难度，但是对于大部分人而言，失败不是在竞争的过程中，而是在竞争之后，获得成功之后。这实在令人感到遗憾。

这样角色的转型为什么会出现这么多的难点呢？经过管理学家的研究，他们发现了一些蛛丝马迹，这些错误的想法决定了失败的必然：

管理者掌握着重要权力。很多新经理想当然地认为，管理职位赋予了他们更多的职权，以及随之而来的更多自由和自主权，抱有这种假设的新经理会突然醒悟过来。实际上，他们陷入了一张关系网，其中不仅涉及下属，而且还有上司、同级管理人员和企业内外的其他人。所有这些人都会向他们提出各种没完没了且经常相互冲突的要求。结果，他们的日常工作变得压力重重、忙碌不堪，而且支离破碎。一旦他们面对这样的关系网无法应付，他们的权力就只是一个绊脚石。所以只有当新经理抛开权力神话，接受必须应付各种依存关系这一现实时，他们才能成为有效的领导者。这意味着他们不仅需要管理直接下属团队，而且还要管理该团队运作所处的外部环境。领导者所面对的局面，和一般执行者截然不同，这就是他们所需要面对的压力之一。

权力源自管理者的职位。很多新经理错误地认为，他们的权力来自自己目前在企业等级制度中的职位。这种假设导致许多新经理采用事事插手的专制方法，认为这是创造成绩最有效的方法。

医生的四大看病本领"望""闻""问""切"对于一个出色的管理者是必需的。只有做到了这四大点，他才能管理一个企业，才知道企业如何发展，也是管理的基本入门！

望者，就是看，这个很简单，但是一定要像医生一样，看得仔细，看得出事件的"端倪"。

闻者，就是嗅，一是得闻其气味，二是听其声音。这个可以进一步的确认"望"的对不对，有些时候"闻"的作用是最大的，很多的事情是隐性的不会表现出来，也不容易看出来，而气味、声音是不需要宣告的，可以了解到更多的信息，使判断更准确。

问者，主动进攻，对一些自己不明白的，想知道明白的，别人不想说的，可以通过问，得到自己需要的答案，这个工具运用得当，可以使管理得到最大的发挥，因为它是效率最高的得到消息的方法。

切者，即从实际来解决问题，这类问题往往不是一般就可以解决的，要做很大的动作才可以了解其中的奥秘，对于一些特殊的问题，大的问题，有悬念的问题，都会有很大的帮助，都会得到更大的支持。

管理者必须专注于建立良好的个人关系在上任的第一年，许多新经理误以为所谓员工管理就是尽力与每个下属建立最有效的关系，错误地将管理团队与管理团队中的个人混为一谈。新经理必须学会如何驾驭团队的力量，如果只是关注与单个团队成员之间一对一的关系，那将会对学习的过程造成损害。

很多新经理很快会发现，当他们给直接下属布置任务时，未必每次都能叫得动这些人，而且很多时候，下属会阳奉阴违。事实上，下属越能干，就越不喜欢只是简单地听从上级的指令。新经理必须认识到，只有当他们在下属、同级管理人员和上司中间建立起自己的可信度，才能树立起自己的权威。而这个可信度，不仅仅是个人能力，还多半来自于权威感和信赖感。

在工作运转当中，管理者必须控制自己的直接下属，这就导致了大多数新经理都渴望下属能够服从自己，其中部分原因是他们对扮演不熟悉的角色缺乏安全感，但是这种服从和控制会使得上下级之间的关系更加紧张。他们害怕如果不能尽早让直接下属学会服从，下属就不会把他们当回事。但是，他们忽略了一个问题——服从不等于承诺。如果没有做出承诺，员工们就不会主动。如果下属不主动，管理者就无法开展有效授权。如果一直持续这样的状态，那么无论是对公司还是对新上任的领导者而言都是不利的。

成为上司的路程很艰难，但是比起一路的竞争来说，又不算什么，新经理们可以寻求同事和上司的帮助，从而更快地成长。

第四章

卓越领导的技能

一、用"受控的燃烧"来管理

目前，市场上需求的企业领导是教练型的领导，赛道上的一往无前，可以变成商战中的有效执行，体育竞技场上的快速反应，用到企业中则演绎成了商业竞技场中的正确决策。所以，对于企业的管理，不妨在受控的范围内进行顺其自然式的管理更为有效。

目前市场上的所有信息都是以极快的速度来运作。其结果是 CEO 和领导团队都受到了信息转化的压力，因此决策速度也相应地加快了。领导者的一个目标就是进入角色，并且在所有累计的信息、观点和冲突中找到合适的模式。CCL 总裁约翰·亚历山大说："但是你需要在巨大的压力下完成这些。"

管理学大师彼得·德鲁克说过："让劳力工作者富有生产力是上一个世纪要解决的管理问题，要让知识工作者具有生产力，则是本世纪要思考的管理问题。"在今天的市场环境中，人才的作用越发的重要——郭士纳挽救了亏损百亿美元的 IBM；杰克·韦尔奇成就了通用帝国；张瑞敏让一家几近停产的小工厂变成了国际化的企业；这种权力取决于你的知识、技能和专长。今天的企业发展越来越依赖技术因素，因此，专门的知识技能也成为权力的主要来源之一。随着工作的细分，专业化越来越强，企业的目标越来越依靠不同部门和岗位的专家。

正如人们所知，医生在他的行业和领域中有权威性，为什么？因为他有很强的专家性权力，医生所说的话不能不听，所以大多数的人都愿意遵从于医嘱。还有一些职业，例如计算机方面的专家、税务的会计师、培训师，等等，他们都是因为在某一领域中的特殊影响力，而获得了专家性权力。

在相对稳定的市场中，领导可以被视为一个空想家，占卜未来——或者一个传奇的指挥官，他能给部队每一个具体的前进指令。这些领导的模型在现如今的市场上已经不再适用了。现在的领导必须面对不确定，甚至在前途一片黯淡的时候都要行动。没有人能给队伍每一个具体的前进指令，因为没有人能确定部队要走向何方。

赫斯特引用最近的认知科学领域的最新观点并试图规划出一幅不同的图画。商业发展通常在起步阶段发展速度都是十分快速的，然后就会引入管理系统来指导公司的发展。但是组织的生命周期并没有就此结束。危机和重生都是公司发展的一部分。面对突如其来的挑战，公司会创造出新的解决方法。这种形式的往复是良性的，反之公司就会灭亡。然而大多数执行者都把危机和意外视为缺少计划和领导无能的表现。

管理者要清楚这样一个事实，企业中的员工除了和你的职位、分工不同外，专业能力多会超过你，在自己不擅长的领域对专家型员工指手画脚只会让员工产生严重的挫折感，甚至会有不为五斗米折腰的冲动。管理者应该忘记，要放下自己的职位，从劳动分工合作的角度与员工沟通协作。管理者加入工作也不是监督与约束，而是一种参与与协助，这样才可能使沟通与合作变得顺畅有效。当领导者能够有这样的观念转变和行动后，往往管理中的问题和矛盾要比管理者威风八面，高高在上时少得多，员工的向心力和工作热情也会大大提高。当然，这样并非是说领导者不该有权威，管理中领导者的权威是必要的，可以通过自身的管理能力与专业能力来塑造出威信，这样部属自然心悦诚服。但是，切不可用权势来管理员工，尤其是管理高级人才，管理者想以权威来压制他们，只会让人才离开你。现在在等级森严的军队中都很少采用权威管理，我们看看那些成功的企业、军队，甚至是国家，他们的领袖无一不是靠个人的魅力与影响力来领导组织的，那些强权的组织纵使拥有大量的人才，最终这些人才却不是离开就是明哲保身，不愿出力。

那么领导应该怎样做呢？你需要驾驭并且引导公司的变化而不是阻止它。这里赫斯特用了一个类比"受控的燃烧"来解释，这类似于管理者烧掉一部分老朽的木头，但是却保证了整个公司的蓬勃发展。

二、如果你是房间里最聪明的人，那么你有麻烦了

在一个团队当中，似乎领导者就应当占据最聪明的人的角色，实际上，这种情况的出现，对于团队而言是一种很不好的状况。

在团队管理中，只看结果不管过程的管理者越来越少，因为过程决定结果，不管过程就不可能有好的结果。因为任何事情发展的过程都能够体现处理者的思路和智慧，但是如何既信任下属又不至于让团队管理失控，是困扰

企业管理者的问题。信任下属，给予适当授权，不过多过频地干涉他们的正常工作，这有利于激励下属，让他们的积极性得到充分发挥；可问题是，管得少了，又如何能避免下属的过程错误和失误呢？这就是管理者的过程管理技巧，是管理团队的必备技能。

如果你不肯授权，对于团队的发展来说，势必是最大的一个桎梏。

现在一些企业实行股份制就是一种充分调动员工主人翁精神的方法，除资金入股外，还可以技术、劳动等方式参股，这并非是企业没钱需要人才入股，而是希望通过这样的形式让关键性员工能发挥出自己能力的极限，并不断进取，而企业的存亡与发展也都主要靠这些核心股东。其实，这种员工的工作动力并非只有股份合作制可以达成，也并非只需要几个核心员工，所有员工都拥有这样的工作动力，如果能够充分调动出员工的这些力量，对企业的竞争力来讲将是巨大的促进。比如，我们可以赋予员工更大的工作自由与权利，这种自由与权利给员工带来的责任感与被信任感比管理者督促的效果更好。

苹果电脑公司在业界的实力可谓顶级，公司也汇集了无数世界一流的技术人才，包括前 CEO 乔布斯本人就是一个电脑天才。曾有人这样说过："世界上 80% 的计算机精英都聚集在了苹果电脑公司。"但是，当年站在技术巅峰的苹果电脑公司却输给了技术不如自己的微软。在乔布斯的自我总结中写道："苹果电脑公司失败的一个主要原因就是每个人都是人才，大家都恃才傲物，看不起其他人，也不愿意与同事合作，包括自己。"在与微软、IBM 角逐失利后，乔布斯开始注重员工间的合作，减少了内耗与沟通障碍，由此大大地提高了员工的工作效率，而且向心力也迅速增强，新产品推出的速度更快，技术更专精。今天风靡全球的 iPhone 手机就是最好的例证，因为产品在技术方面并没有特别突出的地方，但综合价值却是非常高的——领导时尚的外观设计、强大的硬件支持、独具匠心的软件设置、卓越的产品质量，还有巧妙的营销推广手段。这些方面的完美结合和各部门之间的高效紧密协作是分不开的。

传统的管理观念往往注重员工是否团结在领导者的周围，是否能够和管理者合作（服从命令），却忽视了员工间的合作。在一些官僚作风盛行的企业中，管理者利用，甚至是制造员工之间的矛盾或派系斗争来让员工互相牵制与监督。这样的管理者认为，如果劳方齐心协力，必然对资方不利，而劳方相互牵制，则资方易于管理。但事实上，这样做的结果必然是员工钩心斗角，没有心思放在工作上，效率会大大降低，无形的内耗损失非常巨大。今天的管理者应该通过让员工之间的高度合作来提高工作效率、创新思维与提高产品品质，同时，这也会给员工带来一种愉悦感与安全感。

在今天的社会环境下，要评估一个员工的绩效更加复杂，尤其是评估创意与技术等方面的人才。传统的绩效考核很可能使这些员工感到委屈而离开公司。不要以为每天按时上下班，循规蹈矩，听从安排的就是好员工，管理者要清楚：用时间来换酬劳的员工不是好员工，用成果换酬劳的员工才是企业发展依靠的关键人才。明天的企业管理要抛开过程与形式，尊重结果，相信主观能动性可以创造出制度与规范所不能达成的绩效奇迹。

企业中积极正面的柔性管理文化可以达到制度不能触及的深度与广度。相对的，不良的管理方式也会形成文化，为企业带来持续的负面影响。再好的管理方式如果不能从表面的规定与形式化转为一种思维与行为习惯，也都只能是为企业带来一时的助益，不能持久。所以，企业应当建立有效合作，并且创新力高的企业文化。

三、权力更受关注吗

在企业内部，员工之间的关系是什么样的，或者说员工之间交往时，他们采用什么样的准则，往往是由企业文化决定的。如果在企业内部，权力受到的关注是最大的，那么企业内一定等级森严，而且官僚主义严重。实际上，在企业内部，平等的文化更有利于企业建设。

每个企业的基本结构都是一种为了实现特定目标建立起来的组织架构，这种基本结构由部门、规章制度、授权、等级和控制范围组成。其中通过授予各级管理者相应的权力以解决各种问题是现代企业最核心的机制。被誉为"组织理论之父"的德国社会学家马克斯·韦伯将企业内部的权力划分为三类：由传统惯例或世袭得来的传统权力、来源于别人的崇拜与追随的超凡权力以及法律规定的法定权力。并且明确指出理想的组织应以合理合法权力为基础，这样才能有效地维系组织的连续和目标的达成。为此，韦伯首推以法定权力作为组织体系的官僚组织模式。韦伯认为企业的长生不老绝不仅仅依赖于其英雄人物的"超凡卓识"，应在更大程度上依赖于其"顺应自然"的原则体系——公正地识人、用人和尽人的体系。所以，理想的官僚机制可使组织表现出高度的理性化，其成员的工作行为也能达到预期的效果，组织目标也能顺利的达成。

尽管管理机制的逻辑如此简单，但随着企业的成长、业务的增加，企业这个官僚机构经常会变得越来越庞大，组织的运行效率却变得越来越低下。

这其实不是"官僚制"本身的错误，究其根本原因，是由于组织内部机制障碍所致。对于目前企业而言，这一机制障碍更多的则是表现在各类组织中传统权力和超凡权力的影响远比法定权力为大。很多企业的一个显著特点，就是企业就是企业家，企业家就是企业。企业家或因卓越的远识、杰出的才能、非凡的人格魅力，或因"时势造英雄"而成为企业的绝对主宰和精神领袖，并且企业也乐于渲染个人权威、塑造个人英雄。这样企业家的传统权力和超凡权力就彰显于众，人们对传统权力的服从并不是以与个人无关的秩序为依据，而是在习惯义务领域内的个人忠诚，领导人的作用似乎只为了维护传统，因而效率较低。

官僚机制对很多企业的影响是致命的。官僚机制建立在"官本位"的基础和意识上，管理者过分重视自己的权力和表现自己的权力，事务的运行不是以事务本身的效率效能为依据，而是以自己的权力是否行使、是否被尊重、是否被重视为依据，实际上就是个人凌驾于企业之上。最终整个企业靠权力体系来运行，运行的内容也是权力，而不再主要是企业的产品和市场。市场的生存原则是绩效，而官僚机制的生存原则从来就是"政治稳定"。这种对"政治稳定"不可避免地造成内部近亲繁殖，裙带关系盛行，其最终结果是体系内部形成越来越政治化的利益集团与官僚作风，也就必然导致个体与体系自身职业能力的整体降低或丧失，组织腐败、低效、无能就在所难免。

官僚不但会层层叠架在一个公司组织的层级上，还会阻隔部门之间的沟通和交流，如果一个企业官僚主义盛行，企业的老化和衰退立即就表现出来了。在官僚机制严重的企业，管理层会脱离企业实际，会降低对环境的反应和适应能力，同时也加大了企业的资源消耗和降低了运行效率，更为严重的是，由于脱离企业实际，还可能造成企业经营和战略上的失误，给企业带来灭顶之灾。

官僚体制还会对组织中的个人带来消极影响。官僚机制会影响一个人的思考问题的基本逻辑，并且限制人的创新开拓精神。一个无边界的企业是向外打开自己的，而一个官僚的企业是自闭的，员工一天到晚只会窝里斗。在这个体系中生存的个体，也就逐渐失去了职业技能与商业敏感，一旦离开了过去的组织，才发现自己实际上什么都不会。

1985年，韦尔奇采用了经济学者熊彼得的"创造性破坏"理念，将GE原有的组织机构级别裁撤到5～6个，将公司结构从金字塔形变成了扁平化结构。韦尔奇创造出一个名词，叫做"无边界组织"，知识的传播，信息的流动，正是依赖于GE所倡导的这种摈弃官僚作风的"无边界组织"，这种管理体制下，没有官僚主义的土壤。

第三篇　决策管理
——控制好你的思维力

第一章

不正确的决策过程让你的行动出轨了吗

一、决策者解决问题的奇思妙想

决策是管理者的重要职能。制约决策科学与否的因素，既与组织发展不同阶段关注焦点和瓶颈问题能否合理适时解决有关，也与决策者决策程序和方法科学与否有关。突破决策瓶颈和盲点是实现组织管理目标的途径选择。

马克斯·贝泽曼所著的《管理决策判断》一书——贝泽曼是西北大学凯洛格管理研究生院的杰伊·格伯优秀教授，他说即使没有任何别的作用，规范的决策方法也可以帮助你确信自己提出的问题是正确的。

1. 发现问题，确立目标

在很多情况下，决策不力往往是因为没有真正清楚地认识问题，或者把决策的焦点聚集到错误的或者并非重要的问题上去。所以说，正确地定义问题通常是决策成功的前提，否则可能导向错误的决策方向。

定义问题主要包括如下几个方面：（1）问题是什么？（2）问题是何时发生的？（3）问题是如何发生的？（4）问题为何会发生？（5）已经造成哪些影响？

决策者必须明白，你不可能同时达成所有的目标，很多情况下鱼与熊掌不可兼得，管理者必须设定优先顺序，有所取舍。另外，决策虽然一开始是正确的，但是后续过程中前提条件却发生了改变，如果不随之调整决策的话，就必然导致失败，发挥群体智慧和善于利用外脑的头脑风暴以及专业咨询，是决策科学突破瓶颈和盲点的事前选择。

2. 制定标准和选择方案

判断哪些是"正确"决策，而不是先考虑决策可否被接受。先判断出正确的决策，然后再采取折中的办法，让大家接受决策。

3. 搜集有意义的信息

在开始搜集资料之前，必须先评估自己有哪些资讯是知道的，有哪些是不知道的或是不清楚的，才能确定自己要找什么样的资料。资讯不是愈多愈好。有时候过多的资讯只会造成困扰，并不会提高决策的成功机会。因此必须依据资讯对于决策的成功机会，依据资讯对于决策目标之间的关联性以及相对重要性，判断哪些资讯是需要的，哪些可以忽略。

4. 在制定决策时将行动考虑在内

在这个步骤中，管理者要确保任务和责任已经明确地落实到具体的人；另外，还要确保任务执行者能够胜任工作。如有必要，还必须调整对执行者的考核方法、任务完成的衡量标准以及激励机制。将决策告知相关人员也很重要，否则，很可能产生严重后果。善于利用外部和集体决策，每个人都有思维特点，同样，每个人也都有思维瓶颈和思维盲点，这导致决策瓶颈和决策盲点。外脑和集体决策是突破决策瓶颈和盲点的途径选择。

5. 考虑各种可能的解决方案

贝泽曼在他的书中写道："人们在确定备选方案时通常花费过多的时间，而且只有当搜寻成本超过新增信息的价值时，人们才会停止对各种新方案的搜寻。"当然，有时候在看到事实之前，也就是说在信息被收集起来并加以分析之前，人们并不知道新增信息的价值。尽管如此，仍然应该利用事先确定的各个标准的加权值来指导你对选择方案的搜寻。

6. 决定最佳的方案

某些方案如果确定不可行或是超出本身的能力范围之外，可先行剔除，再开始讨论其余的方案。

7. 行动计划的实施与评估

实施与评估决策过程也变得更加关键。通用电气公司纽约克罗通维尔分部负责高级经理培训的史蒂夫·默瑟说："我们用到的所有的问题解决方法最终可以归结为两种。"

一旦做出了决定，就要下定决心确实执行，不要再想着先前遭到否决的方案，既然之前都已确实做好评估，就应专注在后续的执行面。你必须拟定一套详细的行动计划，包括：有哪些人应该知道这项决策？应采取哪些行动？什么人负责哪些行动？还有该如何应付可能遭遇的困难，等等。

8. 执行后不忘评估效果

我们通常很少再回过头来重新检视先前决策的成效如何，因此无法累积宝贵的经验。事后的评估不应只是书面的报告，报告不能完全呈现出决策执行过程中的实情，就好比说我们不可能借着研究地形图，就能看到山的面貌。有些细节必须要亲身经历或是聆听参与者的主观意见，才有可能观察得到。

研究表明，在实际的管理决策中，经理们需要平均每 9 分钟就进行一项决策工作，因此他们不能如此奢侈地将时间花在认真思考上。

正如贝泽曼在书中写到的一样："他们寻找解决方案，直至发现某个能够勉强实现可以接受的业绩水平的方案为止。"

在现实世界中，经理们必须在形势不明朗以及总是存在时间与任务压力的情况下做出决策。但是，我们讲述的这种规范性的决策方法，可以帮助经理们理解如何进行最佳判断。

二、一个问题的"真正的指关节球"
——决策分析提升项目规划

决策分析一般指从若干可能的方案中通过决策分析技术，如期望值法或决策树法等，选择其一的决策过程的定量分析方法。

由于绝大多数的商业决策并不是一成不变的。相反，这些战略规划随着环境不确定性的增减而不断发生变化。其中，通过决策树模型来进行实际选择评估有诸多好处，就像股票期权赋予了期权持有者在未来一个特定的时间或者以某个特定的价格购买股票一样，决策树法同样赋予了经理们一套固定的关于资本投资的选择方法，他们必须随着商业状况的变化来作出这些选择。以这种方法为指导，可以确保经理们能够考虑各种突发的情况，并根据这些情况制定相应的对策和规划相应的投资，最终作出最佳决策。

决策树法是一种应用广泛的计量分析法，特别适用于解决风险型决策问题，是用"树状图"来分析和选择行动方案的一种系统分析方法。

树状图中有以下三类"点"：

（1）决策点：也叫结点，从它引出的分支叫"方案分支"，每条分支代表一个行动方案；

（2）自然状态点：也叫节点，标出损益期望值，从它引出的分支叫"概率分支"，标明自然状态及其出现的概率；

（3）结果节点：标出每一方案在其相应状态下的损益值。

具体来说，决策树法是根据逻辑关系将决策问题绘制成一个树形图，按照从树梢至树根的顺序，逐级计算各节点的期望值，然后根据期望值准则进行决策的方法。决策树法简单直观，特别适用于复杂的多级决策问题。

第一步画出决策树形图。绘制决策树形图的基础，是决策者对未来各种可能情况周密思考的结果。即决策树形图是人们对某个决策问题未来发展情况的可能性所作的预测在图纸上的反映。因此，绘制决策树形图的过程实际上也就是进行预测和决策模拟的认识过程；

第二步计算损益值。损益值，或称期望值、损益期望值等，是衡量决策利弊、优劣的数量表示方式，也是用以比较各个决策方案经济效益的一个准则。当损益值大于零为正数时，就是益值；当损益值小于零为负数时，就是损值。损益值越大，表示方案实施后可能获得的利益也就越大，损益值越小，表示方案实施后可能获得的利益也就越小，损失可能越大。损益期望值的计算要从右向左依次进行。首先根据各自然状态的发生概率和相应的损益值计算各自然状态的损益期望值，当遇到自然状态点时，计算其各个概率分支的损益期望值之和，标于自然状态点上；

第三步最终决策。在计算各决策节点的期望收益时，实际对每一决策都作出了选择。此时只要从根节点向树梢逐级选择即形成最终决策。即比较损益值的大小。比较不同方案的期望损益值大小，期望值最大的一个方案分支，即为选定的最优方案。

管理顾问玛莎·阿姆拉姆在她的新书《价值评估》中写道：决策树模型不仅有利于"组织实施那些容易受不确定性干扰的多级项目"，同样可以帮助您重新设计项目以获得"更高价值"。

应用决策树法对项目进行重新设计，使得决策者能够在项目早期就对市场有更多的了解，因此为修改市场调查计划提供了机会，并提高了市场调查的成功性。计划经过修改以后，经理们排除了一些不确定性并最终确定了后续的投资，因此项目的价值得到了提升。

三、涉及棘手的伦理问题时，如何做决策

实践表明，传统的企业经营中的单纯追求"利润最大化"的非伦理经营，已经呈现出越来越多的弊端，而更加人性化和伦理化的伦理经营已经被越来越多的企业和企业经营者所重视。企业伦理是企业一种极为宝贵的无形资产，它可以使企业的经济效益和社会效益相得益彰。通常企业在面临生产决策时，一般只进行经济效益的决策，很少进行伦理决策。作为一个负责任的企业以及一个负责任的企业家，在进行经济决策的同时应当而且也需要进行伦理

决策。

伦理决策是决策者在决策过程中对别人产生影响的抉择，其抉择涉及平等、正义和权利等有关伦理问题，因此，伦理决策的特性是做决策时所涉及伦理道德因素的考量。简单地说，伦理决策就是关于对与错的判断。具体来说，该决策关涉对他人的重大影响，有选择的明显特征，并且这个选择的过程是开放的；这个决策与其他相关者存在伦理相关。

世界上许多知名企业都建立了以"道德过滤器"为中心的决策流程，由专门委员会将拟定的行动方案与社会的道德规范和企业的道德原则进行对照，不符合道德要求的方案就被剔除。

早在 20 世纪 60 年代，世界各专家就提出企业伦理准绳的概念，并指出它对企业在社会经济活动中的指导意义。如今企业道德伦理的观念越来越受到管理者的重视，因为它直接决定着整个企业的价值观和思想，是企业决策问题时所要依赖的准绳。道德伦理的选择也直接影响着企业的管理和运营效率。

美国波士顿大学管理学教授、企业行为与责任领域的咨询顾问詹姆斯·E. 波斯特，他指出企业伦理准绳至少有三个主要的伦理框架，功利主义（自我主义）的做法是传统的管理思想，伦理准绳对运营效率是有很大好处的。我们知道人才对公司来说是珍贵的资源。那些具备许多才能的最优秀的人，他们都希望去一个能够尊重他们，并在社会上受到尊重的公司工作。而伦理准绳直接决定了一个公司是否尊重关心它的员工、是否能在社会上受到尊重。公司在运营效率上的受益，一定是来自于它的员工、顾客、供应商以及其他那些知道这是个一流企业的人们。

确实，许多管理者已经从这三种伦理思想中受益，因为它们是明确而直接的，因为那些在哲学层面对伦理的讨论对大部分管理者来说太难理解。

现在的管理者面临很艰难的决策，现今的决策要求找出如何在经济上成功地运营一个企业或者组织，同时又不违反伦理方面的观念的方法，所以对管理者们来说有一个必要的认知，那就是要非常清楚为什么有些事情他们是不会去做的。伦理准绳恰恰给出了答案。

那些能够说明从伦理的实践中受益了的管理者尤其值得被尊重。这些受益也许是顾客和员工的安全，或者是为了儿童和后代的环境保护，或者是社会的安全。这些都是有价值的好的效果。

道德顾问兼美国康明斯发动机公司的前任董事迈克尔·雷恩在他的著作《负责任的经理人》和《道德决策实用策略》中，也指导决策者如何在决策中正确地使用伦理准绳。

　　一个管理者必须认识并了解以上提到的三种主要伦理观点。采用哪种伦理准绳则要基于这三种观点的小心考虑。如果一个决策不符合任何这三种伦理准绳，那么管理者必须要问该怎么去回应和满足那些反对和异议。这是对伦理决策的要求。

　　基于伦理准绳的决策使得管理者和公司以"正确的方式"做"正确的事情"。也就是说，应该要做出一个负责任的伦理决策，并且要以尊重所有的利益相关者的方式去做。

　　当面对道德困境时，你是否做出了正确的决策？一个普遍被接受的检测方法就是看你晚上是否能睡着。但是，小约瑟夫·巴达拉克在他的书《界定时刻——对与对的抉择》中指出，人们有时候晚上睡不着恰恰是因为他们做了正确的事情。他们知道决定会产生真实的结果，虽然不能保证成功，但是他们会为他们的决定负责。

四、避免权力过于集中——同时避免过于民主

　　21世纪是一个更加复杂、多变的世纪，那种单靠领导者个人智慧决策的时代已经不符合时代潮流，取而代之的是科学的民主决策。

　　当你的业务不断发展壮大时，你必须招聘许多人员来共同经营。但是，这时你是否也让他们一起来参加你的决策流程了呢？

　　对于这个问题没有一个清晰的答案，因为一项机智的决策不仅是一门科学更是一门艺术。不同的情况要求不同的处理方法，可能需要单独决策也可能是充分民主。但是，习惯性的独裁与民主过了头对决策一样是有害的。

　　事实上，一个好的企业决策者通常具有一定的柔性。他们知道什么时候应该独自决策，什么时候应该寻求一致意见，什么时候要介于二者之间。但是，你怎么知道哪一种方法更适合一个给定的问题？如果不清楚，你可以检查一下你的个人决策方式。

　　适当的民主决策可以提升决策质量，因为它在一定程度上可以弥补决策者的信息不足，纠正他的价值偏见。众所周知，过于集中决策的权限是公司所犯的最大错误。作为一个领导者，你通常认为自己能够做出更好的决策，但是决策权必须根据相关信息来进行分配，而且提高决策权限的层次也要求向上传递信息。

1. 企业的民主意识

　　即从根本上树立企业员工是企业的主人，使他们以主人翁的态度积极参

与企业管理，这是决定企业存亡兴衰的决定性因素。美国的许多公司都要求员工要知道公司的事情，要分享信息。蓝贝尔公司要求公司的每位员工都为公司的形象负起责任。美国的许多公司都没有明确的指挥系统，员工能够同最高管理层接触，直接参与公司的管理，大家见面都直呼姓名。

2. 民主权利和义务

员工有了民主意识，还必须规定相应的民主权利和义务，它既是民主意识的体现，又反过来促进民主意识的强化。美国惠普公司的用人哲学被称为"惠普方式"，它使每位员工都有权享受公司的荣誉，承认"公司的成就是每个人努力的结晶"。戴娜公司则强调"公司要为那些想要改进技能、拓展事业或仅只想加强通才教育的工作人员提供训练与发展的机遇"。玛斯糖果公司的每位员工包括总经理，只要一周内人人都上班，就可获得一成的销售红利，只要每个人都对公司尽义务，都能及时得到奖励。

在企业决策中，实行民主决策可以带来两大效果，即有两个方面的作用：

让下属员工参与决策，可最大限度地调动员工的积极性，提升他们的主动性和创造性，从而决策的实施取得有力的支持和保障。员工参与了决策，就不仅会认同这一决策，而且会把这一决策当做他们自己的选择。遇到困难时，他们会想尽办法去克服，用最大的努力来保证决策的实施和贯彻。

民主决策让更多人参与到决策过程中来，可有效地避免企业领导人个人知识的局限和价值观念的偏见，进而提升决策的质量，减少决策的失误。

实现企业决策的科学化和民主化。要加速这一进程，基本途径有以下5条：

1. 信息系统的支持

决策者能否从众多的备选方案中选定最终的科学决策，除了自身的经验、知识和智慧之外，都必须以自己掌握的信息为前提。每个明智的企业领导者都应懂得，在当前的经济社会里，每一条有效的信息都能带来一定的价值，有时一条重要信息，甚至能够决定着企业的生死存亡。软科学是潜在的生产力，如果运用得当并促其转化，其经济效益或社会效益是相当明显的，有时是无法估量的。

2. 智囊系统的参谋

必须充分发挥智囊系统的"外脑"作用。在现代条件下，要搞好企业决策这个复杂的谋略活动，单靠个人或极少数人的聪明才智是难以奏效的。因此，在相当一部分企业里，逐步实行了"谋"与"断"的相对分离，或者由"谋"与"断"的统一体逐步向"断"方向转化，促使企业逐步建立起一套相适应的参谋智囊机构，成为领导者制定企业决策的得力助手。

3. 决策系统的决断

决策系统的群体功能的强弱，对决策活动态度是否正确，对决策知识了解的多少，都会影响到决策目标的确定、方案的选择和实施。决策者在选定方案的过程中，必须注意这样四条：（1）统观全局，确定目标。（2）掌握标准，善于分析。（3）敢于立论，克服从众心理。（4）敢于创新，不被已有方案所束缚。

所有的重大决策要坚决杜绝一个人说了算，要建立专家咨询制度和社会公示、社会听证制度。为避免决策的盲目性，对重大工程项目和涉及群众切身利益的项目，必须经过专家进行深入的调查研究和充分论证，拟定和评价方案，为决策提供充分的依据。

4. 职工代表大会的审议

企业中的职工代表大会，是职工参加企业管理、行使民主权利的机构，其重要职能是审议企业的重大决策。作为企业的决策者，要充分发挥职代会的审议功能，必须确立职工群众当家做主、全心全意依靠工人阶级的思想，决不能肆意颠倒"主人与公仆"的关系，搞"厂长作报告，党委发号召，代表举举手，工会跑龙套"那种形式主义，而要真心实意地尊重工人的地位、权利和意见，真正使企业成为职工群众的"利益共同体"；必须开辟各种渠道，采取各种形式，体察民情民意，集中正确意见，修正和完善企业决策，而决不能堵塞言路、充耳不闻，置群众的意愿而不顾，奉行"人微言轻"那一套；必须主动地、自觉地接受职工群众的监督，组织职工代表视察工作、分析问题、进行整改，确保决策目标的实施兑现。

5. 执行过程中的反馈

企业决策的实施过程，实际上是一个不断调整、补充、修订、完善的过程。这是因为，决策的实施靠的是广大职工群众，靠的是机关各专业部门，靠的是方方面面的力量。决策是否合乎实际，是否合理，哪些方面有漏洞，哪些方面有失误，他们了解得最清楚。因此，在执行过程中会有大量的信息反馈回来。

决策者一定要做到"明"、"活"、"快"三个字。明，就是开明，勇于接受意见，敢于修正错误，不怕丢面子失威信。活，就是灵活，能够根据情况的变化，及时果断地采取措施，随机应变。快，就是捕捉信息要快，修正措施要快，传达贯彻要快，提高应急应变的时效性，做到见机不疑，见利不失。

第二章

寻找能够在利益群体之间取得双赢的决策策略

一、创造一个正确决策概率大的"安全空间"

任何一个企业决策的失误，都是决策人并没有感觉到有失误情况下的失误。自知是错的，仍坚持错误，明知是陷阱，仍往里面跳的傻瓜，世界上少有。能让决策人自我察知错误、发现陷阱，也就可以大大减少决策失误，避免决策失误。

我们怎么能产生尽可能多的正确决策呢？该怎么办呢？答案是找出导致失败决策的原因，然后将它们根除。

1. 走出盲目信奉崇拜的"思维"误区

"思维定势"表现方式多种多样，它可能是无意中的一句话、报纸上的一件小事、网络上的一个数字。不知为什么，这些偶然的东西深深印在脑海里，左右思考和决策。比如，你参加专家论坛，专家发表自己对未来三五年市场的预测，结果你不分青红皂白信以为真，无论是分析竞争对手，还是思考市场策略，都不由自主地想起他的论断。如果是这样，那位专家的预测对你来说就是"思维定势"，要当心。

如何走出"思维定势"的陷阱？从不同的角度来看问题，看看有没有其他选择，不要一味依赖你的第一个想法；向别人请教前，先自己考虑一下问题，有一个基本打算，不要被别人的意见左右；寻求不同的意见、方法，以开拓你的思维，打破原有的条框束缚；征求意见时，要客观公正地介绍情况，不要掺杂个人的倾向，以免影响对方思路；假如有"思维定式"影响正常思考，要问一问自己："实际情况是这样吗？数字可靠吗？"然后，就这个问题进行更为广泛的搜集资料、剖析论证，直到彻底弄清。

2. 走出"框架"既有模式的经验误区

趋利避害是人的本能，老板们更倾向于接受现有的成功框架，不愿意尝试新的可能性。作为老板，要有对一切所谓的经验、模式、规律等敢于怀疑的习惯。

如何走出"框架"陷阱？用"如果……会……"的假设思考模式，重新设定问题或机会的框架，从不同方面考察这个问题或者机会，预见不同的结果；在决策过程中，尝试问"如果框架改变了，你的思路会有何变化？"

3. 检查你的动机

你正在考虑那些被选方案，在做出决策之前，请停下来问问自己，是否因为情感上的原因和认识上的偏见而让自己的行为出轨了。

为了克服这个弱点，可以考虑找一个教练或指导者来帮助你客观而又诚实地检查自己的动机。一个值得信赖且与你将要做出的决策没有利益关系的朋友或同行也可以提供有价值的观点。

4. 学会放弃

在决策时要尽量地慎重，如果还是不小心选错了，要懂得放弃，该退出的时候就要坚决退出。善于在撤退时把损失降到最低也是一种重要的能力。

5. 寻求可以合作的伙伴，听听更多利益相关者的意见

在为组织寻求合作时，要仔细地了解合作方的能力与背景，知道更多的相关资料，预测在实际的合作中可能会遇到的一些机会与挑战。从合作方的年度报告与手册中，还有以往的相关资料新闻中，你就可以了解到对方的资产状况、销售及背景、口碑等资料，这有助于了解对方，做出正确的决策。

到哪里去寻找利益相关者呢？这取决于决策的重要性。建议你考虑最高领导团队的成员、主要部门的领导者和技术专家。组织中有相关经验的个人、部门成员、供应商、顾客和竞争者也可以成为利益相关者。最后，激进的组织和大众成员在高层级的决策中也可能成为重要的利益相关者。

6. 研究过去的决策

分析那些已经被证明失败的决策案例可以帮助一些经理避免犯类似的错误。如果采用这个方法，你将精力集中于探索决策失败的原因，而不是去嘲笑案例中那个倒霉的决策者。

7. 决策程序化

决策程序化是对制定决策的行为过程所设定的标准。谁都明白，任何一个决策失误都可能会给企业的发展带来重大影响，甚至是生死攸关的影响。决策程序化是相对于随意性的直觉灵感决策而提出的要求。根据实践分析，

决策失误大都是决策制定人过于情感化，制定决策没有科学分析，没有程序限制，仅仅凭拍脑袋发掘灵感进行决策所致。

程序化决策也并不是要求大大小小的决策，都要用一大串科学分析方法进行反反复复的分析论证后，撰写一大摞论证分析报告，并在此基础上拟订一组方案后选择。而是强调不论决策大小，都不能随心所欲地决策，必须跳出决策制定人当时的情绪、情感，以及既定的思维方式对自己制定决策的思路限制和影响，在对决策所选择的目标、决策约束条件等进行分析的基础上，做出最优的选择。

在做下一个决策之前，列一个清单，写出所有需要问的问题以及所有需要咨询的人，以便作出最明智的备选方案。

二、双管齐下，降低决策失误风险

任何一种决策，都是在一定环境下，按照一定程序（流程），由单个人或多个人集体做出的。决策不仅仅只是一个客观过程，还涉及大量的个人的情感以及价值判断等主观因素。因此，导致决策风险的因素有客观方面的因素，也有主观方面的因素。客观因素如信息不充分、不可预知的因素发生、决策机制不健全等，主观因素如决策者的能力不足，受情绪、成见影响导致判断失误。

成功决策是所有领导人必须掌握的一门艺术，但是对企业家来说就更加至关重要了。在许多情况下，当一个人开始组建公司时，往往是单枪匹马。你既是公司的技术员、经理，又是公司的领导，无论是战术还是战略上的每一个决策，你必须全面负责。

最终决策的制定是否发生失误，可不取决于决策制定人的主观愿望，而是取决于是否找到并消除了导致决策制定发生失误的因素。下面是两个导致决策失误的因素：

1. 决策依据的信息匮乏

制定决策就是谋求一种优化选择，即根据所掌握的信息对自己的活动目标和方式进行选择，以使自己的活动能最大限度地达成自己所寻求的目标。但是，如果决策信息不充分，也就无法进行这种优化选择，或者所作的优化选择根本不优。

2. 决策制定人的思维惯性

当面对信息匮乏和时间限制的情形时，管理者通常采用众所周知的启发性判断策略帮助他们迅速地做出决策。然而，问题是决策过程中不可避免地掺杂着决策者的心理因素，著作颇丰的哈佛商学院管理学教授马克斯·H. 巴泽曼和杰西·伊西多·斯特劳，在他们的《管理决策中的判断》一书中把这种"对过去许诺的不理性地遵守"比作在公共汽车站一直等车，在某种程度上，你不得不承认汽车是不会来的。

决策人的思维惯性会使人对于外部环境的变化和时代的变化信息的敏感度下降，甚至变得迟钝，忽视这种变化，直接把过去思考问题的方式、方法，套用到新形势、新情况下的问题分析上来，直接沿用过去应对问题的对策措施来解决新形势、新情况下的新问题。其结果是，决策的制定仅仅按照一个固定不变的模式进行取舍选择，从而直接导致选择的结果与其所寻求的价值目标发生背离，使应该避免的风险不能避免，应该抓住的机会不能抓住，降低决策的质量，甚至直接是失误。

减少决策失误的途径：

1. 了解自己的决策方式

要提高你的决策能力，首先你必须明白自己的决策偏好。为了解决这个问题，你可以问自己几个问题：面对决策时，通常我是一个人来决定呢，还是寻求别人的一致意见？或者我总是介于二者之间——寻求别人的想法，但是我自己最终做出决定。

确定你的决策方式的方法之一是使用评估工具——《决策方式剖析》。使用该工具，可以测试被评估人在决策过程中对其他人意见的接受程度。

（1）弄清基本问题

通过弄清楚问题、理解决策信息以及执行决策的必要协助，你才可以考虑决策的方式。遇到决策时，你可以自问：

①我完全清楚问题了吗？（清楚问题）

②我有决策所需要的足够信息，或者我知道在哪里可以找到吗？（掌握信息）

③别人提供多少的帮助可以执行这项决策？（必要协助）

一旦你能够轻松地回答这几个问题，你就可以很容易决定什么时候适合自己单独决策，什么时候需要别人的协助，什么时候需要取得完全一致意见。

（2）透明的决策流程

如果你意识到自己决策的透明程度，你就不会感到吃惊：成功的经理人在决策时无论是在逻辑上还是理性上总是透明的。

由于管理人员明白公司的决策流程，因而更容易建立起相互信任感。这种信任往往会在紧急时刻没有，或者很少有人参与决策时给你带来决策信心、支持理解以及业务增长。决策透明，即使没有取得完全一致，也有助于促使经理人相互理解，从而成功执行决策。

2. 严格经营资源核算

所谓严格企业经营资源核算管理，也就是在决策制定之前，对企业的经营资源进行一次相对全面的清理核算，以明确能用于实现新目标的资源数量和质量，保证决策所要确立的目标有足够的资源支持，使之能最终成为现实。尽管企业经营资源在未来某一时刻并不是一个确定的量，但它也不是没有限制的量。从决策制定的现在到决策项目付诸实施的未来，这期间能够发展和积累的经营资源的总量总是有限的，它不可能不受到现有经营资源的数量、质量和结构的制约。但这个量又会因为种种原因而发生不同方向——或积累或萎缩——和不同程度——或大或小——的变化。这就必须在对现有经营资源进行核算的基础上，对从决策制定的现时现刻，到未来某一时刻可能发展和积累的经营资源进行预测。现有的经营资源加上可发展和积累的经营资源就构成对决策——对未来活动进行计划、安排的刚性约束。

降低决策风险，做出准确的决策确实是一门艺术，不但可以向人们提供指导，还可以提高你决策的质量。了解你自己的决策倾向并弄清楚问题，有助于在什么时候单独决策，在什么时候共同决策。保持整个决策过程透明，可以帮你对自己的能力获得信心与信任，还可以为大家提供好的决策技巧。

三、不要和恺撒大帝一样对警告视而不见

学者本尼斯说，让我们一起看一下莎士比亚笔下的恺撒大帝吧！一些证据明显强调了危险的存在，"妻子梦见他成了一尊血淋淋的塑像，身上有100处伤口在往外流血，那些强壮的罗马士兵正在用他的鲜血洗手。有猫头鹰在他身旁哀鸣，在公元前44年的古罗马，猫头鹰的叫声会有很多种含义，就好像一头狮子跑过了街道。"

但是恺撒却忽略了这些信号，他甚至没有接受阿提米德罗不断向他提出的有关提防凯瑟斯、卡斯卡和布鲁图斯的警告。他为什么没有对这些警告引起注意呢？悲剧就在于，领导者失去了大量的优秀人才，仅仅是由于他们自己不能听或不愿听这样一个原因。所以，我们要认清决策障碍。

不论从事什么行业，都必须凭借完善的管理才能使组织不断发展，避免决策出现问题。经理人必须知道并加以防范一些潜伏的决策障碍，积极面对

决策危险的警告，以下是一些容易被人们忽略的管理者进行更好决策的障碍：

1. 缺乏事业蓝图规划

随心所欲而不根据书面计划来经营，是事业的一大障碍。制定完善的、长期的事业计划虽然是件繁重的工作，但却有助于预估公司的收支情况，并预想到未来 5 年的行销和发展计划，而且能迫使你深入了解你的产品市场和竞争形势。必须未雨绸缪，预想事与愿违的情况。

有了事业的蓝图，事情就好办得多了。可以定期地用它来衡量每个季度事业的真正运作情况，了解下一步与原先的预期是否有差异。

2. 空耗金钱

大部分的小公司老板都在高估初始的销售，并低估获利所需花费的时间，使得公司在财力不继的情况下提早关门。与其在一边感叹现金流失得飞快，不如赶快采取行动，如争取较佳的付款条件、看紧存货、避免资金积压、绝不提前付款、抑制添购不必要的设备等。

3. 数字文盲

刚开始创业的人应清楚业务是否逐渐接近损益两平点，并且要充分掌握损益表、资产负债表和其他的财务资料。不能只看表格上的数字，必须逐项比较各数据与过去或预算是否有差距，原因是什么。简便的方法是找一位财务管理人员，来解读分析这些数据的真正意义。

领导者应该在采取某项行动之前，对该行动的决策推理过程进行再一次的审核。举例来说，尽管通用公司（GE）董事会已经就提名杰夫·伊梅尔特接替杰克·韦尔奇出任公司总裁达成一致，但是在进行正式的官方投票并公布结果之前，董事会依然花了三个星期的时间来重新考察韦尔奇的建议。

4. 不识淡旺季，贸然成立公司

例如一家巧克力公司在圣诞节前开业，能做 80％的生意，因此不要在新年之后才开店。因为生意的淡季旺季循环，都将影响到事业的发展。

5. 电脑狂

假如不十分熟悉电脑在组织里的应用，最好在创业之前或之后实施电脑化，而不要挤在相同的时间，因为在开始的一段时间里，电脑化会阻碍公司的发展。没有办法同时处理两件复杂的事。

联邦快递（FedEx）的首席信息官罗伯特·卡特经常会离开电脑，与他的下属召开城镇会议，并且通过每个月与 8 名员工共进晚餐来创造一种坦率真诚的沟通氛围。

6. 把时间等同于金钱

越是把时间等同于金钱，越是容易掉入决策的陷阱。香港科技大学营销学教授迪利普·索曼基于对一系列案例的研究得出的结论，正如他在《行为决策期刊》上的最近的一篇文章中写的，当人们更善于评估时间价值，就是说，他们能把投资所花费的时间转换为相应的金钱支出，他们的决策更容易被沉没时间成本扭曲。

本尼斯奉劝，作为领导者，必须确保尽可能全面地获得相关的数据与观点。他说："我认为，最优秀的领导者应该像亨利五世一样。"在战争前夜，"亨利五世脱下了他的皇袍，穿上了一件普通士兵的军服，走出营帐与士兵们打成一片，从他们口中探听明天将会发生什么"。

四、你可以通过"无偏见同事"的考验吗

一些大企业的倒闭带给我们的一个关键教训就是：关于决策——甚至包括绝大多数的个人决策都不应该在一个真空中进行。在进行一些重要决策时，你必须与他人进行沟通，让他人参与你的决策，特别是在一些关键点上。

事实上，在决策过程中进行充分的沟通是确保做出好的决策的最佳方法。如果你能够向一位无偏见的同事详细地描述：决策是什么？你是怎样做出这项决策的？替代方案又是什么？为什么不选择这些替代方案？当你试图借助同事来发现决策中可能存在的某些偏见，那么你就能在很大程度上对该决策作出充分的思考，最终确保该项决策的可靠性。

产生错误决策的原因：

J·弗兰克·耶茨是密歇根大学商学院工商管理和营销学教授、获奖教师。他在密歇根大学商学院讲授决策管理达20多年，并在许多国外高校——包括北京大学、莱顿大学、东京大学——担任访问教授。他同时还是《行为决策制定》杂志的副主编、判断与决策制定协会的原主席。他指出：

1. 原因一，没有意识到职责

这些经理们都没有意识到决策管理是他们的一个职责，换句话说，是为他们的公司（职业）提供无价服务的机会。难怪，他们在履行职责时工作不能胜任，或者他们甚至没有试着履行职责。如果你了解了决策管理是一个核心的管理职责，你就向前迈进了一步。

2. 原因二，对决策问题和过程的模糊评价

在浅层次上，每个人都知道什么是决策问题以及需要什么来解决这些问题。不幸的是，肤浅的理解对管理决策是无效的。同样，经理们通常都仅仅对决策问题和过程的本质有一个模糊的理解。

3. 原因三，低估相关风险

在灾难发生之前，决策者评估那些低概率、高风险的事件存在极大的困难，所以在决策带来的灾难发生之前他们不会太在意保护自己，而一旦类似的灾难发生之后，他们便开始过度地保护自己。并且，这种决策模式代代相传。

4. 原因四，对正常决策制定的无知

如果决策管理者不理解通常人们如何决定自己的做事方式，那么这将成为他工作的巨大障碍。如果他对本公司内人们的决策方式毫无了解，他将处于一个极为不利的境地。

尽管，决策出错的概率很高，但是另一些公司总是能够做出一些让我们目不暇接的优秀决策。我们感到惊奇："他们真是天才！他们是如何一次又一次做到这一点的？"相比而言，另外一些公司却饱受不利决策之苦，我们也会感到惊奇："哇！他们又失败了！"决策成功的公司与决策失败的公司之间的不同是什么？前一种公司中的人们确实更了解他们的业务吗？他们用了更好的方案？他们就是比别人聪明？还是他们根本就是幸运？秘密就是成功的公司建立并实施了用于让员工参与影响其工作承诺的决策的政策。区分这项决策是你一个人就能单独作出的，还是必须依靠其他人的帮助。如果需要其他人来完成一项决策，请让他们加入决策过程。

参与决策领域的先驱迈克尔·多伊尔说："如果人们还没有解决方案，或者是有了方案但是没有达成一致，那么最好别急切地开始执行，因为那样很容易导致误解，更严重的结果是导致失败。"

为提高决策质量，鼓励受影响员工，包括个人和小组参与到组织决策过程。参与决策能提高员工的知识，激发他们更有效工作，创建他们对工作承诺的自主性。决策风格可以是以基于共识制和等级制的。这个政策应该和组织所使用的风格保持一致。

1. 创建和维护

用于跨组织让员工参与影响其工作承诺的决策。

（1）为创建政策提供赞助和资源。

（2）使利益相关者适当地参与到创建、改进、评审和批准政策中。评审应该专注于政策是否与当前契约和组织目标相一致，应该解决所有冲突。

（3）适当地维护和改进政策。

2. 文档化

关于让员工参与影响其工作承诺的决策。文档化包括如下活动：

（1）向员工传达潜在的工作承诺。

（2）从受影响的员工或者小组中获取关于工作承诺的反馈。工作承诺反馈的例子是，要求员工对被分配工作的估计和目标进行评审，并认可这些目标是可达到的。这种做法向员工提供了机会来关注不精确估计或者不合理目标。

（3）把反馈应用到对工作承诺的决策中。

（4）适当地让员工对照承诺参与评审进展。

3. 依据

实施行动来使得员工参与会影响其工作承诺的决策中。

（1）向利益相关者传达政策的可用性和位置。

（2）向胜任的员工分配执行工作的责任、权力、义务。

（3）向利益相关者传达计划好的行动及其结果。

（4）验证工作是否依照政策跨组织得到一致而有效地执行。

五、致命的漏洞——"请相信我——我理解这个地方的行事规则"

经理人千万不要成为自大狂，千万不要自以为是，觉得自己高高在上，自认为自己主宰每一件事，这样企业必将充满了危险。避免这个致命的漏洞，即盲目地认为"请相信我——我理解这个地方的行事规则"。

经理人也许在某个领域有自己的优势，但在某个领域就没有优势，要想不断进步，就必须注意弥补不足。

如果领导者缺乏自知之明的话，那么他们的决策能力将会大打折扣。无论获得了什么信息，如果你不了解自己的话——往往是对自己的了解驱使你做那些该做的事——那么你曲解与滥用这些数据的可能性将会极大地提高。

学者本尼斯认为："缺乏自知之明是造成领导失误的最普遍的、最经常的理由。这么多年来，在我认识的那些自认为有领导天赋的人中，他们都渴望获得最高的领导职位，但是他们却不知道这些职位的要求是什么以及自己有哪些能力能够适应这些要求。他们希望成为一名 CEO，但是又不想承担 CEO 的工作。我首先会问这些'极具潜力'的领导人这样一个问题：'你们了解自己吗？你们已经具有的那些技能能够胜任这一角色的要求吗？'这恰恰就是我当初没有问自己的那个问题。"

1. 通过决策的规则来防止思维自大

很多人还未能收集到相关外部事实来证明一项决定的合理性就做决策。当你对一项计划是否继续进行而举棋不定时，尽可能多地倾听外部声音及持不同看法者的意见。

设定明确的目标有助于你避免陷入无休止的尽早决策的怪圈。如果在出现特定的后果前你已提前设定对一个项目或人员投资的上限，你就不太可能落入自大的陷阱中。设定这些目标可以帮你判断什么时候应该退出，他们帮助你甄别哪些情形下坚持是值得的，哪些情况下是徒劳无益的。

2. 要更加关注决策过程而不是单看结果的质量

每个人都有做出错误决定的时候，即使是专家也不能预测所有可能出现的后果。如果你是决策者的上司，你可以明确告知你的下属，不会因为没有做出正确的决策而受到惩罚，这样会避免不必要的恶性循环。

哈佛商学院的名誉教授霍华德·雷法指出："很不幸的是，人们通常通过结果而不是决策的质量来判断一个人，打破现状的做法会立刻引起注意。如果决策者不改变现状，其他人又不会对所实施的项目真正负起责任，即使是好的决策也可能导致令人失望的结果。如果可能的话，任何外部检查程序都必须被考虑到，否则，一个整日对坏结果忧心忡忡的人将更加倾向于原来的计划，而不乐于改变。"

3. 不要过度关注对过去决策的执行

不能把过去的决定抛之脑后，只愿意进行小修小补，会使公司沿着错误的轨道走下去。

"决策者通常更愿意维持现状对另辟蹊径抱有强烈偏见。"雷法、约翰·S. 哈蒙德和拉尔夫·L. 基尼在他们的合著《决策过程隐藏的陷阱》一书中这样谈到。雷法指出："当情况开始失控时，决策者通常只愿意小修小补，而不愿意推倒重来。有人说，如果我将就着坚持下去，事情也许会碰巧变好，而如果我承认我们犯了战略性错误，这还会在不合适的时间里推倒重来。即使所有人认识到了错误，内外部强大压力也会使人们在错误的道路上将就下去。"

人们墨守成规、疏于思考和盲目自大，会导致错误决策的出现，人们发现他们的项目运行得很糟糕，他们的生活很无头绪，但能仍维持现状。因害怕变革，他们对当前的一切很有感情，眼界开阔的经理应看清所发生的一切并摆脱这一决策陷阱。

第三章

克服认知偏见，避免日常的决策陷阱

一、认知偏见——决策过程中的系统性错误

决策者受组织内外部环境的影响，再加之决策者性格、生理因素、认知能力等使其在决策过程中产生认识上的偏差，即认知偏差，也可以称作认知偏见。认知偏见是指生理心理状态均正常的决策者，由于知识水平的匮乏而对决策问题缺乏明确的预期和把握时，出现的认识上的种种偏差，比如"代表性"偏差、"易得性"偏差、过度自信等等。

专家们建议：克服这些偏见的关键就在于认识并理解它们。《可预料的意外》一书作者，哈佛商学院教授马克斯·贝泽曼认为：人类的思维方式似乎遵循"认知的拇指规则"，领导者们总是按照经验已经教给他们的那些最简单、最快速的处理问题的方式来进行决策。这种思维方式无意中给人们灌输了一些偏见，这些偏见有时甚至可以导致最聪明的人犯错误。

目前，很多专家都在研究管理决策行为认知偏差的影响因素及其相互作用。

2002年，诺贝尔经济学奖获得者丹尼尔·卡内曼也是著名的心理学家，他最近在《哈佛商业评论》上发表文章《重大决策十二问》，认为企业高管即使认识到自身的认识偏见，也对于纠正自身的认知偏见没有什么办法。他们能做的，就是在适当的工具帮助下，发现并消除团队成员的认知偏见，建立不受认知偏见影响的决策流程，提升整个组织的决策质量。

认知偏差的产生因素：

1. 情绪

情绪在决策中起着重要作用，是决定决策过程的非常重要的因素之一，是直觉决策的关键成分，也是风险型决策的基本要素。积极情绪状态的决策者有规避损失的倾向，而消极情绪状态的决策者会有风险寻求倾向。当决策

者有较为强烈而持续的情绪反应，在决策中更为情绪主导，更多依赖直觉进行决策。

2. 认知

人们在判断与决策过程中经常会出现"过分自信"。认为自己的判断正确的概率通常高于实际的概率值。而"过分自信"是决策判断中普遍存在的一种认知偏差。过分自信的决策者将决策建立在失真的假定之上，无法做出合理的决策，从而影响决策的质量。

3. 组织文化环境

组织文化环境会对组织中的决策者的决策行为产生影响。不同的组织文化孕育着不同的决策风格和应对风格，如创业文化则注重创造、创新和冒险，直觉决策应用可能更多，易于包含非理性的因素。具有不同决策风格的多个决策者共同完成的一些组织任务，可能存在较大的认知偏差和判断标准，从而影响到决策的质量和效果，因此，对于多个决策者的决策问题，需要协调和综合他们的工作，为了减少认知偏差对决策质量和效果的影响，我们需要从决策者本身的心理、认知等内部因素及外部因素方面寻找解决方法与对策。

4. 积极情绪培养

决策者在决策活动中，总会伴随着一定的情绪状态。情绪好的决策者可能更富有创造力，觉得负面事件发生的概率相对较低或不可能发生，更乐意接受挑战性的决策问题。因此，积极的情绪对决策有推动作用，而消极情绪则会降低决策者的理智水平，降低决策质量，导致决策失误。当决策者具有较为强烈而持续的情绪反应时，容易依赖直觉进行决策，做出鲁莽、草率的决策；而处于某种消极情绪的决策者，往往会自以为是、思维缓慢，决策效率低下。

5. 认知自我

决策者并不是全能型的人物，只有很好地了解自己，决策者才能进行科学的决策。尤其是对于某些具有权威性的决策者而言，过度自信现象普遍存在，决策过程中的信念和假定以及过去经验等认知因素，都将影响整个决策过程。

6. 适宜的组织文化

组织文化是组织成员共有的价值和信念体系，不同的组织文化孕育着不同的决策风格。事实上，由不同参与者所进行的组织决策就是对环境变化所做出的反应，而且组织成员之间存在着较大的认知偏差，决策时，需要不断的协调和综合来实现组织目标。

作为《赢家管理思维》一书的作者之一，斯皮策认为"事实和经验证据都已经表明了管理决策质量正在下降"。他引用了路透社在 1996 年的一项研究，该研究表明：经理们正面临着双重的压力，一方面有关决策的信息不断膨胀；另一方面要求加快决策速度。

7. 避免过度专注于特定的信息

即使决策的程序完全符合理性的原则，在执行过程中，我们也很难避免落入某些思考陷阱当中。人脑不可能像计算机一般的精准以及百分之百的客观，每一个人都有既定的思考模式、偏见，对于信息的解读也会有所偏差，每个人在思考上都有某种程度的限制，只有意识到自己的不足，才能更谨慎的思考，降低错误发生的可能。

通常，我们对于最先接收到的信息印象特别深刻，受到的影响也最大，这就是所谓的参考点偏见。我们很容易过度专注于某个特定的数据或资料，而且很难摆脱它的影响。就好比你要预估下个月的营业额，可能你会直觉地认为必须参考上个月或是前半年的业绩数字。过去的经验固然很重要，然而，在现在快速变迁的世界，历史的信息有可能产生误导。

建议在寻求别人的意见或是参考资料之前自己先想清楚问题，以免受影响。同样的，如果你是领袖，在属下提出意见之前，尽量少开口，以免影响他们的判断。更重要的是，不要过度依赖单一的参考标准，以营业额的预估来说，不仅要参照去年的数字，也许还要找出过去 5 年营业额的变化，并同时做出最乐观与最悲观的预估。

即使你处在危机中，花些时间在更大范围内分析决策的前景也是一种明智的行为。目前的决策是必须立刻做出的决策吗？是否存在与其相关的其他关键决策？如何对这些决策进行排序呢？斯皮策认为，最关键的是必须存在"一种清楚明确的决策过程。在一个公司中，人们很可能会就是否存在可靠的数据支持某个特定的决策产生分歧，但是如果存在一个清楚明确的决策过程的话，他们依然可以互相交流，互相解释彼此的假设前提"。

二、尽力避免可以预见的意外

我们确信人的思维不可能是"无偏见的"，所以强烈建议经理们在进行决策时采用结构化的程序，这种程序能够为独立思考提供足够的空间。简而言之，就是决策程序化以避免可以预见的意外。

决策程序化是对制定决策的行为过程所设定的标准。我们都清楚，任何一个决策失误都可能会给企业的发展带来重大影响。根据实践分析，决策失误大都是决策制定人过于情感化，制定决策没有程序限制，仅凭灵感决策所致。正是从这个意义上讲，不能说凭直觉灵感进行决策，曾取得一定效果，就夸大通过这种方式制定决策的价值和意义。这种凭直觉灵感进行的赌徒式决策，最终败北却一定是不可避免的。

决策程序化有两种形式：

1. 内在程序化

这是指决策的制定，从信息收集到最后拍板，全都由一个人完成。这种决策也并不是没有程序限制，而是程序化所要求的决策制定过程中各个环节上的活动，都由他一个人承担完成，其程序主要是体现在决策制定人个人的思维过程之中，是他在大脑中思考和分析相关决策问题也依一定的程序进行。这种程序化所强调的是，决策制定人必须在深思熟虑的基础上做出选择，而不是赌博式的选择。

2. 外在程序化

这是把决策制定过程中所必须完成的多个阶段、多个方面、多个环节的工作，交由不同的人分别承担完成，并且相互制衡，以保证决策的制定免受个人情绪、情感、思维方式和个人偏好的影响。

决策程序化的优势：

1. 便于论证决策

决策过程中有一个非常重要的阶段——可行性论证。可行性论证的对象之一是决策程序的研究，论证程序使用的方法、方式是否合乎逻辑，是否具有科学性。可行性论证主要有两种方法，一是功能性论证即采用"黑箱"的方法，在实际论证中常采用大量试验来论证决策的可行性；另一种方法是结构性论证，即直接论证程度全局性的，决定性的决策常采用两种方法来论证。无论采用哪种方式，都是以程序为基础、为线索，这可以提高决策的可操作性，同时也提高决策的准确率、优化度。

2. 节约决策时间

程序化决策为解决这一问题提供了一种手段，决策者根据市场需求并结合本企业的实际情况，设立合理的组织机构，聘请专家、顾问，按照一定的程序处理信息，最后由决策者结合自己的经验做出决策，从而大大减少了决策者的决策时间，在日常事务管理中更能显示其优越性：决策者把日常事务制度化、程序化，把权力下放给下属依程序办事，从而节约时间。

3. 减少组织摩擦

企业内部组织功能不同，但是某一项决策需要几个部门协调完成，协调的主要手段就是程序化，其过程是：在决策者的指导下，根据组织功能由各组织完成程序的某一段，各组织之间达成共识后把其过程程序化。这样大大减少了内部消耗，加强了内部联系，同时加快了决策节奏。

决策程序化的具体要求，可概括为以下5个方面：

（1）对于企业不同层次、不同内容、不同时段的决策，必须有事先的分析，明确限定哪些决策需要通过外在程序制定，哪些决策可以选择内在程序制定。

（2）对于选择通过内在程序制定的决策，必须事先确定决策制定人对决策结果要承担的责任，以及承担责任的方式，并用责任来提醒他必须按照决策程序要求制定决策。

（3）对于选择通过外在程序制定的决策，必须有对决策制定过程所有参与人各自所要完成的工作和效果承担责任，以及责任承担方式的限定，以保证决策制定过程的每一个环节的工作都有人负责任。

（4）必须有程序化标准的贯彻落实的检查，即使是通过内在程序制定的决策，也必须保留决策制定人个人思考分析决策问题的备忘录，以供事后检查。

（5）为了避免在决策中产生偏见，建议经理们应该多参加有关决策程序化的培训，对偏见保持清醒的认识有助于预防不良决策的产生。要仔细审查自己的决策过程，或许可以避免一系列日常的决策错误。决策专家贝泽曼在他的书中写道："他们（指上文的领导者）应该真正感到内疚的是：为什么在协议签订之初未能通过清晰明确的条款来消除这个可预料的意外。"

三、绝不仅仅依赖先例，历史不会精准重复自己

经验决策是指决策者对决策对象的认识与分析，以及对决策方案的选择，完全凭借决策者在长期工作中所积累的经验和解决问题的惯性思维方式所进行的决策。这是领导者经常用的决策类型，也是最传统、最常见的决策类型。

将当前决策建立在以往经验的基础上会导致很多缺陷。幸好，我们并不

是注定要用历史上的经验来误导今天的决策。其实，专家们也承认，我们需要历史经验来帮助我们适应今天这种关键性商业决策中所涉及的那些难以想象的复杂性。只是需要有效的加以利用，而且，对过去经验的有效利用也并不复杂，而且也不耗时费力。"你没有必要为了使决策更有序而去攻读决策科学的博士学位。"曾任哈佛商学院教授的约翰·哈蒙德这样说，目前他在马萨诸塞州林肯市，并拥有自己的决策咨询公司。

如何利用已积累的经验做出一个好的决策呢？有以下几点。

（1）练习做出完善的决策，让决策能力成为自己的第二天赋。经过这样反复的练习，到真正面临决策压力的时候，自然就会知道该怎么做。

（2）要不断地根据自己的工作状况和需求修正决策流程，同时还要时时留意有没有新的工具，可以用来提升自己的决策能力。

（3）交叉核查每个经验。为了更好地做出决策，你应该拦截那些最先出现在脑海中的历史事件，对它们进行有效的考核。研究表明，最先显现的记忆更有可能比其他的记忆将你导向一个坏决定。我们通常会无意识地记起一些往事，来巩固我们已经倾向于作出的某项决策。

（4）验证常识。金赛集团的总裁迈克尔·梅纳德说："我们杜撰或重新创造记忆从而使它们适应目前的需要。"因此，我们应该对那些组织中广泛接受、不再受到质疑的历史事件进行实际的研究。通常，那些被认为是常识的事情往往是"原始"大脑推论的结果——它们是思维进化的产物，因而有时候会受到情感和本能的支配。

（5）绝不仅仅依赖先例。历史，它从来就不会精确地重复自己。回顾过去往往会限制你对未来机遇的感知。这被称为是跳出条条框框的思维，而这些条条框框就是所有过去的经验。

（6）了解并重视决策流程，但是不要受制于流程。流程不是一成不变的，必须根据具体情况的需要加以调整，这样就可以减少随意而致或是由于外在环境的影响，而做出的盲目决策。令人吃惊的是，在今天这个复杂的全球经济环境中，仅凭直觉而不加仔细思考、以错误的或是不足为信的往事为决策依据的事频繁发生的次数远比你想象得要多。经验决策专家说："美国企业持续忽视正确决策流程的程度令我们感到震惊。"

（7）避免过度专注于特定的信息。建议在寻求别人的意见或是参考资料之前自己先想清楚问题，以免受偏见的影响。同样的，如果你是管理者，那么在下属提出意见之前，尽量少开口，以免影响他们的判断。尤为重要的是，不要过度依赖单一的参考标准，而要设置多个可供参考的对象来减少决策陷阱。

　　过去的经历总会对做出何种决策及如何制定决策产生影响。重要的一点是：不要让经历使制定决策的最重要的目标变得模糊，应基于所要达到的预期效果做出合理决策，而不应为了尽快做决定而敷衍了事。

　　如果领导者能够灵活运用好决策技术，其将能为企业解决很多问题。然而在实际工作中，一些决策者不知道积累工作中的经验，总是机械地按照决策的流程做出，结果使决策的质量大打折扣。决策者只有不断积累经验，并加以运用，才能做出更好的决策。

第四章

直觉管理——应该在多大程度上相信它

一、可靠的直觉火花来自于对某个领域的精通

《决策陷阱》一书的作者，同时也是沃顿商学院技术与创新中心研究主任、决策策略国际顾问公司创办人、主席保罗·J. H. 舒麦克就认为："绝大多数人都认为直觉就是一种预感或者本能，然而在决策研究中，直觉被定义为一种内在的能力，它能够引发某一思维过程从而产生一项决策。"

你如何确保你的决策至少有 70% 是正确的？"凭直觉。"Monitor 公司高级顾问保罗·麦吉尔如是回答。起初，这听来就像把商业决策的根基放在一个斜坡上，但实际上，它是一种增加管理者窍门的可靠途径。麦吉尔说："善于使用直觉做出决策的人同时也能调动他们的知识，直觉也很符合快速决策的要求。"他进一步补充道："直觉是有洞察力的，有创造性的，不会被连续几个月的分析所阻碍。"

新加坡南洋科技大学和新西兰马赛综合大学调查了电脑、银行及公营机构的 300 名行政人员，以比较三个行业的稳定性，从而研究业界人士的决策行为。结果是行业变化越快，员工越依靠直觉做决定。心理学家做出解释，资讯快速流转的社会出现了很多不确定的因素，这种环境较容易运用直觉。哈佛商学院的研究也表明，80% 的大型全国性组织或跨国组织的高级管理体制者都把他们的成功归功于利用直觉。

如何科学的利用直觉做出正确的决策呢？

当信息条件不充分时，自己又没有可以参照的决策案例，处于这种情况下的管理者，可以对自己收集到的一些信息，利用自己以往的市场经验和对市场发展的理解进行糅合，凭借直觉进行经济决策。这样利用起来的直觉才离正确的决策最近，也最有可能成功。

比如，20 世纪 90 年代，通用电气公司总裁杰克·韦尔奇已经知道在发掘因特网生意时将会遇到艰难抉择，所以他选择了以经验克服潜在主观意识的

做法——聘请一名比他本人年轻 25 岁的私人网络顾问，并鼓励他的高级经理也这样做。为应对并购决议中的主观因素，沃伦·巴菲特推荐在兼并交易中引入额外的质询环节以对抗成见。每当有公司提议以股份抵充一部分购买价格时，他都会启用"反交易顾问"。这位顾问要想获得丰厚报酬，必须说服巴菲特放弃这笔交易。

利用直觉并不是一味的独断专行，一味的盲目决策，它是一个团队经验和判断的综合应用成果，同时它也是一个体系的分析和执行的过程，它要求决策者有很高的市场敏锐性和市场洞察力，同时还要求决策者对市场有一定的监控能力。

世上没有万能的防护措施。这些事前预防式的方法有助于呈现不确定性，但无法剔除个人利益。追加数据可以挑战假设，但无法改变受强烈情感经历所影响的决策。要想改进决策，需要仔细思考那份直觉可能令人失望的原因，还要考虑每个情境中的最佳防护措施。永远不要忽视直觉，只不过要分清楚何时依赖，何时避免。

二、毫不犹豫地决策，带领公司冲破"死亡之谷"

在信息时代的今天，面对错综复杂竞争激烈的态势，转瞬即逝的机遇、急剧变化的敌情、瞬息万变的市场、意想不到的挫折、难以胜数的竞争对手，合格的经理人必须具有果敢决断的魄力。犹豫不决或举棋不定，不仅可能使你贻误了时机，而且可能因此给企业带来巨大的损失。

经理人如何克服优柔寡断，果断决策带领公司冲破"死亡之谷"？

1. 树立自信心

一些决策者、谋略者之所以对自己建立在正确判断和思考基础上的方案难做决断，一个重要原因就在于不相信自己，缺乏自信心。研究表明，那些富有成就的人，一个显著特点就是充分信任自己。他们的心情、意志，坚定到任何艰难险阻都不足以使他们怀疑、恐惧，任何反对意见及外界的种种干扰都不能打动或改变他们。不热烈地坚强地希求成功、期待成功，就能取得成功，天下绝无此理。成功的先决条件，就是你的自信心。

2. 强化风险意识

策划也具有一定的风险性，万事都不可能按人的主观意志或设想的向前发展。有时候，当出现了某种机遇，而机遇又处于一瞬间时，为了使突如其来的机遇不失之交臂，策划者在急速变化的事物面前，必须凭借自己的知识和经验及时做出抉择，方能取得成功。倘若患得患失，举棋不定，必然失去时机。也许你认为拖延决定，可以减少风险，事实上，不但不会减少风险，反而在你拖延决策的过程中可能产生更多甚至更大的风险。在现代社会中，一个不愿做出承担风险决定的人，决不能成为一名优秀的现代策划者。

3. 锻炼忍耐力

定下一个目标，然后集中精力去实现它。这种能力和精神固然令人钦佩与尊敬，然而更让人另眼相看的则是人的忍耐力。在工作中或决策实施过程中，势必会遇到各种各样的阻力和困难，这时你能否一如既往地坚持下去，就取决于你的忍耐力。在别人都已停止前进时，你仍坚持；在别人全都失望放弃时，你仍进行；在大多数人都已反对时，你仍我行我素。这是需要相当大的勇气的。倘若你能够不管情形如何，总坚持你的意志，总能忍耐着，那么最后的成功必将属于你。

果敢决断绝不是盲目武断，而是将自己的决心和勇气建立在切实的信息采集、丰富的知识经验和科学思维基础之上的。有勇而无谋只能算是蛮干、瞎指挥，有智无谋或好谋无决，那是懦夫行为，只有智勇双全，才是果敢决策的真谛。

4. 全面思考

为确保决断过程的连续性和有效性，使自己的抉择有更可靠的依据，作为经理人必须全面地考虑问题。既要考虑到对手的情况和客观环境，又要考虑自身情况；既要看到有利因素，又要看到不利条件和薄弱环节；既要顾及眼前利益，又要考虑长远利益。只有视野万里，洞悉全局，好坏兼顾，才能做出周密的判断，定出可行的方案。

5. 独立判断

经理人应具有独立思考、独立发现、独立解决问题的能力。即善于从客观实际出发，实事求是地去分析问题，把主观上的判断与客观实际结合起来。高明的策划者总是善于在迷离混沌中看清本质，抓住关键，并能及时做出判断和安排。需要强调的是，决断一经做出，就应坚定不移地去付诸实施，不能朝令夕改、摇摆不定。

三、做决策，慢即是快

当今社会，快速决策是成功的关键，如果不快速决策，就是拖延或管理抖动。然而，仅仅关注决策的速度，我们是否放弃了讨论、评估等各种不同声音的聆听？我们是不是在营造一种急于做决定的文化？

1. 更多时候，决策宁慢勿草率

迟缓的决定总比草率的决定来得恰当，不做决定胜过错误的决定。可惜许多人办不到。或因为缺乏耐心，或是要求立见分晓，于是被迫马上决定，被迫不假思索地回答对方草率提出的问题。如此行事十分危险，而有些决策也不易于现场或是短时间内就决定，应持慎重的态度，不要为了面子，轻率地决策。经理人必须极力抑制自己的冲动和草率。

在决策时，先不要忙于作指示，指出解决问题的方法，而要善于引导和启发组织中的成员自己分析、思考和解决问题，使他们也可以参与决策，同时也给自己思考的时间。

2. 判断信息的可信度

有时候我们所参考的信息与决策之间并没有直接的关联。

某些情况下很难直接判断结果的好坏，决策者很重要的工作之一，便是判断信息与所要评断的结果之间是否有真正的关联。就如同前面提到的，每一次做出决策之后，都必须重新检讨成效，才能看出当初是否有误用信息的情形。只有沉下心来，认真思考清楚，并确定信息与结果之间的关系是"直接、一致，而且没有偏见的"，才能正确利用信息，做出明智的决定。

3. 确定最重要的决策因素

波士顿切斯特纳特·希尔机构的主任查尔斯·福斯特，是《现在我应该做什么：福斯特博士伟大决策的 30 条法则》一书的作者，他认为："如何发现自己最应该做什么呢？首要原则就是集中注意力于最重要的事情。"

可能会有好多因素影响你决定走还是不走，所以经理人首要任务是放慢行走的速度，首先确定那个对于你来说最重要的影响因素。

4. 避免受思维的局限

每个人看待事情都有特定的角度或是思考模式，这就是"认知架构"。每一个人都是依据不同的特定观点看待这个世界，因此每一个人看到的都是部分的事实，不是全部。这是常常会被人们忽略的问题，你会忘记自己其实也是限制在某个框架里，误以为自己掌握所有的事实。做决策时，对于问题所采取的不同认知架构，会产生不同的结果。尽量倾听不同立场的人的想法，像是不同部门的人或是外部的第三者。同时将新的问题与过去利用相同的思考观点做出成功决策时的情境相互对照。这次的情况和上次有什么不同？是否有必要调整自己的认知架构，可否再用过去的经验来看待这次的问题？慢下来思考这些问题，也是一个好的选择。

5. 将重大决策耐心分解成许多子决策，详加考量

我们通常会被像换工作或者诸如此类的一些重大决策弄得不知所措。这类决策往往就好像是一道岔路口，你只能选择其中一条，然而最普遍的情况就是：人们在岔路口不断徘徊，对如何选择犹豫不定，生怕一旦选择了就再也不能回头。

其实，我们又何必着急做决策呢？这一类重大决策往往可以被分割成一系列的子决策，而对于这些子决策来说，我们能够不断地获得有利于决策的反馈。

6. 不到万不得已不要做出决策

管理大师彼得·德鲁克说过："有效的决策者想要知道的最后一个问题就是：我们真的需要决策吗？实际上，无动于衷也是一种决策选择。每一种决策都好像是一个外科手术，它是对系统本身的一种干预，因此具有一定风险。做不必要的决策就好像一位优秀的外科医生做不必要的手术一样。"

不要让自己深深地陷入到一个决策中去。准备好的时候再进行决策，而不是当其他人都要求你这么做的时候进行决策。当然，有时候，情况会迫使你必须进行决策。那么，你也应该使选择尽可能地多，并且时间要足够地长。因此，为什么我们做决策时不慢慢来，深思熟虑后再快速行动呢？

第四篇 绩效考核已死，
绩效管理长存

第一章

挖掘绩效管理体系的最大价值

一、放下老板架子，想着自己是个教练

绩效管理是战略、组织、人的完美结合，不和战略结合的绩效管理没有价值；绩效管理是谁的事？绩效管理是老板、直线管理者、人力资源部、基层员工等所有人的事，每个人都在其中扮演角色，大家的互动是绩效管理成功的关键。

最早的时候，人们认为所谓绩效管理，就是设计一张考核表，然后对每个人进行打分，最后把这些打分结果和每个人的年终奖挂钩，这就是绩效管理。

后来，随着绩效管理理论的发展，人们开始关注组织层面的绩效，于是，考核指标有了进一步明确的描述，比如销售收入、利润率等，于是绩效管理进一步和公司业绩相结合，企业开始从财务角度看待绩效，销售部使用少数几个可以量化的考核指标，而职能部门则和销售部门的考核结果挂钩，这是更高层次的绩效管理。

最近几年，平衡计分卡的管理思想开始深入人心，于是企业开始系统化地看待绩效管理，从战略的高度出发，首先通过平衡计分卡战略的工具梳理公司的战略目标体系，然后分解成为各级员工的绩效考核指标，通过过程中的经营检讨和绩效面谈，对绩效考核执行情况进行检查，确保绩效管理始终走在正确的轨道上。

其实，绩效管理如同体育训练一样，是一门艺术。绩效管理是构成经理人和下属关系的基本元素之一，它仅仅是谈话，还包括经理人的态度和立场。

1. 放下老板架子

放下老板架子，想着自己是个教练。保证员工不抵制、不反抗你所给出的评价的最佳方式就是推行伙伴关系，让培训无形中融入经理人和员工的关

系里。

2. "汉堡包"沟通技法

"两块赞赏的'面包',夹住批评的'馅',员工'吃'下去就不会感到太生硬。"

经理人的沟通能力很重要,沟通的能力如果欠缺,反而起负面作用。绩效面谈是 HR 部门重点检查的环节,我们要求经理人必须跟员工进行面对面绩效面谈,不能通过电话邮件或者网络。

面谈有一定的步骤和技巧,很多经理人之所以不喜欢做绩效面谈,是因为对步骤和技巧把握不好。如果 1 小时可以完成有效沟通,他花了 5 小时,而且还效果不佳,这样自然就不愿意做了。

在做绩效面谈时,首先应明确员工过去半年绩效目标达成情况与评估结果;然后,要对员工绩效中的闪光点进行重点激励;接着要跟员工就还存在的不足与改进方向进行明确;再探讨下一阶段工作目标。人力资源部门教了经理人很多的沟通技巧。例如不要对员工的考核结果直接加以判断,而应先描述关键性事件,如员工曾经与顾客争吵,而没有向顾客道歉等。这些事件一经描述,员工便会自己进行判断,得出结论。要谈员工的问题时,可以用上"汉堡包法",先对员工进行表扬,让员工心情舒畅起来,接下来指出员工的不足,最后再对员工的优点进行表扬,使他们能带着愉快的心情结束谈话。

3. 倾听技术

在进行绩效沟通时,主管经理可从如下角度培养自己的倾听素质:

(1)呈现恰当而肯定的面部表情。作为一个有效的倾听者,经理应通过自己的身体语言表明对下属谈话内容的兴趣。肯定性点头、适宜的表情并辅之以恰当的目光接触,无疑显示:您正在用心倾听。

(2)避免出现隐含消极情绪的动作。看手表、翻报纸、玩弄钢笔等动作则表明:你很厌倦,对交谈不感兴趣,不予关注。

(3)呈现出自然开放的姿态。可以通过面部表情和身体姿势表现出开放的交流姿态,不宜交叉胳膊和腿,必要时上身前倾,面对对方,去掉双方之间的什物,如桌子、书本等。

(4)不要随意打断下属。在下属尚未说完之前,尽量不要做出反应。在下属思考时,先不要臆测。仔细倾听,让下属说完,你再发言。

员工无法改变已经发生的事情。但是他们可以改变今后要做的事。因此,经理人在和员工谈话时最有效的态度是注重将来可能采取的有建设性的行动。"如果我们没有达成目标,那么让我们来找找原因。是不是因为这个目标不切实际？是不是员工缺乏某种技能？那么我们可不可以把它放到来年的培训计划里？"

由"绩效考核"到"绩效管理"，虽然只有两字之差，却蕴涵着管理理念的深刻变革。习惯了传统的报表和文字式的"纸上"考核，一旦要面对面地与员工探讨绩效问题，经理们的第一反应可能是逃避。的确，"纸上"考核带来的人际冲突和紧张已经使经理们恨不得退避三舍了，更何况现在要面对面地探讨如此令人尴尬和敏感的绩效问题！另外，经理们会以"没有时间"为由排斥绩效管理。

因此，宣传、渗透绩效管理的理念，消除抵触情绪至关重要。要引导考核双方认识到，首先，实施绩效管理的唯一目的是帮助员工个人、部门及企业提高绩效，它是管理者与员工之间的真诚合作，是为了更及时有效地解决问题，而不是为了批评和指责员工；其次，绩效管理虽表面上关注绩效低下问题，却旨在成功与进步；最后，绩效管理虽然只需要平时投入大量的沟通时间，却因防患于未然避免了日后"火灾"的惨重代价，而声称没有时间的管理者目前或许正忙于"扑救大火"！

二、采用多层次、个性化的考核体系

不同岗位承担了不同的职责，简单粗暴的考核已经行不通了，要对管理层和员工采取多层次、个性化的考核体系。

1. 平衡计分卡

管理层考核体系通过平衡记分卡，包括财务、客户与伙伴、组织与流程、成长能力四个维度。而一般员工则通过业绩、行为/态度、能力三方面来考核。

管理层考核，一般一年一次，越高层周期越长。考核维度一般有十几项，围绕平衡记分卡进行的。例如财务维度，管理层都要有，并占据考核指标的一大部分。但是不同职能部门负责人侧重维度不一样，如销售部门侧重财务，可能财务占40%，而人力资源部门可能只占30%。最终考核结果以分数体现，将影响我们的奖金，甚至职位。

对员工的考核，分为业绩、行为/态度和能力三部分。其中员工行为态度和能力指标，与业务指标不一样，前者是定性的，后者是定量的。

2. 效力增强法

效力增强法是一种绩效考核的方法，要求上司和员工一同决定考评绩效的具体细节，包括多种表格、方法、会晤周期等。在实施过程中，将员工个人置于客户的位置来考虑。效力增强法的关键是如何设计出一套个性化的方法。

这里给你提供了一种导航图：

（1）明确你的客户。首先，就是要将员工看成你的重要客户。第一步就是要清楚是谁想从绩效考核中得到收益。要重视员工的需求，但也要考虑现有的情况的限制。

（2）明确需求。对在第一步中确定的每个客户群，你要搞清楚要实现他们的目标或公司的目标，他们有什么需要。

（3）设计出满足你的客户需求的方法。一旦你知道了大家的需求，你就开始协商、处理问题和设计出适合需要的方法。你同员工一起完成这个过程，以便设计出的东西你们俩都满意。

（4）实施，试验你的方法。

（5）定期评估。不管你最终选择的是何种方法，你绝对必须评估一下这种方法是不是以能动的、持续的方式产生效果。提高效力的关键就在于它的灵活性。

3. 让终点线成为"活力曲线"

赛跑时，每个人到达终点的时间不一样，就像冠军冲过终点时，终点线不可能是水平的，而是一条类似抛物线的曲线。对人的考核也是一样，如果大家到终点的结果都一样，就没有冠军冲刺终点的喜悦。

可以设计考核周期为半年一次，由本人自评、直接上级打分和间接上级审核三段组成，形成最终结果。为了让员工最后排列一定是一条"活力曲线"，要求对员工进行正态分布。所谓正态分布，就是按固定的比例，把员工分为不同的优劣等级。一共分 5 个等级，分别是 a—b—c—d—e。凡人数达 15人以上的部门可进行正态分布，即获得 a 的为 15%，b 为 30%，c 为 40%，d为 10%，e 为 5%。这个比例是固定的。

正态分布的结果与正激励和负激励直接挂钩。获得高等级的，在奖金、工资调整、晋升、优秀评选、轮岗、储备人才培养等方面可能会获利。而获得低等级的，可能要面临降职甚至淘汰的残酷命运。

绩效考核是帮助管理的工具——仅仅是一种手段，而不是管理的目的。最优秀的经理人应该帮助下属做两件主要的事：设定目标，达到目标。

道格拉斯·麦格雷戈早在 1957 年就在《哈佛商业评论》上扩展了这套理论。用当时的话来说，有效地培养员工就是：不以胁迫手段（无论那看上去有多仁慈）让他们接受企业目标，也不通过对员工行为的操控来满足组织的需要。而是通过创造一种关系，让员工在这种关系中能为自己的成长负起责任，能为自己制定发展方案，能学会把计划转化为实际行动。

这套理论强调的成就正是绩效考核所要检测的。

要得到最佳结果就要从设计令人满意的工作着手，但是不能止步于此。经理人必须找到这些工作岗位的最佳人选；规划员工每天、每周、每年的任务；创造能对员工产生激励的工作环境；以及随时处理各类意料之外的问题。尽管评估已完成工作的质量是很重要的一步，但这也仅仅是整个流程中最后一个环节。把所有环节都做对的经理人会发现绩效考核不再令人害怕，而是一种非常实用的管理工具，帮助他们更好地完成工作——帮助员工做到最好。

三、就像跳水或花样滑冰的评委一样，考核人的打分直接判定员工业绩的好坏

我们知道在绩效考核当中，考核员工或各级经理的应该是他的直接上司，公司每一次的考核都是在企业内的执法，如果法官误判，一方面可能给员工造成利益的损失，影响到一个员工对公司整体上的认同，而且更严重的是不公正的执法将给以后的企业管理埋下隐患。

根据考核指标找出最有资格的考核人。考核人可以是下属、客户、供应商、商业合作伙伴，等等。只要他们能决定被考核者的业绩或行为是否完成、超过或没完成计划。

人力资源部的考核主体至少应包括以下四项：

1. 老板或直线上级

绩效管理，从理论上讲是自上而下的一种考核，因为是一层对一层负责的关系，即经济学上所谓的"委托代理关系"。董事会是代表股东的，总经理是代表董事会来管理企业的，部门经理是代表总经理来经营部门的，员工是代表部门经理来做工作的，整个企业管理运作就是这一层一层的委托代理关系。因此，对人力资源部的绩效最有发言权的就是老板或其直线上级。他们可以从整个企业业务发展的角度对人力资源部的工作做出相应的评价，比如人力资源部所做的年度计划的完成情况及成本、该部门是否及时地提供了所

需的人才、员工离职率是否保持较低水平，等等。

2. 所服务的相关部门

人力资源部所服务的客户主要是内部客户，其所要满足的第二个层次的需求是部门需求。其中很重要的一部分就是内部相关的部门，因此内部相关部门也应该纳入到对人力资源部的绩效考核体系中来，并作为一个重要的考核主体对人力资源部的工作做出评价。各部门可以从本部门的需求是否得到满足这个角度来对人力资源部的工作做出评价。比如人力资源部的真实工作表现、工作效率、服务的满意度，等等。

3. 员工

人力资源部所服务的另一内部客户是员工，相应地它所要满足的第三个层次的需求是员工需求，其中包括普通员工和管理层人员。所有员工都可以从个人需求是否得到满足这一角度对人力资源部的服务作出评价。比如人力资源部的工作是否客观公正、员工合理的培训需求是否得到满足、薪酬发放是否准确和及时，等等。

4. 外部相关部门或人员

（1）客户

客户对本企业员工的意见也反映了 HR 部门的工作质量。比如员工在对客户服务时的服务质量以及在提供服务时是否积极热情、是否体现了本企业的企业精神等也间接地反映了人力资源部在激励士气、企业文化建设和企业形象维护等方面的成果。此外，客户对培训的意见也是衡量人力资源部门工作的一个方面。

（2）政府相关部门

与政府相关部门（如地方劳动和社会保障部门、税务部门、司法部门等）的沟通工作，相关事务的处理等不仅直接体现了一个企业的素质和水平，也间接反映了 HR 部门的工作情况。因此，在考核 HR 部门的绩效时，也应该将政府相关部门作为绩效考核主体。

就像跳水或花样滑冰的评委一样，考核人的打分直接判定员工业绩的好坏。考核者不光意味着权力还意味着责任。怎么担当这个责任？就是要对考核者进行考核。

一个健全的考核体系，不仅仅是来自于科学的考核制度和符合实际情况的指标体系，另一项重要的内容就是对操作者的实战训练。对于人力资源部门来说，编写一份针对不同管理能力的考核者的训练指导手册，以及设计一套用于讲解和训练考核者的方案显得尤为重要。

　　人力资源部门在设计完成绩效考核系统后，在正式实施考评工作之前，要安排一定的时间对考核者们进行统一的培训指导，这一项任务的实施有以下几点务必注意：

　　高层支持：要得到公司高层领导旗帜鲜明的支持，这将直接导致整个计划的可操作性和最终效果。

　　培训时间：是把所有考核者召集到一起，一次性传达考核要求和注意事项，还是分期分批多次进行培训辅导，这要看企业特点以及考核者们的素质水平而定，但对"课时"的要求和获取"上岗资格"的约束不能仅是走形式，否则只会弄巧成拙。

　　"上岗证"：从理论上说，能否真正拥有考核下属的资格或能力并非通过一两次辅导就可以确定，这其实是如何提高经理人管理素质的大课题。但是，我们必须从可实际操作的角度出发，要以绩效考核的终极目的为导向，至少是"做少胜于不做"，"多做胜于少做"，通过每年最少一次的"考核者教育"，使我们的管理人员逐步成熟起来。

　　对于考核者的培训方案的核心概念在于"针对性"上，一方面是对考核人员个人特点的针对性，另一方面是对操作过程中疑难点的针对性。

　　对于考核人员可以简单分成两类：一是有考核下属经验的经理人；二是新晋升或是未曾有过考核下属经验的管理人员。人力资源部门在对考核者的培训指导前会事先做好充分的准备，会分别有选择地征询一些经理人的意见，在原先的辅导方案中找出需改进部分，适时调整以适应"新人"和"新情况"。

　　因此，考核者往往处于一个法官或裁判的位置，法官和裁判都要持证上岗，只有经过专业的训练上岗，他才能做出比较公正的、专业的判断。

第二章

美好的期望——良好结果的关键所在

一、管理学上的皮革马利翁效应

皮格马利翁效应告诉我们，对一个人传递积极的期望，就会使他进步得更快，发展得更好。反之，向一个人传递消极的期望则会使人自暴自弃，放弃努力。

通用电气的前任 CEO 杰克·韦尔奇就是皮格马利翁效应的实践者。他认为，团队管理的最佳途径并不是通过"肩膀上的杠杠"来实现的，而是致力于确保每个人都知道最紧要的东西是构想，并激励他们完成构想。韦尔奇在自传中用很多词汇描述那个理想的团队状态，如"无边界"理论、四 E 素质（精力、激发活力、锐气、执行力）等等，以此来暗示团队成员"如果你想，你就可以"。在这方面，韦尔奇还是一个递送手写便条表示感谢的高手，这虽然花不了多少时间，却几乎总是能立竿见影。因此，韦尔奇说："给人以自信是到目前为止我所能做的最重要的事情。"

在现代企业里，皮格马利翁效应不仅传达了管理者对员工的信任度和期望值，还更加适用于团队精神的培养。即使是在强者生存的竞争性工作团队里，许多员工虽然已习惯于单兵突进，我们仍能够发现皮格马利翁效应是其中最有效的灵丹妙药。

美国 TMI 咨询公司董事长贾内尔·巴洛说："认为设定了高标准就能得到员工的最佳表现，这种想法宛如空中楼阁，你必须要脚踏实地把想法付诸实践。"

1. 薪酬"导火索"

休斯敦大学商业教授柯特·图尔弗特说："员工依照各人兴趣产生完成任务的动力，而不是靠别人指挥。经理人必须和员工合作发现最能激发每个人工作动力的地方——竞争、紧密合作等。当经理人和员工双方都参与这个流程后，每个人都在通向最佳表现的道路上更进了一步。"

薪酬常常是导致期望值管理失败最直接的环节。自以为是的管理者会通过隐瞒、控制信息传播来降低员工期望。其实，薪酬是个无底洞，只能作为保健因素，而非激励因素，即便掌握了市场行情，却永远不知道最高点在哪儿，所以薪酬根本不是衡量期望值的最好方式。

企业要对员工的期望进行切实有效的管理，体现在两个方面：对员工不合理的期望予以说明和剔除，对其合理的期望进行最大程度的满足，同时引导员工建立正确有效的期望，最终实现员工满意的目标。

从 20 世纪 90 年代以后的管理文献中可以看到，关于期望值的沟通越清楚，企业的员工满意度就越高，其离职率也较低，效益相应也越好。这种研究还推出了一套比较实用的测试工具——个人工作期望值测试，通过 10 个方面的测试，让员工明白地知道自己主要有哪些方面的期望，哪些期望值更高（更在乎工作中的哪些因素，在乎到什么程度），可据此与企业管理者沟通，实现良好的自我期望值管理。这 10 个方面包括：（1）奖惩分明；（2）工作自主性；（3）公开表达自己的想法；（4）职业发展；（5）多元化的组织；（6）团队合作；（7）结构化的工作指令；（8）环境；（9）生活和事业的平衡；（10）工作的稳定性。

某种程度上，这种测试给企业提供了破译员工内心密码的钥匙，避免信息不对称带来的误解。在重视离职管理的公司里，管理者常常发现，员工离职的真实原因往往是某种期望未能得到满足。如果能管理好员工的期望值，也许会降低离职率。

2. 员工参与期望值的设定

了解员工期望，有很多自上而下的途径。诺华公司每月都有总经理午餐会，总经理还会利用 CoffeeTime 与关键员工沟通，CycleMeeting 让诺华各个部门的员工聚在一起，进行横向交流。但是，员工表达出来的只是冰山的表面，用一种匿名的方式或网上论坛交流，管理者会发现一部分意见非常集中。但不能依靠这种集体意见来管理员工的期望值，这只是第一步，目的是为下一步单独交流创造氛围。

在 IBM，公司为员工考虑生涯发展时，总是要求每年年初主管经理和员工一起坐下来谈话，了解情况，设立目标，制定步骤。在这个过程中，那些不可实现的目标被剔除了，主管的期望和员工的目标合二为一，主管给予员工好的建议，并承诺提供哪些资源和环境帮助他们实现目标。

一些不愿意授权的管理者，通常也不愿意让员工掌握充足的信息。别忘了信息也是企业资源之一，掌握了信息的人更有力量。全球电力巨头 AES 公司 CEO 丹尼斯·巴基说："使我感到惊奇的是，在社会中我们总像对待成人似的对待孩子，而在车间却相反，我们把成人看作小孩儿。"

埃德·古柏曼是人才创新战略的合伙人之一。他敦促经理人"心存全局，着眼个体。提出远大目标鼓舞整体士气，但也要根据每个员工的角色、能力和工作热情协调管理。经理人不可能也不应该指望每个人的表现都一样。要把员工放在能让他们成功的环境里"。

3. 关注可达成性

当然，光有清晰的目标还不够，员工们必须要看到实际可操作的目标。卡里·库珀是格兰兰卡斯特大学管理学院组织心理与健康学的教授。正如他说的那样："要求和表现的关系能用铃铛型曲线来描述，高要求带来提高和改善——直到要求高到不切实际为止。然后就会导致员工超负荷工作，压力很大，绩效下降。可惜很多高级经理人想当然地认为他们应该不断催促下属向更高的目标迈进。"

（1）合理的期望，合理的任务

聪明的经理应该知道，每个下属都具有不同的生活和家庭背景，各自拥有不同的才能。可以说每个人都各有所长、各有所短，没有谁是一无是处的，同时也没人是尽善尽美的。因此，不要以为你的下属都是万能的，并据此对他们报以过高的期望。

（2）不要求全责备

经理人员总是期待下属个个都是优秀的人才，只有长处而没有短处，但实际上这几乎是不可能的。因为每个人的长、短处参差不齐，或多或少皆有其不足的地方。领导者若是一心期盼找到没有缺点者才予以任用，那恐怕就得永远孤军奋战了。所以，领导者的任务就是让团队中的成员皆能将其长处充分发挥。

二、反馈能开启持之以恒提高业务之锁

绩效管理是一个系统拥有完善的流程，这个流程说起来很简单，第一步是绩效计划，制定绩效指标；第二步是绩效辅导；第三步是绩效考核和反馈；第四步是绩效诊断与提高。四个步骤非常清晰明了。

就是这样简单的四个步骤，却经常被企业忽略，老板关注的是结果，而不重视绩效管理的过程；直线经理关注的是人力资源部要求他们做什么，比如什么时候填表，什么时候面谈，人力资源部提出要求了，直线经理才去做，否则，只当没有绩效考核这回事；员工关注的是经理给自己打了多少分，这些分数是否公平地评价了自己的业绩。实际上，填表打分只是绩效考核的过程，最终成果是要帮助员工改善绩效。

1. 建立反馈系统

当员工开始实施行动计划的时候，他可能会发现计划需要作出调整。为此，你们俩要建立起反馈系统去发现需要调整的地方。这点极为重要。例如，员工可以向你展示他正在起草的项目计划书，定期向你汇报进展和遇到的各种问题。

经理和人事工作者要评估的不单是员工过去的表现，还要看他们随机应变的能力。当员工理解了你的目的在于让他们有能力上的提高后，就愿意以积极的行动作为反馈结果，而不会消极抵抗。

并不是所有人都欢迎改变；很多人觉得改变让他们不舒服，还有人强烈地反对改变。作为经理人，你必须和这些人沟通，传达公司对改变和提高的重视，这一点十分重要。

当员工理解了这一点之后，反馈就会成为有用的工具。员工不会厌恶反馈，反而能利用反馈得到进步和提高，并达成目标。半年一次的正式绩效考核为员工启动或重新为反馈流程注入活力提供了理想的工具。

2. 绩效反馈技术

杰克·H. 格罗斯曼和 J. 罗伯特·帕金森在《做成功的经理人》一书中说道："想要正确地工作，就要有充分而持续的沟通，让员工知道他们要做什么，以及他们现在做得怎么样。"管理者可从如下角度历练自己的反馈技术：

（1）少说多听。

让员工说说他们对你的观察有何意见。仔细倾听他们的话，观察他们的肢体语言；必要时可以借由提问帮助他们表达自己的意见。你不听员工的意见，他们也不会听你的。

（2）沟通的重心放在"我们"。

在绩效沟通中，多使用"我们"，少用"你"；"我们如何解决这个问题？""我们的这个任务进展到什么程度了？"或者说"我如何才能帮助您？"

（3）考核要详细。

别对员工说他迟到了很多次，而要说出在某段时间内他到底迟到了几次。同样，表扬也要具体。例如，员工为公司节省下了多少钱或时间。格罗斯曼和帕金森建议经理人在和员工谈话时"把重点放在具体行动上，而不是结论上"。

（4）对事不对人，尽量描述事实而不是妄加评价。

当员工做出某种错误或不恰当的事情时，应避免用评价性标签，如"没能力""失信"等，而应当客观陈述发生的事实及自己对该事实的感受。

（5）把过去的成就和需要作出的改变联系起来。

找出员工做得好的地方，告诉他们把有助于获得成功的方法运用到需要改进的地方。不要只给出劝告，而要让他了解为什么你认为他可以解决所有任务，从而为他树立信心。解释目前的工作要求和员工过去成就的关系。

（6）把握良机，适时反馈。

当员工犯了错误后，最好等其冷静后再做反馈，避免"趁火打劫"或"泼冷水"；如果员工做了一件好事则应及时表扬和激励。

（7）别忘了表示你的赏识。

到了要提供正面反馈的时候了，你还要花点心思表示对员工的赏识。除了直接感谢他们外还有很多表达方式。巴巴拉·格兰兹在《谨慎处理——员工激励与留用》中如此写道。

格兰兹建议经理人写信表扬员工，并在员工人事档案中留一份表扬信的复印件。或者可以在晚上请员工到市中心放松放松，出其不意地给他一天的休假或者演出票，员工喜欢的商店、饭店的抵用券，等等。

所有这些是不是听上去有些过于麻烦？记住下面这句格兰兹说过的话吧："人们不会换公司，只会换老板。"

第三章

高效的绩效评估是工作锦囊中最有价值的道具

一、指导业绩的仪表盘闪起了红色指示灯

公司在糟糕的时刻不得不启用平衡计分卡来管理绩效，提高公司业绩，扭转困局。

平衡计分卡的概念最先由哈佛商学院领导力发展课程教授诺顿和罗伯特·卡普兰提出。它是 20 世纪 80 年代后出现的所谓"基于价值观的管理技术"的衍生物。它能帮助你关注绩效驱动力之间的因果关系，并找出绩效驱动力与战略性结果之间的关联。

平衡计分卡被《哈佛商业评论》评为 75 年来最具影响力的管理工具之一，它打破了传统的单一使用财务指标衡量业绩的方法。而是在财务指标的基础上加入了未来驱动因素，即客户因素、内部经营管理过程和员工的学习成长，在集团战略规划与执行管理方面发挥非常重要的作用。根据解释，平衡计分卡主要是通过图、卡、表来实现战略的规划。

实际上，平衡计分卡方法打破了传统的只注重财务指标的业绩管理方法。平衡计分卡认为，传统的财务会计模式只能衡量过去发生的事情（落后的结果因素），但无法评估组织前瞻性的投资（领先的驱动因素）。在工业时代，注重财务指标的管理方法还是有效的。但在信息社会里，传统的业绩管理方法并不全面的，组织必须通过在客户、供应商、员工、组织流程、技术和革新等方面的投资，获得持续发展的动力。正是基于这样的认识，平衡计分卡方法认为，组织应从四个角度审视自身业绩：创新与学习、业务流程、顾客、财务。

为了改变这种为考核而考核，未从愿景、战略出发来考虑问题的状况，公司可以尝试利用平衡计分卡来重新设定公司的绩效考核体系。通过制定过程和各方面反馈意见来看，以平衡计分卡法确定的绩效考核方案有如下优点：

第一，平衡计分卡法的最大优势在于将公司整体的战略目标作为核心目

标，将公司战略以目标设定和评估的方式贯彻到公司经营的方方面面中去。实际上，平衡计分卡可被视作公司高层关注的战略管理问题与基层关注的运营控制问题的整合系统。该公司处于成长期，原来的计划评估指标是由高层管理团队估计这个数字，然后总部与各分公司谈判，谈判的结果实际是双方妥协的结果，体现不出公司的战略需要和分公司发展的根本需要。与此相反，平衡计分卡关注各方利益的平衡，其评估指标来源于组织的战略目标和竞争需要，这些经过科学分析的指标既符合公司的战略发展需要，又照顾了分公司的局部利益，实现了整体与局部、战略与战术之间的平衡。

第二，平衡计分卡法作为组织运作的战略手段，具有强大的统一思想的作用。在平衡计分卡的制定过程中，高层团队的思路被重新梳理，公司战略在每个成员的脑海中清晰呈现；在实施过程中，平衡计分卡能够让员工充分了解公司的目标，并能够在业绩指标规划的时候就将员工个人工作目标和公司整体的战略目标紧密地结合在一起。这样，公司全体员工的努力方向便是公司的战略发展方向，每一名员工的想法都是公司战略思路的细化。

第三，平衡计分卡促使管理者更加全面地考察企业业绩，这样就避免了单独考察财务指标时，被考核者为追求长期效益而带来的对企业长远利益的损害，同时也促进了企业各方面的平衡稳定发展。比如，原来公司过分看重短期财务指标，但作为一个连锁零售业企业，企业的服务质量、消费者忠诚度、品牌的树立等都是重要的指标，是前置性因素，是公司无期财务指标实现的重要基础。通过平衡计分卡的建立，公司高层明确了这些认识，对财务和非财务指标进行了必要的平衡。

第四，平衡计分卡法提供了更加综合的企业业绩的提升方式。传统的财务指标只能报告上期发生的情况，不能告诉经理下一期该怎样改善业绩。平衡计分卡将客户、内部经营过程、学习与成长三方面的考核结果与财务方面的考核结果结合起来，则可以帮助管理者清晰地认识到公司当前运营与公司战略需要之间的差距，为平衡这个差距而采取的措施便是公司下一阶段改善业绩的办法。

平衡计分卡是基于企业战略与愿景而设计的一套管理系统。平衡计分卡是从企业的战略开始，也就是从企业的长期目标开始，逐步分解到企业的短期目标。在关注企业长期发展的同时，也关注了企业近期目标的完成，使企业的战略规划和年度计划很好地结合起来，解决了企业战略执行力差的弊端。

二、不要让你设定的目标如空气般空洞

管理大师德鲁克说："如果我们知道目标，目标管理是有效的。不幸的是，大多数情况下，我们并不知道我们的目标。追求考核上的量化指标，而不是目标的明晰一致，这是量化管理的误区。"

在绩效考核体系的设计过程中，考核目标设定是关键的一环。考核目标的设定确立了对员工绩效考核的内容以及绩效考核的标准，是整个绩效考核体系的参照系。从更深层次上来说，通过考核目标的设定，可以影响员工对待不同工作的态度，进而起到引导员工行为的作用。

从以工作能力、工作态度等为主题的主观评价到以增长率、下降率、达成率等为主题的量化测评，绩效考核的操作性得到了质的提升。关键绩效指标考核（KPI 考核），作为量化考核工具的先进代表，深受企业的重视和推崇。然而，对于 KPI 考核的误解让很多企业陷入了"数字陷阱"而不能自拔，严重者令企业元气大伤。因此，很有必要洞察 KPI 考核的真谛。

为规避 KPI 考核目标空洞的问题，实现提升企业绩效管理水平的终极目的，需要注意以下几点：

其一，正确抽取关键指标，妥善处理 KPI 考核与日常管理的关系。

每个业务部门只需要关注几个关键指标。指标一多，员工很快就会晕头转向——要么开始想法证明任何看似有助于提高一两个指标的行动都是有道理的。人事部只要关注找到合适人选需要的时间或工作交接速度。而产品研发团队则要和计划相比较，关注开发成本和产品上市时间。每个业务部门都能找到自己的关键指标。你要做的只是问问以下这些问题：根据公司愿景和需求，我们部门的目标是什么？

考核不同于日常管理，更不能取代日常管理，KPI 考核的成功推进需要日常管理的有力支持。绩效考核检测的是常规工作事项的完成情况，而难以预测的异常情况则需要日常管理予以及时解决。若发现问题时不积极解决，而是希望秋后算总账，那么考核将失去应有的意义。

其二，对考核方案进行解码与重新编码，构建和谐的考核关系。

有关 KPI 考核失败的许多案例证明：KPI 考核之所以沦为填表游戏，其关键不在于企业管理基础薄弱、员工认识不到位等这些表层因素，而在于 HR 经理在 KPI 考核中角色转型不到位，致使原本科学的考核方案在执行中蜕化变质。

恃才傲物的知识型员工是难以说服的，力挽狂澜的 CEO 更是难以改变。HR 经理在传达高层考核指令或上诉员工绩效申诉时，如果不对"指令"和"申诉"进行解码与重新编码，再好的考核方案也难以执行下去。或者说，正是借助于 HR 经理的翻译，老板与员工才找到了对话的平台，构建起了和谐的考核关系，消除了员工的抵触心理，使企业消极目标得以实现。

其三，目标设定要切合实际，不要含糊不清。

毫无疑问，没有目标可循的指标是没有价值的。然而，缺乏有意义的目标，指标也是没有价值的。公司设定目标时往往只是简单地根据上一年的绩效情况往上加个 5％或 10％。然而，他们设定的有弹性的目标最后却如空气般空洞。你很容易就能发现这些目标，布朗在《保持成绩》一书中说："因为他们老是用 10 或 100 等漂亮的数字"，例如，"产品质量提高 10 倍"。布朗倡议根据以下几条内容设定目标：你自己过往的绩效表现、竞争对手的表现、行业翘楚的表现、自己公司的实力（有了必要的资源后你能达到目标吗?），以及员工和供应商的投入。"竞争对手"的定义也应该定的更宽泛一些。人力资源或 IT 部门这样的职能部门可以比较自己提供服务的费用和外包服务所需要的花费，再据此设立目标。

我们会在下面详细地讨论员工投入性的要素。毫无疑问，在设定目标的过程中人们的参与度越高，他们越愿意努力达到目标。不给出任何理由从上面压下来的目标很少能激励员工。即使有理由，这样的目标也不见得一定能激励员工。而由团队一起发展、员工充分了解其重要性的目标则最能激励他们。

其四，不要只使用一个指标。

高效员工投入的一个关键是简明地传达指标数字。不厌其烦地重复，直到员工理解那些数字。而第二个关键则是定期开会温习这些数字。必须要召开战略会议，公开所讨论的计分卡问题。同时你也要顾及数字背后的含义和需要放在首位的问题。这样的会议确保每个人不但知道得一样多，还保证每个人都知道他们需要做什么。

让团队引导关键数字，并学习达成目标的方法后，你马上就会发现部门业绩的提高——降低甚至完全没有额外成本。然后，你就能从办公桌上积满灰尘的大堆报告中解放出来啦。

作为一种管理思想，KPI 考核既可以成为提升公司整体绩效的有力工具，也可以沦陷为劳民伤财的填表游戏，关键就看企业如何看待和运用。

三、为高绩效做预算

以往的预算流程帮助高级执行官分配资源，以预算衡量绩效，监管公司全年财政目标的进程。预算咨询师杰里米·霍普称这样的预算为"等级森严的信息高速公路"。

在今天的经济社会里，它却存在三大致命缺陷。

第一，预算本身不会帮助公司着眼当今商业的绩效驱动力。创新速度、质量以及知识共享这类重要指标不能轻易地被估出预算额。

第二，预算中每个员工的价值都是一样的。然而管理者都知道，在决定部门业绩时员工的才能和工作热情比薪酬更重要。而在这两项指标上，预算完全体现不出来也起不到任何作用。

第三，传统的纵向预算流程信息流把公司划分成一块块业务部门。管理者只看自己部门的内部流程，而不会想到去了解部门外整个公司发生了些什么。

面对困难的时候，公司也在寻找办法减轻预算的痛苦。它们没有废除整个流程，而是重新考虑流程背后的某些设想——绩效预算管理。

实行预算管理是为了提高经营绩效，在工作实践中要及时总结、发现问题，及时分析、纠正偏差。要实现预算管理的有效监控与考评，促使企业各项经济活动有序进行，最终达到提高经营绩效之目的。

20世纪20年代，美国通用电器、杜邦与通用汽车等公司率先采用全面预算管理模式。这种管理模式，迅速成为当时美国大型工商企业的标准作业程序。在美国，90%以上的企业都要求实施预算管理；欧洲一些国家甚至要求100%的企业都做预算。由此可见，预算管理已成为现代企业管理中不可或缺的重要组成部分。

1. 面向战略，预算从战略目标而不是从数额开始

传统预算流程从去年的预算数额开始：以去年的数额为基数，再进行加减。而更好的方法是从部门的战略目标开始制定预算。罗列目标不仅提供了讨论框架，还有助于减少预算中典型的反复无意义的修改。

绩效预算必须以企业战略为出发点，为战略实现提供服务。因此绩效预算必须考虑企业的生命周期，在关注企业短期经营活动的同时，重视企业长期目标，使短期的预算指标及长期的企业发展战略相适应，增强各期绩效预

算编制的衔接性，使绩效预算管理成为企业长期发展目标的实现推进器。

2. 员工参与，整个团队一起做预算

鲍勃·雷科扎管理 TELUS 通讯公司的运营服务部，他说："鼓励员工参与决策，这本身就是一种收益。"老式的预算方式只同经理有关。经理一个人列出预算数字，一再修改数据表，最后证明预算要求的合理性。同这样的预算方式相比，更有效的方法则是把做预算变为一项团队建设工作，从而在预算中建立"责任制"。这样的流程不仅让公司离职人数减少了，还增加了利润。

让员工承担一定的责任，给他们提供机会学习管理技能本身不正是一种奖励吗？到了晋升的时候，学习新技能可以帮助员工获得机会。这还给他们原本平凡的工作带来了活力。员工真正参与进去后，你会发现他们更有动力制订预算了。

3. 将预算公之于众

预算完成后，很多经理人就把它锁进文件柜了。更好的办法是把预算贴在墙上，让团队成员使用预算测评工作进程和工作成就。管理层每个月与这些员工一起回顾财务情况。这促使制订预算计划的人去追踪和管理工作进程。培训发展经理希拉·巴克利说："我必须精准地预测每个月要花的费用，以及资金的去向。然后到了月末，就要向上层汇报实际的花费。"

4. 系统管理

使用纳入绩效预算管理的资源需要立项、编制、审批、执行、监督、差异分析和考评等，绩效预算管理系统设立的目的是为了降低预算风险，是一种自我约束、自我管理的管理信息控制系统。

在企业绩效预算管理的执行过程中，目标利润及由此分解的各个分预算目标是考核各部门工作业绩的主要依据及准绳，通过实际与预算的比较，便于对各部门及每位员工的工作业绩进行考核评价，有利于调动员工的积极性，使他们在今后的工作中更加努力。

在绩效预算管理模式下，企业将奖金、利润分享及股票期权计划同业绩目标的实现相联系，而业绩目标正是来自于企业及部门预算中的数据。绩效预算管理在为绩效考核提供参照值的同时，管理者还可以根据预算的实际执行结果去不断修正、优化绩效考核体系，确保考核结果更加符合实际，真正发挥评价与激励机制在企业中的具体应用。

四、为创意加上价值——评估知识型员工的五个关键

著名管理学家德鲁克提到："今后 50 年内，能最系统、最成功地提高知识员工生产率的国家将占据世界经济的领导地位。"

在企业的管理中，凡是工作的主要成果都可以定量评估的职位，绩效评估方法就不会太难，但是现在企业里还有一类员工是不能用常规的绩效评估方法来考核的，因为在他们当中，有很多知识型员工所做的工作不能很快见到成果，比如媒体、咨询公司等，他们通常都在办公室里、电脑桌前，使用着阅读、思考、研究、讨论、写作等工作方式，运用掌握的知识来想方设法帮助企业的产品和服务增值。知识型的员工已经逐渐成为了一个企业较为重要的资产，但是知识型员工所具有的追求自身价值的实现、较强的独立性、乐于挑战性工作和创新精神等特点，使得如何建立对知识型员工的绩效评估体系成了管理中的一个难点。

1. 知识型员工的特点

知识型员工由于其拥有知识资本，因而在组织中有很强的独立性和自主性，其劳动成果具有很强的创造性；知识型员工具有较高的流动意愿，不希望终身在一个组织中工作，由追求终身就业饭碗，转向追求终身就业能力；知识型员工具有较强的成就动机，并且藐视权威，极力追求能张扬个性、实现人生价值的舞台。如此，企业组织如何搭建舞台，让员工一展才华，提升员工职业满意度，是企业人力资源部门及其管理人员应关注的核心问题；知识型员工的工作过程难以直接监控，工作成果难以衡量，使得价值评价体系的建立变得复杂而不确定；知识型员工的能力与贡献差异大，出现混合交替式的需求模式，需求要素及需求结构也有了新的变化。

评估知识型员工的业绩还是有一些方法的。比如，采取系统的手段探索创意价值，为创意加上价值。

知识型员工如何为公司增加价值？当然是他们通过自己的创意为公司增加价值。而众所周知，创意就是公司的血液。一些公司还使用了电子知识账户。员工往账户里存入知识，然后能得到积分，获得奖励。这个系统有助于了解员工思考的内容，最终能帮助经理人开发出一张公司知识地图，地图中详细注明了公司里谁是哪个领域的专家，而谁又能帮助你解决某个特定问题。

评估他们的业绩，从根本上来说，是为了提升知识型员工的业绩。

2. 把握住知识型员工的薪酬体系设计的"度"

一般来说，应该和操作型的岗位的薪酬结构分开，至少要高于操作型岗位的 15%～20%左右。但管理者也应看到，知识型员工不仅对于物质需求有要求，还会非常关注薪资外的福利，例如弹性工作制、带薪休假、保障及购房津贴等各种福利，因此企业在进行知识型员工的薪酬设计时，眼光不能局限于金钱量化的工资制度，各种非工资性薪酬也应纳入考虑的范畴，这样才能使知识型员工的"心"稳定下来。

3. 引进知识型员工自我管理绩效体系

知识管理专家玛汉·坦姆仆经过大量的调查研究后认为：激励知识型员工的前四个因素分别是：个体成长（约占 34%）、工作自主（约占 31%）、业务成就（约占 8%）和金钱财富（约占 7%）。这说明，对于知识型员工来说，个人成长空间和工作自主性是非常重要的，在这个基础上，比较好的做法就是引入自我管理绩效体系，因为知识型员工一般都自认为比其他的人聪明，对于公司提出的硬性规定常常不予理睬，因此，要衡量其绩效，公司需要让知识型员工进行自我工作认知和自我管理。

4. 建立没有终点的阶梯状的晋升体系

与其他类型的员工相比，知识型员工更重视能够促进他们发展的、有挑战性的工作，他们对知识、对个体和事业的成长有着持续不断的追求，因此，他们对企业发展目标和个人晋升体系也非常重视，有时候他们还担心自己的才能没有被企业及时发现。比较理想的情况是将绩效考核的体系进行分级，例如同样是营销主管的职位，可以分为初级、中级和高级，这样就能够让那些在企业里待了很长时间的知识型老员工，也知道自己还有空间。

5. 激励知识员工更需要长期激励

它能减少员工的短期行为，降低离职可能性。要长期保留和吸引优秀的高级人才，需要使知识型员工觉得自己是企业的一员，而不是"高级打工者"。目前企业界运作效果良好的长期奖励计划是"认股期权"，认股期权最大的功效在于，它可以并为他们提供一种比较优惠的税率积累资本的方法，同时把企业支付给高级人才的现金水平控制在最低的水平，由于股票的期权性质，使企业牢牢控制高级人才的日益积累起来的庞大资产，使得他们积极努力工作。

6. 重视绩效，同时也要重视培训

知识型员工对于自己的学习是比较重视的，他们在企业工作，不仅希望

从企业内部学习到更多知识，还希望能够进一步的深造，例如上 MBA，或者 EMBA，或者一些短期的培训等。

在新的环境下，企业的市场竞争越来越体现为知识型人才为核心的竞争，企业要吸引和留住知识型员工，必须在绩效考核体系上要有先进性，不仅要给予他们合理的报酬，还要从公平客观评价、个人成长空间、培训机会等对他们进行多角度的激励，才能提高他们的归属感，激发他们的工作热情和创新精神。

第四章

细微改变把可憎的评估苦差变美事

一、360 度评估：到了重焕青春的时候

360 度反馈评价是一种从不同层面的人员中收集考评信息，从多个视角对员工进行综合绩效考评并提供反馈的方法。也称全方位反馈评价或多源反馈评价。

它不同于自上而下、由上级主管评定下属的传统方式。在 360 度评价中，评价者不仅仅是被评价者的上级主管，还包括其他与之密切接触的人员，比如同事、下属、客户等，同时包括自评。或者说是一种基于上级、同事、下级和客户等信息资源的收集信息、评估绩效并提供反馈的方法。

360 度反馈评价作为绩效管理的一种新工具，正被国际知名大企业越来越多地使用。据调查，在《财富》杂志排名前 1000 位的企业中，已有 90％的企业在使用不同形式的 360 度反馈评价，比如 IBM、摩根士坦利、福特、迪斯尼、西屋、美国联邦银行等，都把 360 度反馈评价用于人力资源管理和开发。

与传统的评价方法相比，360 度反馈具有如下优点：

1. 多渠道

360 度反馈评价法是一个多渠道的信息反馈模式，与传统的只有主管和员工两人介入相比能够发现更多的成绩和问题。它不仅重视员工的工作成效和结果，或对组织的贡献，并重视员工平常的工作行为表现。

2. 客观

基本可以避免由主管一人评价的各种主、客观偏差，员工对评价结果容易信服。

准确性：如果从上司、同事、客户那里都得到同样的信息，如服务态度较差，那么这个信息是比较准确的，员工更应该接受这条反馈意见。

3. 匿名考核

为了保证评价结果的可靠性，减少评价者的顾虑，360 度反馈评价法采用匿名方式，使考评人能够比较客观地进行评价。

4. 共同参与

由于同事平时朝夕相处，因此有较多的机会观察，因此对每个人的表现都十分清楚，他们的评价将可提供给主管作为重要参考，另外授权给员工让其参与考评，不仅使部属有参与感，更可以将他们训练成为未来的优秀主管。

5. 提升组织效能

通过全体成员参与的方式，达到激励员工的效果，并通过运用这些正确、客观、有效的讯息，不但可以指出员工个人本身的优缺点与未来努力的方向，而且可诊断出组织目前和将来可能面临的问题，进而谋求解决之道。

二、打分游戏，改进 360 度反馈评价法

像 360 度反馈评价法这样非传统的方法绝不能随意乱用；必须要有一个众人皆知的重大商业理由在背后支持它。创建 360 度反馈评价法的第一步是要弄清楚公司为什么要用它——想改变企业文化？还是增强绩效管理体系？但愿不是因为某个人不知从哪儿得知了 360 度反馈评价法，而贸然开始使用。

尽管 360 度反馈评价试图做到更有效、更公平地进行评价，但在执行的过程中往往会出现一些问题。摩立特咨询公司的高级咨询师、反馈项目专家杰米·希金斯说道："一个经理人想马上就收到 360 度反馈评价，然而在过去一年中，他从没要求过反馈，从没根据反馈结果采取相应措施或没有认真地看待反馈结果，或者人们觉得自己会受到报复性打击，那么当我们开始创建反馈项目时，人们就会产生不信任和恐惧感。除非公司拥有积极的氛围，"她继续说道，"不然 360 度反馈评价法没有多大的价值。"

1. 员工被动改进业绩

公司在积累使用 360 度反馈评价法第一手资料的同时也遇到了不少麻烦。一方面，得到被曲解的反馈浪费了花在调整和使用 360 反馈评价法上面的时间和金钱；另一方面，被考核者可能认为反馈是惩罚性的。而研究表明，惩罚能带来的改进远不如奖励和鼓励有效，也即使用 360 度数据的绩效考核让发展流程变成了潜在的惩罚，员工被迫而不是主动改进业绩。

2. 评分标准的理解偏差

不管如何精细的设计问卷和划分等级量表，仍然存在一个无法克服的缺点——即评分标准本身的模糊性和不全面性，可能因描述和定义不够清晰，或者即使很清楚也会因人的理解差异而导致结果上的差别，甚至有时因不能面面俱到而漏掉了一些重要问题。

3. 考核成本高

这种方法需要选择评估者、填写表格、分析评估结果，因而需要花费很多时间，造成管理程序复杂。目前亟待解决的问题是，如何在使评估内容足以反映绩效水平和使评估过程简单易行之间达成平衡。当一个人要对多个同伴进行考核时，时间耗费多，由多人来共同考核所导致的成本上升可能会超过考核所带来的价值。

4. 成为某些员工发泄私愤的途径

某些员工不正视上司及同事的批评与建议，将工作上的问题上升为个人情绪，利用考核机会"公报私仇"。

5. 考核培训工作难度大

组织要对所有的员工进行考核制度的培训，因为所有的员工既是考核者又是被考核者。

很多执行官都认为成功使用 360 度反馈评价法要建立在信任和坦诚的基础上。不要在充满怀疑和恐惧的氛围里尝试 360 度反馈评价法。在报复性和惩罚性的环境里，没法实施 360 度反馈评价法。事实上，要想 360 度反馈评价法得以有效实施，公司拥有鼓励学习和个人成长的企业文化是很有用的。

第五篇　中层主管做教练，不做警察

第一章

中层经理职业特质解密

一、高效经理人为何高效

我们任何人都知道，在商业社会里，每个行业都强调着高产高效，尤其是在公司内承担管理任务的职业经理人，他们的高效就更为重要。管理大师的大师、现代管理学的奠基人、20世纪最伟大的管理学者彼得·德鲁克生前在《哈佛商业评论》发表的文章当中，专门对职业经理人的高效做出了阐述和评价。

德鲁克在这篇文章中强调：高效的管理者可能魅力四射，也可能情趣全无；可能富于幻想，也可能强调数据。从外向到内敛，从随和到霸道，从慷慨到吝啬，什么类型都有。这一点和我们想象中雷厉风行的职场经理人形象大为不同，德鲁克在文中举例，美国总统杜鲁门作为个人几乎一点魅力都没有，可他却是美国历史上最有成效的总统之一，所以职场经理人并不一定是一个很有魅力的人。德鲁克在他65年的职业生涯中，近距离研究了纽约大主教区的红衣主教弗朗西斯·斯佩尔曼、通用汽车的艾尔弗雷德·斯隆、通用电气的杰克·韦尔奇等传奇的高效领导者之后，总结出高效经理人的习惯。

高效的经理人在个人魅力方面确实不一定有共同之处，但是他们都不约而同的面对工作时都有共同的习惯，分别表现在下面几个地方：

这些成功的职业经理人们在遇到一个新项目或者一堆棘手的计划时，他们常常会自己问自己："什么事情是必须做的？"需要注意的是，这个问题并不是问："我想要做什么？"而是从公司的角度出发，先做必需的事情。例如杰克·韦尔奇在接过通用电气CEO帅印时，想要推行的是海外扩张，可他认识到企业必须做的是砍掉那些不能成为行业老大或老二的业务，所以他首先做的是整顿内务。一个成功的经理人需要时时刻刻以公司的大局作为出发点。

在此基础上，每当职业经理人做出一个决定的时候，他们都会自问："什么事情是符合企业利益的？"即使在美国和欧洲一些历史悠久的家族企业中，人事决策也应该以企业利益为出发点，而不是任人唯亲，就好比杜邦公司的男性家族成员要想在公司获得晋升，就必须通过专门小组的评审，判定他们是否优于同一级别的所有其他员工，如果评审通过才能获得晋升，唯有凡事以公司利益作为出发点，才能保证公司的繁荣发展。

德鲁克为这些职业经理人们总结出来的6个习惯分别如下：

1. 习惯制订行动计划

注重效率的经理人们会在行动前先要规划好路线，考虑清楚自己期望取得什么样的结果，可能会受到哪些约束，他们会将可能出现的风险和需要规避的地方提前做好预算。而且要认识到行动计划只是关于意愿的陈述，并不是承诺，应当根据情况的变化予以修改。制订好计划，对于经理人而言，是一种很好的习惯，但是这个计划并不会是一成不变的。往往他们还会在计划进行的同时，设置检查点，并安排好自己的时间。据说，拿破仑虽说过"没有哪场胜利是按计划取得的"，但他还是会为每一场战役都制订好作战计划，而且比以往任何一位将军都要细致得多，因为这样才能把行动的主动权掌握在自己手中，而不是成为事件的俘虏。对于经理人来说，在每一项行动开始前做到心中有数和胸有成竹，是很好的品质。

2. 承担决策责任

经理人每天都可能会为公司的大大小小事务做出决策，尤其是在一些新项目的开发和关于人员聘用和晋升的决策上，这两个方面经理人的决定尤为重要。如果经理人是个优柔寡断或者瞻前顾后的人，那么对于整个公司的发展来说都是不利的。对于已经做出的决策经理人应定期反思自己的决策结果，如果发现预期结果没有达到，首先不应该责怪当事的员工没有履行职责，而应该认识到是自己的用人决策不当，战役失败了，不仅仅是兵士的责任，而谋篇布局的将帅们责任更大。唯有不惧怕承担责任才能够促使一项项业务迅速发展。

3. 要承担沟通责任

沟通是人和人之间交换有效信息最可靠的方式。高效经理人会确保自己的行动计划和信息需求得到别人的理解，而另一些效率不高的人，很可能会有模棱两可的方式让下属不明白自己的计划和目标，这是两者最大的区别。高效经理人会与上司、同级和下属分享各类信息，并征询这些人的意见。他们会让每一个人知道，为了完成任务，自己需要哪些信息，并主动索取，不断敦促，直到得到这些信息。也就是说他们每一项工作的公开、透明而且目标明确的，唯有在这种条件下，才能进行良好的配合。

4. 更专注于机会而不是问题

公司在发展中都不是一帆风顺的，所以在大多数公司里，每个月管理报告的首页列出的都是些主要问题。很多经理人会专注于处理这些问题，而忽略了更多的机会，导致自己变成救火队员。而专家认为，高效的经理人其实都把机会列在首页、问题列在次页，这样的做法会更明智，不仅能明确发展目标，还能鼓舞团队成员的士气。除非是面临大灾难，否则经理人应该先对机会进行分析和妥善对待，然后再讨论如何解决问题。

5. 召开富有成效的会议

很多公司爱开会，尤其是针对一项新产品或者一个新议题，但是大部分人都抱怨这样的会议像是多余的，似乎永远都没办法在七嘴八舌的讨论中得出想要的答案。而经理人有一半以上的工作时间是和其他人在一起，也就是说在参加某种形式的会议，如果会议总是效率低下，其实对于经理人而言，是一种损失和浪费。所以要提高会议成效，经理人首先要确定会议类型，并遵循相应的形式。会议在达到了特定的目标之后，就必须立即结束，不要又提出其他问题来讨论。会后要有良好的跟进措施。高效的会议，其实是高效的工作形式当中的一种。

6. 在思考和说话时习惯用"我们"而非"我"

在公司内或者一个项目里，经理人拥有职权，完全是因为组织的信任。因此，经理人在考虑自己的需要和机会之前，必须先考虑组织的需要和机会。所以站在团队的立场思考问题，会更有利于培养职业经理人的宏观思维。

此外，专家还特别提出了第七个做法。那就是先倾听，后发言。这一种做法不仅适用于职业经理人，甚至适用于所有职场人。

社会对高效经理人的需求是非常巨大的，而经理人的压力和责任也是相当大的，良好的职业习惯光靠那些生来就高效的天才很难满足。所以要在职位中学习，促使自己和企业一起成长。

二、是什么造就了领导者

一个卓越的领导者必须具备哪些素质？许多人会说，领导者必须机智聪明、坚忍不拔、处事果断、高瞻远瞩，等等。然而，仅有这些素质并不足够，因为一个人即使受过世界上最好的训练，缜于思、敏于行，创意无限，但如果情商低下，那恐怕依然成不了一位卓越的领导者。情商对于领导者的影响，在很多年前就被有关学者注意了。

在 1998 年的《哈佛商业评论》上，刊登了一篇后来被誉为"百年历史上被重印次数最多的文章之一"的文章，作者心理学家丹尼尔·戈尔曼就率先提出了在智商之外，还有更重要的是"情商"概念，他被誉为情商概念之父。

戈尔曼通过计算了专业技能、智商和情商分别对出色绩效的贡献率，发现情商的贡献率至少是其他两项因素的两倍，远远超过专业职能的训练度和是否在智商上是罕见的天才。而且，随着经理人在公司中的职位越升越高，情商在他的职业生涯的作用就越重要，因为在这个层面上，专业技能上的差异已经变得无足轻重，反而偏重的是自我情绪的克制以及和他人关系的处理。如果将身居高位的业绩明星与业绩平庸者相比就可以发现，他们的业绩差异有将近 90％源于情商因素，而不是认知能力——这就很明显地将智商学说划开，就是说智商并不是决定人才能的唯一因素。

在戈尔曼的理论里，他认为情商主要包含五个要素：自我认知、自我调控、内驱力、同理心和社交技能。具有良好情商的人，这五方面都缺一不可，而如果你想成为一个优秀的领导者，就必须一一培养这五个方面的能力。

下面我们就一一来看看这五个方面对人生的影响。

1. 自我认知

自我认知这个概念并不复杂，主要是指了解自身情绪、情感和内心驱动力及其对他人影响的能力，用一句简单的话来说就是自知之明，但凡具有自知之明的人，对人对己都秉持一种诚实的态度，处事既不过分苛责，也不抱不切实际的幻想，这样他们和他人的关系既从容，又能够不苛求，自己也不会生活在抱怨和失望中。因为有良好的自我认知能力，他们了解自身的局限和长处，也不避讳讨论这些话题，而且往往会很欢迎旁人对他们提出建设性的批评意见。在面对挫折时他们会坦然承认自己的失败，并敢于自嘲。有自知之明的人往往也比较自信，对自己的能力了然于心，不大可能贸然接受超出自身能力限度的任务，也知道何时应该寻求帮助。这样的人，他们出现心理偏差的可能性较小，又由于他们对自我能力有充分的认知，所以他们在选取自我发展的区域往往比一般人更适合自己，所以更容易成功。

2. 自我调控

每个人都会有负面情绪产生的时候，而自我调控的能力是控制或疏导负面情绪和破坏性冲动的能力。善于控制自己情绪的人，常常会自我反省，每当他们出现负面情绪时，他们都能够很快冷静下来，深思熟虑，面对需要做抉择的事情，他们会冷静思考而不匆忙下判断。面对不确定局面，他们处之泰然，顺时应变。能够自我调控的人，有能力打造一个公平信任的环境，也有助于增进诚信。这样的人作为领导，往往团队内会出现团结、高效、和谐的局面。

3. 内驱力

内驱力是指以成就感为动力，追求超乎自身和他人期望的目标的内在动力。这种成就感能带给人除了物质和情感之外更高层次的满足。追求成就感的人，往往都会对工作充满了激情，对提供该工作的组织产生归属感，就好比很多人将身边的一些热衷工作的人称为工作狂一样，实际上他们也和一些追星的粉丝一样，是通过工作获得了乐趣。在工作中，他们非常勤奋，乐于学习，工作上的每一次成功都让他们引以为傲。他们也总是一再提高业绩标杆，并主动跟踪业绩水平。而这些精力旺盛、热衷在工作中追求成就感的人通常不安于现状。他们会执著地追问，事情为什么非得这样做而不是那样做，也会积极地去探索新的工作方法，从而一次一次的带来更多的成功。

4. 同理心

同理心是指能够理解他人情感，视他人情感反应待人接物的能力，这一点和人对他人的态度息息相关，具有同理心的人能领会肢体语言的微妙含义，他们能听懂别人的言外之意。在人际关系中反应敏锐，而宽容不拘小节。这帮助他们在全球化脚步日益加快的今天更有效地进行跨文化的交流。同理心还有助于培养人才和留住人才，以这样的人为领导，能够对团队成员的心理起到一定的促进作用，以及凝聚团队。

5. 社交技能

在当今社会，什么都离不开社交。而在情商的考量当中，社交技能可能是情商的其他几个要素的集中体现，是一种与他人寻求共同点、建立融洽关系的能力。这种能力对于企业的领导者来说尤为重要，一般来说，能认识和调控自身情感，又能体会他人情感的人，往往能有效地处理人际关系。而内驱力强的人往往心态乐观，其奕奕神采自然会体现在与他人的交谈和其他交往之中，这样的人自然是可爱可亲的，而且社交技能不只是友善，它是一种带着目的性的友善，这样目的性运用在领导者身上就是引导他人按你希望的方向前进。社交技能高超的人擅长管理团队，说服力强，能够及时的调整团队关系，还能够在需要时调动广泛的人脉资源。

在电子科技业担任知名经理人，未必需要在技术上堪比比尔·盖茨，或者说他们在智商上的要求并不是那么高。但是他们的情商却绝对不能低，无法自我管理的人，也是无法管理团队的。

第二章
中层经理：挑战与机遇如影随形

一、选拔中层管理者：外聘 VS 内部培养

现代企业竞争激烈，尤其是在近年来越来越普遍的跨国企业当中。为了维持企业的正常运转，中层管理者的选拔就显得日益重要，根据调查显示，在北美和欧洲等诸多西方发达国家，近年来对中层人员的需求日益庞大。

结合企业自身的情况来看，其实只有当企业拥有充足的领导人才时，才能在残酷的竞争压力下适者生存。因为这些中层都会在市场发生变化时和公司的日常管理内起到中流砥柱的作用。全球化的商业竞争环境要求企业利润保持两位数增长的同时，还要更高效、精细化运作，应对未来的发展需求和现实的竞争压力，所以随着这些对企业的要求日趋提高，企业对于中层人才的要求也越来越复杂。

在现代企业当中，这样快速增长的环境中要解决员工招聘、保留员工和员工发展问题本身就很不容易。而在这些人员聘用的问题当中，企业专业技术人才和中高层管理者的选拔问题则更为突出。对于公司来说举足轻重的中层管理者，究竟是该从内部培养还是从外部雇用有经验的员工？空降兵到底是否能适应已经形成本身文化的公司？这个问题让很多 HR 们头疼。

每一个公司都重视自己管理层的培养以及管理层后续梯队。企业在一个高速增长的经济体中运营和成长，管理者的素质和能力至关重要。而与此相匹配的，则是必须在企业内部拥有一个高度重视人力资源培养的高管团队和一支专业的人力资源管理队伍，并根据企业发展的中长期战略和短期目标，建立起一个储备、培养、培训、供给和考察的管理人才培养和输送管道。在与之有关的项目执行中，必须有高层管理者的战略性承诺和互动，有一套详细的领导力评估、甄选、发展和奖励计划的综合方法，并能运用评价指标来衡量项目的有效性，不断地评估和衡量推动项目持续改善，使得企业内部人才运转如活水一般流动起来。

所以，比起中层干部最好的方式，其实是建立公司良好的人员选拔制度，唯有如此，管理梯队才不会断绝。

人力资源团队推动着人才的"制造"流程。由于迅猛的经济发展和自身良好的经营势头，从一个中小规模的企业一跃发展成为一个大型企业，需要领导班子具备一套完全崭新的技能和经验，因而建设领导力梯队是未来3～5年内的重中之重。

为了使得中层管理人员能够应付日常工作，发展中层管理人员的人际沟通技巧、战略思维能力和商业知识是必需的培训。此类培训发展将使人才具备管理经营领导力。该计划实行年度淘汰制，如果参与者不能满足对高潜质的期望和要求，在来年的发展计划中他们将被淘汰出局。人的技能可以通过短期训练得到极大提高，而品德素养却非朝夕之间可以养成的，所以企业在选拔中层干部时，在品德素养标准的评价上，对候选人应采取一票否决制，品德素养差的员工坚决不能委任为管理干部。

在高流动性的行业里，企业应该在选拔培养中层干部时，有意识地将培养的数量超过现有需要。一则可以确保中层干部异动时有合格人选马上填补上，另则普通员工经过中层干部的训练，更能以管理者的角度来看待团队工作，配合度和积极性将会更高。

挑选中层干部，要求参加者对他们实际工作中可能遇到的具体问题做出反应。他们不是通过听说如何处理一个问题，甚至也不是讨论如何处理问题，而是通过实际去做来进行学习。所以角色扮演通常被用于管理人才开发和筛选中。它可以有效地用于面试、申诉处理、工作绩效评价、会议领导、工作小组问题解决、有效交流及领导模式分析等诸方面的训练。透过这些训练观察参加者的各种反应，进而了解其未来发展的潜力。

另外一方面来看，也利用生动的演示或录像带来说明有效的人际交往技巧及经理在各种情况下如何发挥作用，接受培训者观察示范者的行为。行为模仿培训主要着重于以下内容：管理者进行工作业绩评价问题、更正不可接受的工作行为、委派任务、改进不安全的行为习惯、处理歧视投诉、克服变革中的阻力、新员工定位及在个人冲突或组织冲突之间进行调整。从模仿训练中也可以考察候选者在管理方面的潜能，毕竟中层干部未来的主要工作就是计划、沟通、协调以及评估。

不管是什么方法对中层干部进行选拔和培养，归根结底都是为了企业打下坚实的人才储备基础。

二、决战在中层

企业的组织结构就像一根链条，环环相扣，任何一个环节的薄弱都同样会造成整体运转的障碍。如果将企业比作一个人，最高决策管理层就好比头脑，决定前进的方向；基层员工则是脚踏实地的双足，但仅有头脑和双足还是不够的，必须要有一个承上启下的腰，也就是贯彻执行决策意图和指挥具体操作的中层管理层。

中层管理者是指负责制订具体的计划及有关细节和程序，以贯彻执行高层管理者做出的决策和计划的人员。大公司的地区经理、分部（事业部）负责人、生产主管、车间主任等都属于中层管理人员。中层管理人员不直接指挥、协调一线人员的活动，他们主要是将高层管理者的决策和指示传达给基层管理者，同时将基层的意见和要求反映到高层管理部门，他们是连接高层管理者与基层管理者的桥梁和纽带。中层管理者还要负责协调和控制基层生产活动，保证完成各项任务，实现组织目标。

决战在中层的企业，首先有个共同的特征，就是一定不会是小企业。如果不能是个大企业，至少也要在行业里算得上中型企业。由于规模较大，才有大批中层管理干部，才谈得上中层的重要性。

在这些企业当中，中层干部必须具有什么样的角色特征呢？

管理者在管理工作中表现为 10 种角色，这 10 种角色分为三大类：人际方面的角色、信息方面的角色和决策方面的角色。

①人际角色：挂名首脑角色、领导者角色、联络者角色。

②信息角色：接受者角色、传播者的角色、发言人的角色。

③决策角色：企业家角色、资源分配者、故障排除者、谈判者角色、混乱驾驭者。

这 10 种角色都是中层干部所需要面对的，所以，对于中层干部，一般有什么样的要求呢？

中层管理者是公司管理的中坚力量，也是公司普通员工的直接管理者。中层管理者除了具有管理职责、岗位职责以外，还起到员工与公司决策者上传下达的作用，如果中层管理者不能发挥其应有的作用，则会对公司的管理和决策的贯彻带来很大的阻碍。公司人力资源部门和决策层在选择中层管理者时，除了要了解候选人的岗位技能和人品以外，还要注意是否具备下述四个能力：智力能力、管理能力、人际交往能力和自我控制能力。

　　智力能力是指管理者能否看出表面上互不相干事件的内在联系，并从系统的角度进行分析。概念化能力有助于管理者把握全局，并能深入的系统地分析问题和解决问题。判断力是通过管理者对已知信息的处理，对事物发展趋势进行方向性把握的能力。判断力有助于管理者在进行部门规划和工作计划时，提高工作效率和准确度。逻辑思维能力是指管理者对一些事物进行的符合常理的判断。较强的逻辑思维能力有助于提高管理者实际工作行为的有效性。

　　管理能力可分为规划能力和行动能力。规划能力是指充分调配现有资源制定达成工作目的计划的能力，中层管理者应该具有达成本部门工作目标的规划能力。行动能力是指在工作中采取积极主动的行动策略的能力。在实际工作中，很多事情在行动之前不可能进行100％的充分的准备，这就需要中层经理能够在有很多不确定因素存在的情况下，对环境进行客观、正确的判断，并采取积极的行动。

　　人际交往能力可分为对上级交往能力、平级交往能力和对下属交往能力。对上级的交往主要是接受上级的任务和对任务的向上级的反馈。平级交往主要是部门协调及部门沟通。对下属的交往主要是布置工作任务及进行工作指导等。不论是对哪一级的交往，沟通的能力非常重要。中层管理者不但要能准确的领会对方表述的意图，还要能准确地把自己的意图准确的表述给对方。

　　自我控制能力包括情绪控制能力、自我估计能力和环境适应能力。对管理者而言，情绪化的语言和行为并不能解决任何工作中的问题，反而会让其他员工丧失对你的认同。所以，控制好自己的情绪，理智、客观地对待工作中的各种问题，就显得非常重要。自我估计能力的强弱体现出了管理者是否有自知之明，没有自知之明的管理者不可能是一个明智的管理者。由于职务或者工作环境的变动，管理者是否能够继续有效地进行工作，胜任自己的岗位，这体现了管理者适应能力的高低。

　　唯有高素质的中层人员才能带给企业巨大的生机和推动力。

第三章

中层经理修正自己，稳步迈上进步的阶梯

一、中层管理者欠缺执行力，我该如何拯救

"管理者的执行力决定企业的执行力，个人的执行力则是个人成功的关键。关注执行力就是关注企业和个人的成功。"这句话是原通用电气（GE）董事长兼 CEO 杰克·韦尔奇说的。

执行力是什么？我们可以理解为：有效利用资源，保质保量达成目标的能力。执行力指的是贯彻战略意图，完成预定目标的操作能力。是把企业战略、规划转化成为效益、成果的关键。执行力包含完成任务的意愿，完成任务的能力，完成任务的程度。对个人而言执行力就是办事能力；对团队而言执行力就是战斗力；对企业而言执行力就是经营能力。而衡量执行力的标准，对个人而言是按时按质按量完成自己的工作任务；对企业而言就是在预定的时间内完成企业的战略目标，其表象在于完成任务的及时性和质量，但其核心在于企业战略的定位与布局，是企业经营的核心内容。

对于企业来说，每个员工的执行力都是最重要的，基层员工缺乏执行力，那么生产和销售第一线就会崩溃；高层缺乏执行力，那么各种战略方针就无法制定；而最严重的是中层缺乏执行力，因为中层在公司里占据的是上通下达的中流砥柱的作用，一旦缺乏执行力，后果就是相当的严重。

如果公司的中层管理者在执行力上存在着很大的问题。那么公司每次会议定下来的目标、计划、制度等到中层管理者那里就执行不下去，或是日常工作拖延成性，或者要高层的监督才会执行。没有执行力就没有竞争力，不解决执行问题，再美丽的蓝图也只会是水中月、镜中花。

要想解决企业当中中层干部的战略执行问题，就必须要抓好三个核心：人员流程、战略流程和运营流程。

人员流程是执行力的第一位核心，因为人员可以保证战略和运营，离开

人员谈战略与运营没有意义，战略与运营的好坏得看什么人来；战略流程排第二，因为战略一旦错了，运营得越积极，问题会越糟糕；第三是运营流程，它是执行的具体表现，没有详尽的运营步骤与机制，是无法让人员得力与战略落地。

健全人员流程首先要准确而深入地评估员工，并有一个鉴别与培养人才的体系，以适应公司未来战略发展的需要。这就要求建立自己的人才储备库，才能满足公司发展的需要。能够做到这些必须从重视人才开始，将人才的发展作为公司发展的重要指标，而不只是利润指标，就像你能把员工的工资增长作为企业竞争的战略目标，工资不是"成本"，而是你为了更好回报的投资而已。当然还包括为你的人才提供舒适的工作环境与积极的职业生涯规划等。总之，要想拥有好的执行力，就得先回报好你的人才。

任何执行首先要有正确的战略，这涉及谁来制定战略的问题，战略不是高层或老板的特权，越接近执行的人越了解市场、资源及自己的优势与劣势。所以，公司的战略问题不能只有老总，也不能只有企划部门，应该让执行层进行参与。在真正讨论战略问题时，必须考虑公司优势、劣势、机会及威胁问题，永远做自己优势的领域，不轻易涉足自己不熟悉的行业，除非你已拥有合适的团队。在制定战略时，不能只有长期的目标，必须有详尽的短期计划。且做了大量分析，遇到某种问题该如何解决与调整。当然，这种战略必须达成共识，在良好沟通的前提下，并且做了大量的宣传。

运营流程即战略目标的具体分解，详尽的计划加上积极的行动才能保证战略的落地。这当中包括了企业关键的指标，如营业收入、营业利润、现金流、市场占有率等。美国哈佛教授卡普兰和诺顿提出的平衡计划分卡就是一个有效的战略执行工具，它包括财务、顾客、企业内部流程、学习与成长等四项指标。

从某种意义上讲，战略就是做正确的事，运营就是把事做正确，人员就是用对的人。人员的挑选与提拔要参考公司战略与运营计划，运营流程则又须考虑人员与战略问题，而战略的制定则又须建立在合适的人员与良好的运营上。总之，这三项流程彼此连接，相互依赖。

二、中层管理四大要务

如果把中层管理者比喻为球场上的教练，那么基层管理人员就可以比喻为队长，不但要在场上指挥队友共同进攻，更要身先士卒，冲锋陷阵。他们是企业不容忽视的中坚力量，是企业发展的基础，又是企业人才的后备军。无数优秀的管理者，都是从基层做起。因此，如何做好一名合格的管理者显得尤其重要。消极的人把中层比作"夹心饼"，被夹在上级、同事和下属中间，里外不讨好；积极的人把中层比作树干，连接这企业的根、树枝、树叶，为企业的发展不断的输送养料。为此中层干部必须学会四大要务。

1. 学会站位，统筹全局

很多的中层干部都并非科班的管理学出身，绝大部分都是在基层工作了很长一段时间，因在原有职位上工作成绩表现好，就被提升到更高一级职位——主管，据调查显示，这样的升职在各大企业中占据大多数。但是这个时候的中层往往并没有意识到了随着自己职位的变化，自己的工作职能也随之发生了变化，还是维持着和过去一样的工作习惯。而更重要的是，新中层们的思维的高度还没有达到主管的高度，仍然习惯站在员工的高度去思考问题，在这样的思维当中去想问题，当然只能把事情弄得一团糟。所以对于新中层而言，考虑问题的时候一定要把自己的思想高度提高到主管甚至总经理的高度来思考问题。

全局意识以及统筹能力的把握，将成为影响我们工作业绩的重要因素之一。因为作为中层管理者，衡量我们工作好坏的标准已经不仅仅是个人工作成绩的好坏，而是更加关注你所带领的团队的整体绩效。管理者把精力放在小问题上，就会忘记部门的整体目标，会丧失创造力，或者至少会逐渐枯竭。

2. 寻找下属和主管之间的黄金分割点

管理学上有一则小故事，讲的是在寒冷的冬天，两只刺猬相互取暖，因为他们身上都有刺，距离稍微近点，就会被刺伤，而距离远了又会很冷，在不断地探索过程中，他们终于找到了一个最合适的位置——既可以相互取暖，又保证了他们之间不被对方的刺所伤到。这个距离就是他们之间的最佳距离。

作为中层管理者，你首先要明白下属和上级的矛盾是不可化解的，有阶级就会有矛盾，这是历史发展的必然规律。作为中层管理者我们要做的就是如何寻找到黄金分割距离，从而保证本部门工作的正常运转。所以成功的中层管理者很明白也很重视同下属的关系。在工作期间，他们用制度来约束员工；在下班时候通过聚会来沟通私人关系，他们在长期的管理探索过程中，已经找到了同下属之间的黄金分割距离，在这个距离上，既可以保证主管的尊严以及任务的顺畅执行，又可以加强同下属的私人情感。

3. 分解任务，监督考核

现实生活中有很多的主管好像很忙，而他们的员工却相对来说很轻松，这是一种管理的错位，他们每天花费了 80％以上的时间去处理对公司有 20％贡献的事情，而对于 80％贡献的团队绩效却从没有认真的思考过。一个成功的中层管理者一定是一个会合理利用员工的管理者，他们懂得如何把自己的压力和工作任务合理分解给自己的下属，并懂得使用一套完善的体系进行监督，从而使得自己有充足的时间去做更加重要的事情。

有很多的中层干部，从上级领导那接到任务后，不懂得如何把任务分解，然后自己去监督落实情况。能否合理进行任务的分解，并有一套完善的监督考核机制，从而促使本部门整体绩效的提高是决定一个中层管理者是否优秀的必要条件。

4. 促进团队发展

中层管理者一旦进行了思想的转变，他便会在部门工作中站在一个更高的高度来处理各种事情。而对于这样的变化，员工将产生积极的反应——从被动工作转变为主动工作。但是，中层管理者的首要任务是什么一直是一个广受争议的话题，大部分观点倾向于如何提高员工效率，让员工按时、保质、保量地完成工作任务，而持有这一观点的人更多地倾向于用严格的制度、有效的时间管理来监督考核员工，从而使得员工被动地完成工作。使员工被动地完成工作这一点似乎没有什么争议的地方，但是很少人去考虑长此以往下去，对部门以及员工的绩效将会产生不良的影响。因为企业的目标是利润，而部门的目标理所当然地成了完成工作任务，至于采用什么样的方法似乎并不太受人关注。作为中层管理者，如果能把思想从制度上转变到思想上来，从强迫员工完成工作任务转变到如何挖掘团队活力，如何促进个人发展上来，它的收益将是巨大的。引领团队发展不是一个口号，它的实施将从根本上解决部门办公室政治矛盾，使得部门文化更加和谐，从而使得工作效率有一个质的提高。

提高中层干部的执行力，对于企业来说是重要的发展潜力。

三、为中层经理喝彩

企业中层一旦出现问题，整个企业都将面临困境，但是中层经理却常常被描绘成公司中代表保守势力的"恐龙"，跟不上时代的发展，他们是平庸的管理人员，多余的中间环节，他们拼命维护现状，在别人努力将组织改变得更好的过程中作梗。真的是这样吗？在大型企业中颇具规模的中层经理，到底是一个什么样的角色呢？

美国原通用电气董事长兼 CEO 杰克·韦尔奇来中国访问的时候，TCL 总裁李东生请他预测企业十年以后的发展情况。杰克·韦尔奇回答道："不，不，不，不要预测十年以后的发展，那是很糟糕很愚蠢的。预测一年以后的情况都很困难，有很多的不确定性，为什么要去预测十年以后呢？"而这个不确定因素当中，重要的一点，就是中层管理人员。

中高层经理是企业的脊梁，是企业的核心人才库，是企业得以生生不息的创新源泉。大量的案例和事实证明：一家企业的成功不仅取决于总经理，中高层经理更是起到了 80％的作用。

为什么这样说呢？

一位欧洲工商管理学院的教授对这一有趣的管理人员类群进行了研究，他的研究主要着眼于中层经理在重大组织变革期间的角色，人们往往都对于这个答案是：毫不重要。但是他的发现会令许多人大跌眼镜。

这项研究结果表明，中层经理对于公司重大变革的实现作出了重要贡献，而这些贡献却并没有得到大多数高层经理的认可。

这些贡献主要在四个领域。第一，只要中层经理获得发言机会，他们通常都能提出有价值的创新想法，并且能够也愿意将这些想法付诸实施；基层管理者也是管理者，同时又肩负了具体的工作和事务，所以个人过硬的业务能力素质是在组织中"让人心服口服"为前提。同时，企业的各种业务培训一般也是通过基层管理者进行的，所以业务能力对基层管理人员来说占有举足轻重的分量。第二，与大多数高层经理相比，中层经理更善于充分运用公司内部的非正式关系网，而正是这些非正式关系网才使得实质性的和持久的变革成为可能；第三，中层经理能够适应员工的情绪以及情感需求，因此能够确保变革的动力得以维持；对员工的态度和感情问题，历来是管理工作的一个根本问题。以正确的态度对待员工，做到"以情带班，以理服人"。是新时期管理工作的一个本性问题。对员工的态度与感情是密切联系在一起的，端正态度是产生感情的前提和基础，深厚的感情是态度端正的具体体现。第四，中层经理能够驾驭组织中的连续运行和变革之间的张力，他们一方面防止组织陷入极端的惰性，另一方面又避免组织陷入极端的混乱。基层管理者除了要有过硬的业务能力，那么体现管理者魅力和价值的就是团队建设的能力。一个人的业绩可能非常优秀，但是只注重个人的业绩而忽视了团队，充其量只是一个业务精英。如果将团队发挥巨大的效能作用，便是一个管理者的最大喜悦。作者对中层经理的这些优势一一加以考察，并引用了他研究中遇到的实际例子。

但是，现实问题是：企业高层领导与中层管理者之间的能力与素质的差距正在逐步拉大。由于中、高层之间的差距过大，即使高层领导制定了良好的企业发展战略和发展目标，中层却跟不上步伐，执行起来力度就会很弱。因此，解决中、高层之间的差距，弥补经理人的断层，这是当前企业最为重要的课题。所以，并不是每一组织中的每个中层经理都是创新活力和精力旺盛的典范。但是，如果高层经理傲慢地忽视中层经理扮演的角色，并随意降低中层经理的职位，那么他们将大大降低在公司中实现重大变革的可能性。事实上，在公司实施重大变革时，中层经理可能是高层经理最有战斗力的盟友。

企业必须建立一个强大的团队，通过企业的战略和标准去迎接市场的竞争。企业不仅需要有人去实施战略，还需要有人去监督市场后续的跟进。企业需要的不只是领导者，而且需要一个有战斗力的团队。这支团队需要有高层、中层与低层的互补，才能使企业稳步健康的发展。

第六篇　奋力推倒禁锢
创造力的围墙

第一章

认清创新的误区，寻找突破之路

一、创新不是天才的灵光乍现

2011年9月13日，Build2011开发者大会上，微软展出的Windows8吸引了人们的眼球。该软件不仅针对PC市场，同时支持平板电脑，有抢占几乎被iPad垄断的平板市场的气势。

你不一定要学乔布斯，你的企业也不一定要学微软，每个领导者、每家企业都应该有自己的商业模式，但无论如何，创新精神都是必不可少的，无论是像乔布斯式的颠覆式创新，或是微软的持续性创新。

"现代管理之父"彼得·德鲁克曾大胆宣言，企业只有两项基本职能，那就是创新和营销。创新不仅仅包括技术创新，还包括产品创新、服务创新和商业模式创新，等等。创新对于一个企业的意义，怎么强调都不算过分。

提到爱迪生，我们自然会想到电灯的发明，但人们不熟知的是爱迪生当时敏锐地认识到灯泡并不能单独发挥效用，还需要发电和输电系统，于是有了我们今天造福于全世界的发电和输电系统。更值得我们学习的是，在这一过程中，爱迪生打破了"孤独的天才发明家"模式，创立了团队式的创新方法。爱迪生的天才之处在于，不仅构想出一个完全成熟的市场，还利用团队的力量造就了一系列的创新。

日本自行车部件制造商禧玛诺公司也很好地诠释了团队创新的力量。2004年，该公司在美国市场面临增长停滞的问题，于是开展了一项调查，期望得出理由来解释为什么90%的美国成年人不骑自行车。它们包括购车体验比较糟糕；车价不菲，车的结构复杂，需要各种配件和专用服装；在很多道路上骑车非常危险；骑车的次数不多，却需要对工艺复杂的自行车进行保养。根据调查结果，为了吸引那些对骑车失去兴趣的人，设计小组预想了顾客整体体验的各个环节，设计出坐垫舒适，易于操控，而且不太需要保养的自行车，并赋予其"滑行"的概念，以更加注重娱乐，而不是运动。设计小组还为自行车专卖店制定了店内零售策略，并与各地政府和自行车运动组织合作，设计了一个公关宣传活动，确定了安全的骑车地点，项目最终大获成功。

这个例子很好的证明了，创新并不是天才的灵光乍现，而是团队辛勤努力的结果，关键是以人为本，从实际出发，创造性地反复探索。只要具备换位思考、综合性思维、积极乐观、勇于尝试、跨学科协作的能力，再加以适当的培养和经验积累，也定能发挥出创新思维的潜能。正如彼得·德鲁克所说：大多数创新，特别是渗透企业家精神的创新，都源自对创新机遇的苦心寻求。

大多数公司很容易忽视意外事件或反常情况，而那些出乎意料的成功或者失败，违反常规的现象，恰恰能够成为创新的丰富来源。管理者通常对非常规事件所持的典型态度是："这种事情本不应该发生。"正是这种态度抑制了企业对新机遇的识别。例如流程中存在的逻辑上或节奏上的不一致，经济现实之间的不一致，以及期望值与实际结果之间的不一致，都属于创新机会的来源。1950～1970 年期间，发达国家的钢铁行业，拥有稳步增长的市场，但利润率却在下降，这两者之间就存在不一致性。于是，一种创新举措应运而生——建立小型钢铁厂。

有效的创新必须简单而专注。当听到人们说"这是明摆着的嘛！我怎么就没想到呢！"这不是嘲讽，恰恰是一项创新所能得到的最高赞誉。有效的创新必然从细微之处开始。那些宣称能"彻底变革一个行业"的宏伟构想未必会成为现实。最重要的是，创新强调努力工作，而非天赋才华。创新需要才能、独创性和知识，但说到底，它最终需要的是勤奋、专注、自觉地工作。

二、扫平错误认识，建设创新平台

尽管企业环境在不断变迁，创新的类型也千差万别，但是似乎每一轮热情高涨的创新浪潮总会遭遇相同的困境。现在就有一个机会——让我们认清一些创新误区，从而建设高效的创新平台。

首先，真正的大创意都不会在最开始就是宏大的想法。需要用许多疯狂、古怪的小想法来找到一些值得实验的最初的主张，而这些主张可以让你找到一些真正值得去执行的事情，最终可能有一个或者两个获得成功。

每位员工都有可能成为创意搜寻者和项目发起人，IBM 信奉这样的原则。该公司举办的 InnovationJam 网上论坛上，来自 104 个国家约 14 万名员工客户贡献了差不多 37000 个创意，并将它们分门别类地排好顺序，为公司建立了一个容量巨大的原始创意库，创意有大有小，但以小创意居多。创新成功率较高的公司从来不会认为这些小创意是没有用的，这也是它们成功的秘诀之一。

如果你认为只有技术上的突破才算创新的话，那么你的思想太狭隘了。商业模式上每一个方面都有创新的潜能。创新与商品定价有关，与你的销售网络有关，与你如何经营有关，与你如何管理公司有关。

宝洁公司固然凭借速易洁和佳洁士净白牙贴这类产品创新赢得了瞩目，但它也在新媒体方面进行了创新，例如为自己赞助的肥皂剧建立互动网站，这或许对于公司的未来更具价值。

"这太冒险了！"很多人在面对新鲜事物和想法的时候，总会不自觉的冒出这样一句话。不可否认创新是有一定风险性的。但更多的时候创新都是谨慎的。以星巴克的借记卡为例，第一次实现了在快餐业中说服顾客预付他们早餐的拿铁咖啡和松饼的费用。然而，这项创新却几乎没有什么高风险。借记卡技术已经非常成熟，新理念在推向全国之前也可以先在少数店铺进行测试。

那么，创新得来的成功只是碰运气而已吗？不少人认为创新不可预测。但是，创新的成功的确是有规律可循的。例如，找准创新的方向，建设创新平台，创建战术手册，利用它来识别最佳机会，然后用较少的投入来学习大量新知，并改变企业的沟通方式，这样就可以打造出一个速度快、质量高的创新流程，而且会大大降低先期投资。

大多数公司的经验告诉我们，创新的最佳着手点不能离核心业务太远，并且应该在核心业务领域之外。公司可以提出三个基本问题，来识别哪里蕴含着创新潜力：第一，我们的现有客户还有哪些更高的需求？第二，我们的潜在客户在哪里？第三，企业的哪个环节最需要改进？

充分利用每名员工的才智，实际上，他们都有接受创新思维概念的基本教育的欲求。惠尔普就已经把数千名员工培训成了商业创新者。墨西哥水泥公司设置了不同的流程用于培养创新。

在创新的早期阶段，公司要更多地考虑创新项目在多大程度上与成功模式相符，而不要过早地逼迫创新团队做出详细的财务预测，创建开放宽容的创新平台。

公司在开始实施新的增长创新战略时，也需要鼓励员工根据实际情况灵活调整。为此，它们只要遵循一条简单的原则，即"少投入，多学习"。有时候，创新团队的经费太足，可能令它们沿着错误的方向走得更远，反不如资源紧缺的团队那么有压力感，能抓紧时间并竭尽一切努力找到全新方式。

公司必须根据自身具体情况确定战略战术，建设创新平台，使之能反映所在市场的特点。将历史分析的结果与创新的基本准则相结合，扫平那些错误的认识，使公司从消费者、竞争对手、营销渠道、监管方等多个角度考察任何创新机会。

三、创新局限：通往成功的路障

在创新的路程上，企业需要不断地问自己：使用新产品或服务的局限是什么？产品的使用或采用过程中会有无数的局限之处，这很正常。一个产品或服务在新推出时，一定是满足了现有的所有要求，但是很快的，消费者会有更高的要求，那么，满足这个要求，就指出了又一条通向潜在增长的林荫大道。对于不能发现自己创新局限的企业来说，自己的创新很可能会给竞争对手很好的素材，不进则退是永远不变的商业法则。

强生公司血糖仪产品，在推出数年内，一直处于领军位置。在使用时，它要求使用者把血样放到测试条的顶端。如果糖尿病患者出现双手颤抖、眼睛发花的症状时测量就会有困难。患者越是需要这个产品，它反而更难控制。对这一局限强生公司并没有在意，而是罗氏公司，看到了这其中蕴藏的机会，推出了罗康全舒波血糖试纸，增加了一个波状反应区，使放置血样更容易，糖尿病患者即使在发病期间也能轻易地读取结果。这一创新产品让罗氏公司在落后多年后，从强生血糖检测仪部门手里夺取了市场的主导权。管理者应该牢记，创新永远都不是一劳永逸的。

同时，若是一家公司对产品过度关注，而且太急于获取收入，它就可能遇到另一个问题：公司会通过那些只顾追求眼前的收益，但最终却会导致成本长期上升的项目。这样组织的创新精力就会消耗在这些意义微不足道的模仿性项目上，尽管不鼓励小项目可能会错失良机，但过多琐碎的项目就像是播撒在石头地里的种子——它们也许能发芽，但不会深深扎根，也就长不成有用之才。

一个新点子出现后，企业还要问自己，这项创新是不是特色鲜明的？是不是只是平庸的产品改动？没有特色的创新，只能导致产品种类大量增多，这样反而会弱化品牌，给客户造成困惑，并且加剧内部的复杂性。比如，卡夫食品公司目前就面临这样的问题——它提供了十几种不同分量包装和口味的饼干，却没有推出一种全新的零食产品。

谁也无法给自己的创新方案打包票，几乎所有真正的创新方案在一开始都有很大程度的不确定性。项目组通常毫不留情地对模棱两可的机会统统宣布死刑。结果，它们会像受到重力的牵引一样选择风险小、回报少的机会。管理人应该鼓励团队接受不确定因素，鼓励大家提出可行的试验方案才可以排除它。

成功的企业家不一定就是最经得起风险的人。而事实上，优秀的企业家采用的是另一种方式，他们不会贸然去冒险，而是试图将风险尽可能地降低到最小，他们寻求伙伴，想办法系统地去除去机会当中的风险因素。

不少管理者担心，"如果失败了，我就会被打上'Failure'的鲜红标记，这样我在企业组织中继续前行的能力就会受到限制。"害怕失败，企业就很难开辟出一条前人没有走过的路。失败不是一个不好的词语。并不是所有的失败都会带来同样的结果。如果经理人明显干了一件蠢事，并且不断地重复这个错误，那么公司肯定会作出适当的反应。优秀的管理者会允许自己的员工犯适当的错误，这种错误可以令人吃一堑长一智。

即使你最初的想法不正确，只要思考的方向正确，那么成功的可能性就相当高。如果你失败得迅速而又廉价，这样更好，因为你可以更快地发现一个成功的想法。成功的创新和短周期的反复尝试，是一对孪生兄弟。

创新的隐形敌人通常源于良好的管理实践，如市场调研政策、资源配置流程、业务单元和产品组织结构、战略规划流程等。除非你能尽早发现这些问题，并找到解决这些问题的方法，否则你的公司永远无法从创意中受益。

克服这些创新的局限，从来就不是件容易的事情。在大部分公司里，它会阻碍分配和管理资源的流程，阻碍了拥有最美好意愿的管理者。因此，我们常常建议公司开创出独立的流程，用于形成和培养创新。

四、你要粉碎的想法是——当然，创新的人要毫发无损

Facebook、MySpace 是现在人们所熟知的社交网站（SNS），殊不知，早在其问世几年前，微软早就涉足对社交网络 Wallop 的研发。但项目运作 4 年后，仍处在测试阶段的 Wallop 结束了自己作为 SNS 的身份，网站被关闭。

作为一种颠覆性的创新，Wallop 从一开始就坚定地认为"朋友邀请"是其发展用户的正确方式，这也正是"SNS"创新的核心。但是同 MySpace 不同的是，Wallop 拒绝将广告作为收入来源，而是靠出售用户用于装饰个人网页的 Flash 动画、图片、游戏等来盈利。它忽略了对 SNS 来说真正重要的是用户互动。目前，Wallop 仅仅是为 Facebook 等著名社交网站开发应用程序的

公司。

公司时不时需要设定一些步骤让研发变得更加多产。但是，所有的这些步骤在使用范围内能够派上用场吗？基本的情况是"如果想创新，你就要能够容忍高的失败率"。提高企业组织在创新过程中更早清除无为项目的能力，可能会让你所花的时间更有价值。有些企业激励它们的创新团队自我管理。在诺华制药公司，如果一个开发新药品的团队发现它行进的方向不对，就拔下"插头"给自己的项目"断电"，为此它会受到奖励。管理学家们甚至认为，拥有一些悲观主义者的团队被证实是价值连城的。

美国硅谷崛起的国际知名企业微软、IBM、苹果、戴尔等，不仅允许创新可以反复尝试和失败，而且本身就是建立在硅谷成千上万小企业创新失败的基础之上的。微软操作系统的技术创新，戴尔创立的"定制直销"经营模式，IBM从产品到服务的创新，苹果的产品和商业模式的创新，都是在不断尝试和失败中取得成功的。

世界经济论坛基金董事会成员 JosephP. Schoendorf 认为，失败是创新的关键。他说，"硅谷为什么是硅谷，这不是由人才决定的。而是硅谷能够容纳创新失败。"在硅谷，即使失败了，还是会被公司继续留任。而事实上，硅谷的大部分公司都是失败的。

但实际上，失败恰恰是创新的引擎，对个人还是组织，都是如此。其关键在于，如何用正确的态度去看待和利用失败——它应是一种祝福，而非诅咒。

创新失败了，如何应对？来自印度 MahindraSatyam 公司首席执行官ChanderPrakashGurnani 表示，在IT行业的实验室的科技要比市场上的产品先进的多，新兴的科技比早年的好多了，大企业要吸引最优秀的人才，组建创新小组、拥有创新的能量。即使失败了，也要优雅的失败。曾经有一个大公司的一个项目失败了，但他们却在结束这个项目的时候搞了一个 Patty，为的是提醒员工，不要再重蹈覆辙。这是鼓励创新的做法。

总之，失败并不可怕。企业越早认识到这一点，就越快步入创新思维的大道。不允许反复尝试和失败，肯定不利于创新；允许创新失败，又有可能无所顾忌。如何破解这种尴尬呢？

观念的转变是首要的，营造宽容失败的企业文化和氛围。作为管理者，我们总是最看重员工的成功经历，而最容易忽视了如何正确对待失败和失败的重要价值。英国物理学家威廉·汤姆逊曾说过："我坚持奋斗55年，致力于科学的发展，用一个词可以道出我最艰辛的工作特点。这个词就是'失败'。"

其次，要建立允许创新失败的体制机制，用制度来保障和规范。除了靠人的思想，企业还应该建立相关制度加以保障，并在政策和资金上给予支持，才能确保创新活动正常有序。当然，为防止失控，可以采取先点后面、分阶段走的策略。

五、双脑组合的创新威力

罗伯特·波莱曾是联合利华公司冰激凌和冷冻食品部的高层管理者，2004年在超级明星设计师汤姆·福特离开古驰集团——这个服装界的旗舰品牌之后接管古驰，执掌大权。波莱从未接触过服装设计，在这方面是个彻头彻尾的外行，人们不禁会产生种种怀疑。《妇女服饰日报》挖苦道："冻鱼和冰激凌与售价8000美元的鳄鱼皮手袋之间是什么关系？"

如果你了解双脑组合的创新威力，那么，你就能很容易的来回答这个问题了。众所周知，人的左右半脑有着不同的分工，右脑富于想象、擅长整体性思维，而左脑是理性、分析型的。创新——这一成功的关键要素恰恰需要大脑的两个半球都参与工作。可是像达·芬奇这样同时精于艺术想象和科学分析的人，是极为罕见的。因此，在企业这个亟待创新的地方，更加需要左脑型和右脑型人士搭档合作，来发挥创新的威力。

波莱正是很好的左脑型管理者，与他手下富于想象力、右脑分析型的明星设计师，一同诠释了双脑组合的优势。集团营业收入连年大幅增长，一些原先销售情况欠佳的品牌也提前开始盈利。

古驰将这一原理贯彻到公司的管理中。过去，每个品牌的创意管理权都集中在古驰集团最高管理层手里，波莱在掌权后成立了一个两人小组来分别管理这些品牌，即创意总监加品牌经理：一方是充满激情、灵感泉涌的"右脑"——那种每天都能冒出新想法的富有想象力的人；而另一方则是善于分析、具有商业头脑的"左脑"——能把创新的想法一步步转化为获得市场成功的产品的人。波莱说，这样可以使产品在得到合适的外观设计的同时拥有一种正确的营销战略。他说："这不是为创意而创意。"

与时装公司普遍的双脑组合不同，非时装类公司的最高领导岗位往往由左脑分析型人才所把持，而鲜有右脑创意型人才。在经济困难时期，左脑型领导很容易以削减成本为由砍掉创新项目，使得公司的创新文化荡然无存。这样的企业很有必要向时装行业学习。我们可以看到世界上最有创造力的非时装公司也大多是由双脑组合管理的，如苹果公司CEO史蒂夫·乔布斯和首席运营官蒂姆·库克，惠普公司的工程师比尔·休利特和商业领袖戴维·帕卡德，曾担任田径教练的比尔·保尔曼发明了Nike最初的跑鞋，而其搭档菲尔·耐特负责制造、财务和销售工作。我们必须意识到创造力是一种独特的个性特质。与其寄希望于每位管理者都能获得创意方面的培训，或要求那些创意人员都能得到财务方面的指导。事实上，这两种情况几乎都不可能发生，还不如让具有左脑和右脑技能的人携手合作。

创新的最终目标是塑造一个整体形象，需要一个统一的构想，包含每个创新元素，而并不追求其中任何一个元素的尽善尽美，创新同样强调团队协作，企业需要努力在创意型人才和分析型人才之间建立并保持有效的合作关系，实现一种艺术与商业的平衡。正如Gucci集团掌门人罗伯特·波莱所言："这样的组合其实很像婚姻关系，它有好的时候，也有坏的时候，两人之间会有意见分歧，但是他们有一个共同的目标，在相同的框架下行动。"

公司在培养人才方面也可以运用相同的原理，不仅要在最高领导层建立这种双脑组合，还要在组织的各个层级都复制这种伙伴关系，既聘用左脑型人才，也聘用右脑型人才，并确保两类人才都拥有优秀的导师和适合他们理想的职业规划。

双脑组织仅仅有创意就万事大吉了吗？接下来要做的是将创意打造成有盈利价值的产品。这个"双剑合璧"组合中，负责"商业"的那一方通常会基于细致严密的分析来做出决策。比如说，他们会开展市场调研，了解新品的市场机会。下面再让创意人员在一定的条件下自由研发产品，开拓目标客户群的未来需求。

六、创新的圣杯

不仅科学家崇尚创新，企业的管理者也对创新顶礼膜拜。然而，给创新下定义却如同揭示恒星产生于混沌一样难，获得创新的圣杯真的就那么难吗？

大多数公司只是在见到创新的时候才知道它是什么：索尼公司用随身听获得了便携音乐时代的圣杯；联邦快递首创的枢纽系统取得了包裹快递业的圣杯；宝洁公司发明的含氟牙膏等家庭用品无疑是现代日常生活用品的圣杯。

"创新从不是想要就有、想用就拿的东西，"海氏集团副总裁梅尔·斯塔克说。创新是遍布企业上下的一种思维方式，它需要的是不仅是远景、基调、训练有素的经理、才华横溢的员工以及适宜的环境，还需要恰当的组织结构、流程和制度。

大多数公司的创新流程，正变得陈旧过时——保时捷的发动机怎么可以配备劣质的悬架呢？创新的相关因素已经发生了彻底改变。可负担性和可持续性，正在取代传统的产品溢价收益和功能富余，成为创新的推动力，但很少有高管人员知道如何应对这一变化。

创新构思一直都是最稀缺的资源。许多企业面临着严重的创新项目匮乏问题。一方面是丰富的资本供给以及对创新的万分渴求，另一方面却是似乎要枯竭的创新来源。这些都对企业形成严峻挑战。因此，管理者必须时刻保持清醒的头脑：何时、何地以及如何有目的、有组织和系统化地寻找创新机遇？如何判断创新成功的概率和失败的风险？

这一点对旧经济来说更是雪上加霜，因为这种领域可以借鉴的管理实践和方法都已耗尽，削减成本、并购、重组已成明日黄花，唯有创新才能帮助企业突破成长瓶颈。否则，就只剩下一条路可走——企业之间展开残酷的价格竞争。结果，大家都苟延残喘。要创新，必须有好种子。

西方公司正在努力解决这一难题，发展中国家，尤其是印度的一些企业，提出了一种"甘地式创新"，提出了一种解决问题的办法。这些公司以有限的资源开发出更多的产品和服务，然后以低廉的价格销售产品和服务，让更多的人能够买到并负担得起这些产品和服务。他们虽然采用西方技术，但创建的商业模式提供很高的性价比，使消费者能够买到产品和服务的方式发生了变化。

创新构思的质量是源头，也是最重要的。如果创新概念质量很差，所有努力都将付诸东流，因为创新构思决定了创新的质量。要取得高质量的创新构思，企业构造创新概念的基本出发点首先必须正确，必须对创新构思进行有效的筛选。但是，企业也必须十分重视一个相反的问题——处理不当，也可能会把婴儿与洗澡水一起倒掉，即把赋有巨大潜力的创新构思丢弃。现实中这种情况是经常发生的。AT&T当年就是这样把晶体管技术卖给了索尼。怎样把握创新机会，考验了企业家的洞察力和见识。

《财富》曾评选出的计算机类全球最受赞赏公司的前三甲，出现了一个名不见经传的EMC公司，他超越惠普、戴尔这些耳熟能详的巨头，仅次于苹果。他是如何如此迅速地登上闪光的舞台的呢？过去几年间，这家曾经以存储产品闻名于世的硬件设备公司成功转型为软件及服务提供商，并且牢牢把握了云计算及大数据这两大趋势。就在年初，它还发布了最新的41款计算机存储及软件产品。

EMC的创新文化被人们称作是众人携手谱奏的交响乐。"与其说创新是一种科学，不如说它更像是一种艺术，不仅需要创造力，更需要结构和流程的微妙平衡。"基辛格说。作为交响乐的指挥者，他不仅要掌控全局，更要汇聚所有乐手的能量，使团队能够发挥出最佳水平，甚至超水平发挥。最重要的是，"我们要带领客户一起前进，不能让客户落在后面。这样，创新就会越跑越快。"

正是 EMC 在创新流程的不断完善，使得他脱颖而出。在前进的过程中，管理者十分注意产品的研发、服务和销售的相互关系，并不断强化工程师与客户之间的互动。与客户的关系也是相当的亲近。真正做到了将客户放于首位。分布于世界各国的执行简报中心每周都会期待近 500 位客户，首席技术官和工程师与客户能够面对面进行沟通，并对客户量身定做解决方案。

"你参与创新的技术改变着世界，改变着人们的生活方式，这会带给你难以表达的激动和自我满足感。"作为科学家的基辛格在谈到创新时，兴奋之情溢于言表。在他看来，正是由于赢得这样的荣誉，为 EMC 团队的加速创新提供了源源动力。

七、停止创新内战

苹果电脑公司曾经则把硅谷的修车厂变为产品创新的基地，IBM 效仿苹果的模式，在佛罗里达州的博卡拉顿市一个陈旧简陋的环境里开发个人电脑，世界顶级 IT 公司难道付不起写字楼的租金吗？当然不是，之所以这样选择，原来是为了使创新人选免受公司总部的种种限制。

成功的企业自然熟知内耗效应的原理，在创新上，则更需要避免内战的发生。创新团队是一个需要打破常规，无拘无束的团队，他与更注重效率、墨守成规、权责明晰的日常运营团队间矛盾重重的现象很常见。双方的目标一个是颠覆传统，一个是让每一项任务、每一个流程和每一项活动都尽可能地成为企业周而复始的惯例。如果不加引导和管理，必然走向相互敌视的境地。一项创新也必须靠创新团队与运营团队的精诚合作才能完成。

在大公司里，这一情况似乎会更严重。它们在做古怪、有争议的小项目时更加费力，而这才是真正的创新项目，它们经常具有增长潜力，却更难于被组织普遍接受。新的创意会危及大型组织的使命，因而大型组织对自己的创新者极度敌视，组织内抗拒变革的力量很强。有创新能力的人更愿意在重点突出、官僚作风少的小组织里工作。他们说："如果小公司也采取那些大公司的官僚作风，无用的审核流程繁琐，我们同样会很失望。"

建立小的项目组是一个不错的办法，不少大公司做得很好，例如 Google

公司。公司创始人拉里·佩奇和谢尔盖·布林雇用了大量聪明而又能创新的人，把他们编成地位平行的小团队，把官僚作风减到最少，每年的相当一部分预算会用于创新的小项目中。这里说的"小项目"，可能他的团队人员在饭馆里围着一张桌子就可坐下。他们可以到饭馆聚会，不是去开会，而是共进午餐，借机换换思路，或是干脆在那里构想好点子、新主张。通常这种让人放松的地方更容易想出好点子。

如果小团队提出了一些有意思的想法，一个好办法是，先不要急着投入生产，最好先走出公司，放宽眼界看看是否有类似的做法，可能已有别的小公司已经尝试了同样的事情，或者先进行小批的试验。

但是也有可能数年后，小团队仍一直不能提出具体可行的好点子，又该怎么办呢？那么解散它们吧，但不能对它们加以惩罚。想培养创新文化，就不能惩罚那些尝试做大事、有时会失败的人。毕竟，计划就该具备一定的冒险性，需要一些付出。

领导者应当像建立全新公司那样，从零开始组建专职创新，关键是要打破原有的工作关系，建立新的合作机制。外聘团队成员可以加快这一进程。如果创新团队的成员都是内部人士，那做起事来就会和运营部门大同小异。小组里的每个人肯定能有相同的偏好，直觉也更趋一致，这些偏好和直觉是在同一家企业里多年来形成的根深蒂固的东西。已有的工作关系也会继续发挥影响，共事多年的同事很难改变已经习以为常的互动方式。

同时，两个不同部门之间合理划分合作伙伴的工作职责是建立合作，同时又避免内战的第一步。多家成功企业总结出的总的原则是，通常运营部门应当只承担那些和当前业务的流程路径、推进速度和负责人员都相同的工作。其他任务则全部分派给创新团队。

公司管理者还可以通过编写新的岗位描述、创设新头衔，以及公开调整团队内部的权力平衡来加快工作关系的破旧立新。创新团队通常还需要制定不同的绩效标准、激励方式和文化规范，以适应创新的特殊需要。

如果冲突真的不可避免，那么当它到来时，不需要畏惧。方法得当的话，还是有很大的机会来化解的。首先，企业领导者必须不断强化团队之间的相互尊重。创新团队的负责人要明白，创新的投入来自运营部门所创造的利润，运营部门做的是分内的事情，而不是在懒惰怠工、推卸创新的责任；而另一方面，运营部门也必须意识到，没有一个运营部门能够一成不变的永远持续下去，如果把创新领导者贬低成胡来的叛逆分子，势必会断送企业的未来。双方需要的是一种积极的、合作的态度。同样，企业高管的责任重大，他们不能只是为创新团队加油助威，同时还应当表彰业绩引擎的优点，突出它们的重要性。

　　"领导者的任务是描绘未来的前景，并推动在内部达成理念一致。"EMC
公司的基辛格说。在企业内部，形成一个统一的战略创新构想必定是个逐步
推进的过程，销售、服务和法律部门虽然有不同的声音，但讨论的过程也正
是推进战略不断前进的过程。

第二章

实施令人惊奇的创新洞见

一、开放式创新，超越"非此地发明"的想法

不少企业认为创新是一项专有活动，内部开发的技术至高无上，而对"非此地发明"不予理睬。但是最精明的公司不会这样做。在他们眼中，全球化运营最重要的是获得创新机会，而不仅仅意味着前往遥远的地方，争取那些贫穷的客户、低成本劳动力和现成的资本。

通用电气公司的首席执行官杰夫·伊梅尔特说过："要获得更多的点子，就得走出去。"

宝洁公司在这一点上也曾经走过弯路，1999年之前，宝洁公司自身研发的成功滋生出了"非此处发明"心态，员工对与外部合作实现增长漠不关心。宝洁内部的专利、商标、商业机密和专有知识，等等，从不会与别人分享，而是作为一种阻止竞争对手模仿宝洁产品而故意制造的障碍。

后来，宝洁的高层管理者开始推动企业文化变革，逐步放宽对外发放许可证的限制，并且最终认识到，所有的工作都独自完成是不可能的，终于打破企业的围墙，从"研发"走向"联发"，即著名的"C＋D"（Connect＋Develop）模式。

至今，P&G已有50％以上的新产品和创意来自公司外部，大大提高了公司整体的财务表现。借助互联网凝聚社会的智慧，这是P&G给我们上的最好的一课。

网络作为一种共享平台的兴起，促进了这种新创新模式的发展。而驱使越来越多的企业采用这种方式的因素是对发掘更多更好的产品创意，以及更快更好地利用这些创意的不断加剧的竞争需求。

在过去十年里，消费品、时尚和科技行业的一些企业已经逐步将它们的产品开发过程向外界的新创意开放，比如来自供应商、独立发明人和大学实验室的新创意。

技术人员比以前更有流动性，他们把技术和秘诀传播给更新、更小的公司。在民间，在大学实验室，同样有大批的创新人才，企业为什么要放弃呢？

许多朋友都熟悉或者参加过 IBM 每两年做一次 InnovationJam。不仅来自各地 IBM 员工汇聚在一起碰撞灵感，数量众多的特别邀请的客户和员工家属也会加入，共同开展头脑风暴。如今惠普和诺基亚等公司也采取类似的方法，寻求新的创意和解决方案。

同样容易被企业忽略的一种创新来自于用户和材料供应商。有些领域，用户（产品使用者）开发了大多数创新；也有些领域，产品部件和材料供应商是主要创新者。美国麻省理工学院教授冯·希普等人对科学仪器、半导体工艺和印制电路版工艺、Pultrusin 纤维生产工艺等领域的创新活动进行过多年的实证研究，他们发现，用户是这些领域的主要创新者。

以科学仪器为例，作为科学家和研究人员用来搜集和分析数据的工具，属于电子工业的常用设备。作为用户，研究人员和科学家开发了 100% 的初始创新。大多数仪器制造商声称，他们的商业化产品确实是建立在用户创新的基础之上，制造商推出的科学仪器创新中，有 78% 与用户最初的产品原型有着相同的技术原理。

接着，制造商就进入了创新过程。制造商在用户创新的基础上，利用设计和工程专长提高设备可靠性、便利性，完成产品制造、营销和销售活动。

你也许会说科学仪器等精密仪器只是特例，那么再看生活用品的一个例子。小苏打的许多应用创新都来源于用户。比如，用户首先把小苏打用于消除地毯、衣柜、猫窝异味，以及冰箱防臭和牙齿增白等。聪明的制造商对这些办法利用和推广，成为企业持续成长的动力。

现在，越来越多的组织开始采用把志趣相投的各方力量汇聚起来的创新模式：它的术语是分布式共同创造。

对我们来说，"分布式共同创造"是一个很新的概念，一份对网上社区的研究以及对多个开放式创新先驱的调查表明，对公司高管来说，现在就应该开始认真研究"分布式共同创造"的可能性，了解采取这种模式时可能面临的种种挑战。

企业有三种通过采取"分布式共同创造"方式获得成功的途径。首先，企业可以学习乐高公司和 Threadless 公司，通过推广从网络上收集到的好创意，从共同创造的产品或服务本身获取价值。其次，企业可以通过提供互补性的产品或服务来获取价值。例如，RedHat 向 Linux 用户大量出售技术服务。第三，企业可以间接地从共同创造的过程中获益，比如，通过共同创造来增强品牌地位或公司战略地位。

开放式创新的价值在于，它可能能为企业创新源管理和寻找创新机会提供新的洞察方式。但企业需要一定的能力并组织这些能力才能实现对这种创新模式的最佳利用，其中面临的种种挑战也不可小觑。

二、突破型创新透镜下看品牌创造：你的品牌优势在哪里

大多数领先者都很擅长于改进已有的产品，但一提到在开发全新产品和改变服务或运营模式便变得步履维艰。也有许多企业曾经依靠卓越的技术创新或产品创新取得了领导地位，但是好景不长，在新一轮的革命性创新面前又败下阵来。

柯达在胶片和冲印技术上曾无可匹敌，却在数码相机革命性创新来临时拖走了他的桂冠。AT&T 曾是固定通信的领袖，而移动通信和互联网却成了它的滑铁卢。毫无疑问，这一问题已成为企业的死亡之谷。

互联网刚刚出现的时候，作为回应，戴尔公司也跟风推出了 Dell. com 网站，但后者对戴尔而言只是一个新渠道，卖的还是那一套产品。如果能有效利用互联网，你会发现戴尔以前的产品目录和它新建的网站之间并没有明显的差别。虽然他们每个市场都是不同的。所以，解决上述管理难题，也应该是 CEO 们最大的理想。

想让你的品牌立于不败之地，带来源源不断的现金流吗？那你真的应该学习宝马的品牌管理。BMW 在全球汽车市场独占最令人羡慕的字眼：纯粹的驾驶乐趣。无人能像这个来自德国巴伐利亚州的汽车豪门一样，令其产品在设计美学、动感和动力性能、技术含量和整体品质等方面完美地结合，将汽车的魅力发挥到极致，无人能及。这个牢牢占据顾客心中的字眼帮助 BMW 获得较高的单车利润率，保持赢利性增长。在过去 5 年里，BMW 销量增长了 77%，增长率遥遥领先于其全球最强劲的竞争对手戴姆勒—克莱斯勒。

管理者怎样在稳定提高现有业务运营效率的同时，成功实施突破性创新，以推动企业的长期成长，这一问题既很平常，又让人着迷。很多人认为，根本没有办法解决这个难题，因为老企业本质上就是缺乏创新所需要的组织柔性和战略柔性。有人建议大企业采取创业投资模式，为那些探索新机遇的"远征队"提供资金，但不要去干涉他们的运作。还有人把组建跨职能团队视为实现突破性创新的管理解决方案。有的人甚至提出，企业应该在不同组织模式之间来回转换，等等。不用说，企业也进行了大量的管理实践尝试。有

些企业确实取得一定成效，但总的来说效果不佳，尚未达到理性认识的高度。

公司最高管理层高度重视品牌管理。BMW 集团董事长赫尔穆特·庞克在 2003 年接受《华尔街日报》采访时表示，品牌不仅仅是一个标志或阶段性广告活动。品牌需要一种渗透到整个组织的精神，自上而下贯穿到公司所做的每一件事情当中。"听起来似乎难以置信，我最大的职责就是要能说'不'。"当被问到作为 CEO 在品牌维护和建设方面的责任时，庞克强调："归根结底，真正的品牌管理需要理解一个品牌就是一个承诺，无论何时何地都必须遵守。如果有些事情同它相悖，必须确保这些事情不会发生。"公司拒绝将 BMW 品牌延伸到微型乘用厢型车（MPV）市场，因为庞克先生和他的同事断定这个市场的特征同 BMW 品牌内涵不相容。

要解决这个难题，必须实施管理创新，而创新的思想就来自中国的二元哲学。为此，作者在此提出"二元组织"的概念。"二元组织"管理者不妨仔细研究太极图，相信从中可以感悟出这种解决方法的精髓。

斯坦福大学的查尔斯·奥赖利三世和哈佛大学的迈克尔·图什曼对采取不同组织措施以实现突破性创新的企业进行过系统考察。他们研究的样本是来自 9 个不同行业的 15 家业务单位的 35 次突破性创新尝试。研究焦点是这些突破性创新项目采取的组织架构和取得的结果，以及它们对传统业务运营和业绩的影响。有 7 次突破性创新是在现有的职能式架构中进行，完全融入常规的组织和管理架构之中；9 次成立了跨职能团队，这些团队在既有的组织架构内运作，但不受现有管理层的管理；4 次采取无支持团队的形式，脱离既有的组织和管理层，组建独立的业务部门；15 次是在并联型组织——为突破性创新建立独立的业务部门，新、老部门各有自己的战略、流程、架构和文化，但都接受现有高级管理层的管理。

在推出突破性创新方面，并联型组织比其他三种组织形式成功得多。90％以上的并联型组织都达到了目标，无支持团队和跨职能团队无一成功，职能式架构也只有 25％获得成功。原先采取其他三种模式，但后来改为并联型组织的 8 个案例中，有 7 个大幅提高了创新绩效，并联型组织的优势显而易见。

在对原有业务的影响方面，并联型组织也显著超过其他三种模式。采取并联型组织，原有业务的业绩总是保持不变或者有所增长，而采取其他三种运作方式，传统业务往往会滑坡。

虽然两位管理专家对组织方式与突破性创新关系的研究很有启发性，但是，要从根本上解决上述管理难题，最终还是要靠中国的二元哲学。二元组织不仅可以帮助企业拥抱两个极端，还可以打破许多所谓的"管理悖论"和

"管理原则"。比如，变革与稳定不能并存；低成本与高品质不能并存；长期投资与追求短期业绩表现不能并存；严谨的文化与变革、适应能力不能并存；固守核心能力与进入新领域不能并存；为股东创造财富与向人类行善不能并存；理想主义与务实主义不能并存，等等。

当衣物的耐磨度不能承受干粗活的需要时，利惠公司打造出了粗斜纹布牛仔裤品牌。当只有少数人对自己牙齿防止龋齿的能力满意的时候，宝洁公司树立起了著名的佳洁士牙膏品牌。同样，雀眼公司和绿巨人公司的蔬菜品牌、迅捷公司的肉类品牌和家乐氏公司的麦片品牌，这些耳熟能详的食品品牌也正是当加工的食品的质量表现参差不齐、缺乏一贯性，食物腐烂是家常便饭的时候，许多食品品牌应运而生。这些例子都是如雀眼公司和绿巨人公司的蔬菜品牌、迅捷公司的肉类品牌和家乐氏公司的麦片品牌等。上述例子中，所有的性能品牌都是在行业发展"不够好"的阶段建立起来的。

而要保持品牌持久的竞争力，创新则是最重要的利器。GE 将业务涉及很多领域，品牌定位比较困难。公司先在全球员工和目标客户群中做了调查。大家认为，"想象"比较符合公司品牌形象。于是，公司把"想象"作为品牌的核心内容，中文品牌口号确定为"梦想启动未来"。具体而言，GE 认为品牌代表可信、领先、可依靠、现代、全球、创新、活力、可亲 8 个方面。

"永不磨损"的"雷达"、高贵气派的"欧米茄"、优雅轻灵的"浪琴"和中性酷感的"CK"，不了解的人不会看出来，这些都是斯沃琪所拥有的品牌。在多个品牌间，属的集团拥有 18 个品牌，除大众的斯沃琪品牌外，还拥有宝玑（Breguet，有的款式标价高达 190 万欧元）等奢侈品牌，所以集团需要确保每个品牌传达不同的信息，避免干扰和竞争。比如，集团从未主动宣传这些品牌都源自同一企业，而是突出不同品牌的不同性格，如欧米茄代表着一种成功人士或名人尊贵豪华的选择，而雷达表是高科技的象征。于是就有了"永不磨损"的"雷达"、高贵气派的"欧米茄"、优雅轻灵的"浪琴"和中性酷感的"CK"。在店面的选择上，豪华手表一般选择在瑞士名表店里，而不会在斯沃琪品牌时尚店里让顾客看到它们的身影。

三、不断重复的小实验是创新的生命之血

脱胎自惠普的安捷伦科技公司是一家典型的技术公司。同时，安捷伦也很好地继承了老惠普创新精神的公司，并有着自己的一套创新方法，包括企业调研、研发立项和风险控制等。其 60％～70％产品的初期研发都是在实验

室进行的。

正如哈佛商学院教授斯蒂芬·托姆克所说："不断重复的小实验是创新的生命之血。"实验有助于企业管理技术、生产和市场等方面。企业总是雇用许多外人，试图从他们身上的经验中获益。可为什么不去做实验呢？很多时候，你只要花上其他办法所耗经费的一小部分就能解决问题。

在安捷伦，管理人员一般都是技术出身，包括首席执行官在内。其实，创新已经成了公司第一核心要求。公司每年都从销售额中拿出固定的百分比投入研究和开发工作。在一般企业看来，设立实验室没有从事直接产品创新来得快，因为实验室从事中长期项目的研发，短期难以见效。

但实际情况是设定前沿研究机构，是公司对创新的制度保证。依靠科技创新引领公司前进，才是企业不断进步的保证。通过技术突破为企业未来发展助力，这是每个实验室应该有的目标，从事的前沿科技研究，会最终对业务产生影响。

当然，实验意味着失败的概率会很大，不仅要自觉地在实验中学习，也从失败中学习，标志着大多数企业组织中巨大的文化转变。任何失败的项目都不是真正的失败。失败是暂时的。培养一种从成功和失败中吸取经验的自觉态度是一种挑战。托姆克说："失败是不可避免的。在获得成功结果的过程中，你不得不承受许多失败。设计的实验应使其产生的信息和洞见最大化。尤其在早期，想要防止失败，不延误事情这一点十分重要。实验所反映的快速重复方法让你能快速地从成功和失败中学到经验，并且把这些经验传递下去。"

任何应用科学的新想法都来自基础学科。当然，如何控制基础研究的比例，需要一定技巧。至少有两种方法可以实现基础研究：一方面在实验室保留较小比例的基础研究，另一方面与大学、科研机构保持联系。

公司业务部门的要求，管理团队对于重点研发领域的决策以及研发人员的想法都可以成为实验室创新的来源。安捷伦认为，人是创新的根本，单靠首席执行官实现不了创新，创新需要依靠全公司2.8万人的集体智慧。实验室的科学家可以和公司销售部门、市场部门到其他企业调研，以观察市场、确定创新目标。

在选择研发项目中，评估阶段往往是最困难的。从下到上逐层审核多次，运用多种方法去研究，在实验室内部达成共识后，科研人员还要就项目咨询公司其他部门意见，还可以向各个领域的学科组，包括行业协会、大学咨询。

访问企业、出席会议、出任兼职，这些工作好像跟人们心目中科学家的形象不符合，而安捷伦实验室的研究人员早已走出科研的围城，把触角伸入方方面面。科学家一方面领导行业协会，同时引领着公司业务，在业界提倡安捷伦的标准，吸引了众多重量级的会员，公司也因此获得了行业声誉。于是，实验室的研究成果转化成了公司业务，进而成为行业标准。

不仅在技术创新方面可以用实验来完成，在管理创新方面，也可以以实验为依托。在企业中，管理者每天都在设法实施新的构想，而仅仅直觉或者所谓的经验是不够的。现在，利用随处可得的新软件，再加上一些相关的能力培训，管理者可以通过科学有效的实验为重大决策提供有力依据。

公司要想让实验成为可靠有效的决策要素，建立标准实验流程是培养企业实验学习能力的第一步，公司要想让实验成为可靠有效的决策要素，就得进行基础设施建设，为实验提供必要的条件；开展能力培训项目，确定积累和分享学习收获的方法，并建立流程决定何时需要重复实验。此外，公司还可以建立一个核心小组，为上述各项工作提供专家支持。

更重要的是，企业需要培育一种重视实验的企业文化。实验不仅需要资金，还需要时间。在了解实验意义的人没有开展实验之前，不应做出重大的策略转变，这是管理高层必须习惯甚至积极倡导的观念。例如，亚马逊网站的杰夫·贝索斯曾解雇了一帮网站设计师，原因是他们未经过实验就对网站进行了改版。

实验方法未必适用于每一项商业举措，但它对大多数的策略问题都有效。实验不应只是实验室的职责，还应列入董事会的议程。现在，技术和分析已不是主要问题，更重要的是要让管理人员了解和熟悉实验理念和流程。

四、风险是创新的代价吗

众所周知，公司的成长——真正的成长，不是通过收购获得的表面上的营收增长——依靠的是创新。大多数公司对创新顶礼膜拜，将其视为公司未来利润的源泉。同时，人们通常总会将创新与研发上大把地花钱并承担失败的风险联系在一起。

换句话说，如果失败不需要付出太过高昂的代价，那就算不得什么。由于失败花费了金钱和时间，高失败率可能会导致公司听到创新就心有余悸。当然，要解决这个问题，一个办法是提高创新的成功率。毫无疑问，这是一个崇高的愿望。但是幸运的是，我们有很多经验可以借鉴。

而且，这也并不可怕，正像哈佛管理学院教授克利斯坦森在新书《创新者的解答》中讲到，创新并不像许多企业人士想的那样，是一场风险难以预测的赌博。在书中，克利斯坦森教授还提出了一整套方法，可以掌握创新成果，尽可能避免或减少创新对企业带来的冲击。包括管理架构、公司财务、市场区隔、业务外包、策略的改革等。

不少人会担心创新失败会对公司产生负面影响，他们可能暂时无法看到创新的潜在收益，因而会竭力抵制创新。因此对于管理创新人员来说，一个关键阶段就是争取获得内部和外部的支持。这样不仅可以使创新理念的执行更容易，群策群力也可以很好的规避风险。

拥有一位相信变革是生存之道的首席执行官或总经理是公司创新的起点。公司最高管理层要亲自推动新理念，可以采用如下方法：设立具有挑战性的、可以衡量的目标；让每个人专注于打败一个具体的竞争对手；支持敢于冒险的员工，把有创造力的员工与执行人员结合起来，把点子尽早尽快送达最高管理层的独立系统。

寻求外部认可则可以考虑下面四种来源：商学院的学者，他们专注于研究或教学，会对各类管理创新密切关注，并会对时间问题进行整理总结，可以说他们有着专业的、权威的发言权；咨询公司，他们通常对这些创新进行总结和存档，以便用于其他的情况和组织，他们也有着不错的经研；媒体机构，他们热衷于向更多的人宣传创新的成功故事，与消费者的联系广泛，经常会有更好的贴近生活的建议；最后是行业协会。

下面的步骤显然是让创新化为实际的生产力，让理念实践者甩开膀子干的最佳方法，是在给他们自由的同时给他们一个框架，让他们在不违背公司价值取向的条件下发挥主观能动性。如果经理人想要员工有最好的表现，就必须实践宽恕错误的政策。同时提供员工应该承担的常规的、醒目的风险类型。

乔治·齐默很好地奉行了这一原则。他是男性服饰公司的创始人和首席执行官。该公司现在控制着美国男性成衣市场15％的份额。齐默的许多最好的客户服务措施均来自他的员工。公司给员工绝对的自由，他说这样才能让员工自己来决定自己的行事方式，才能创造出一种能让员工自愿承担风险去尝试新的方法的企业文化。齐默甚至可以原谅一名偷了账台钱财的员工，他说，丢失了钱对于保存获胜的企业文化来说，只是一个小的代价而已。

管理中常常会面对这样的情况，决定一项业务是冒着风险的，最棘手的事项通常都会涉及作财政决定。车库科技创投公司首席执行官盖伊·川崎推荐说，在这种情况下，管理者可以划分阶段来执行。许多公司花费很多钱财去回答错误的问题。你首先要评估战略风险，因为这种风险常常会让你放弃一个构想。而划分阶段来执行，可以在付出最少的情况下，很好的检测你的决定。

公司不仅要在口头上标榜自己会接受合理的失败，更重要的是，要创造一种奖励低风险失败的文化。有的公司甚至建立了一个"失败案例"库，设立一个失败目标，作为每名员工年度考评的部分内容。

创新的风险还来自于外界环境的变化。如果一个合作伙伴没能兑现自己的承诺，就会造成延迟，延迟可达数星期、数月甚至数年。管理人一定要认识到，因延迟而蒙受损失的不仅仅是落后一方，所有的配套生产商都跟着一起遭殃。最聪明的不是第一个去拼图的人，而是补上拼图最后一块的人。

苹果电脑公司就熟知这一点。它的 iTunes 网络音乐店很晚才进入网络零售音乐市场，尽管网络音乐早在 20 世纪 90 年代中期就已出现。这是因为，网络音乐零售市场被滞后的配套因素给耽搁了，没有合理的数码版权管理方案，大唱片公司也不会为在线分销放行。由于缺少了这些关键的配套因素，也没有宽带上网的便利，大规模市场在过去未能形成。而苹果电脑公司在恰当的时间进入这一市场，赢得了最大的胜利。

你有一个新的点子吗？一旦它完全成熟，那么全力以赴吧。创新自始至终都是一个巨大的挑战，但执行起来的步骤还是有章可循的。创新是能打造市场领先地位和竞争优势的原动力，迎接挑战，接受风险，企业的收益会证明这些都是值得的。

五、"跳出盒子"——不拘一格思考，左右开弓创新

德勤领先创新中心联合主席约翰·哈格尔三世指出，美国公司在进行创新时，专注于本垒打——即大张旗鼓的发明，立竿见影地创造出数亿美元的收益，改变整个行业。换句话说，就是指苹果公司 iPod 那样的产品。

哈格尔认为，更快更小的突破也许最终也可以产生同样的效果，他说："我们总是低估频率高、渐进式创新的价值，但实际上，这种创新久而久之会变成突破。"

实质上，iPod 也并不是苹果公司一夜之间的重大突破，它来源于一个叫做 PortalPlayer 的公司。该公司花了数年时间开发一种数码音乐播放器的操作系统，然后才与苹果公司在 iPod 上进行合作。

是的，仅仅选择一种创新形式是不够的，要想获得成功，你的公司必须"左右开弓"，要能够管理不同的"创新流"：既着眼于外观设计变化这类渐进性创新，也不能忽视微处理器这种革命性创新，还有结构式创新、跳跃式创

新以及随身听（索尼）这种创造空缺市场的创新等。不仅让公司在短期内通过提高效率变得更具竞争力，也通过跳跃式创新等确保公司能获得长期成功。

研究表明，渐进性的创新文化常常会在制度上针对结构式和革命性创新文化会有一种敌意。企业内部产生短期成功的非常组织联盟，通常会导致一种结构惰性，这种惰性破坏了企业迅速改变和调整的能力。一些顶级专家甚至建议渐进性和非渐进性创新流应该在拆分后进入各个企业组织。

但是如果你能区别渐进性想法和非渐进性想法，并且开辟出独立的通道来形成和发展这些想法，那么，让同一个管理团队监控两种创新流，明显优于拆分出非渐进性创新流，并让其他的团队来监控它们。

视康公司就很好地做到了这点，在隐形眼镜、镜片护理和眼科用品市场，视康公司长期处于国际领先地位。它是如何长期立于不败之地的呢？视康公司作出回应，它不仅投资改善渐进性的产品和流程，捍卫公司在常规的软性镜片和镜片护理产品的市场地位，与此同时，它还利用这些改善所带来的利润为三个独立的团队提供资金，致力于具有替换公司现有产品和流程的潜能的跳跃式、革命性创新。

来自研发、诊断和管理、工程、生产、营销、财务等不同的部门的人员组成三个团队，分别开发"一种全新的连续生产流程以大幅度削减生产即弃型软性镜片的成本"，"一种全新的隐形眼镜，这种眼镜可以带上整天整夜都不用摘下来"，以及"和激光疗法相结合，能够治疗与年龄相关的黄斑变性间断性眼药产品"。尽管这些团队被赋予了很大的独立性，但单独的经理团、CEO 和手下的高级成员，监控着一切进展。

许多专家认为，进入创新阶段后，企业的缺点源于思考不够超常或没能完全"跳出盒子"不拘一格地思考。事实上，要做到这一点，就要认识到创新是多元性的，研发并不是创新的唯一来源。意外发现、人类对清洁能源的需要、可持续发展、市场、用户、设计、经济结构、管制变化……甚至失败的项目都可能产生创新机遇。

创新也远远不止是技术创新和产品创新，创新包含的知识产权和技术越来越多，单个技术创新不能保证整个创新成功。企业要想从某个技术创新中取得实在的商业利益，常常需要其他多种创新的配合。苹果电脑推出 iPod 产品时用了 7 种创新，其中包括音乐下载平台 iTunes 这一商业模式创新。

创新更不是某个部门或少数几个人的任务，而是遍布整个企业的思维方式。现代的创新甚至不能局限于一个企业的内部，而是呈现出网络化协作的特征，研发和设计部门、合作企业、用户、供应商、大学、政府，甚至竞争对手，都可能参与其中。

今天，创新的涵义大大扩展了。也许根本就没有必要严格地界定创新，那样反而限制了思维创新。企业也不要把创新看得高不可攀。其实，创新并非什么高深莫测的神话，而是人类最普遍的行为。有句话非常形象地描述了创新的真谛：创新无处不在，无人不能。

"一个了解这些因素的高级团队，"正如管理学家的总结，"是能够建立多元的稳固的创新金字塔，它应该是公开、透明和动态的。在这里，渐进式创新和突破式创新齐头并进。"

六、创新者的 DNA 有何不同

一位美国作家曾经说过，"很多人往往可以发明出革命性的产品，但是却不能使市场接受他们的发明。"对于一个企业来说，这才是创新的终极含义：为市场而生。菲洛·法恩斯沃斯在 1927 年就发明了电视，但直到十年后，才有戴维·萨尔诺夫，通过创建电视广播把黑白电视带给消费者。企业所需要的创新，不仅仅是创造一台机器，而是一种成功的商业模式，是一系列节节相扣的环节所组合成的成功之路。那么企业所要的创新者 DNA 到底有何不同呢？

欧洲工商管理学院教授赫尔·葛瑞格森等三位作者经过对将近 3000 名企业主管长达六年的创新力研究发现，总结出了联想、质疑、观察、试验和建立人脉的五大"探索技能"。

当然这并不代表着创新者要做到样样精通。观察能力出众的 Intuit 的斯科特·库克（ScottCook），人脉广博的 Salesforce.com 创办人马克·班尼夫（MarcBenioff），善于实验探索的贝佐斯，联想能力超强的乔布斯都是很好的例子。

乔布斯经常说："创造力就是把事情联系起来。"把看似无关的疑问、问题或来自不同领域的想法成功关联起来的联想能力，从而挖掘新的方向，创造新的价值，是创新者 DNA 的核心所在。

"重要且艰巨的工作，从来就不是寻找正确的答案，而是提出正确的问题。"50 多年前，彼得·德鲁克就指出了挑衅式质疑的威力。创新型企业家会花大量时间思考如何改变世界。在进行头脑风暴时，他们经常会问："如果我们这么干，会发生什么呢？"

不难发现，那些最具探索精神和创新力的企业高管们一定是"很细致的观察家"。他们可以通过对常见现象特别是潜在客户的行为的详加审视，提出不同寻常的商业创意。财捷公司创始人斯科特·库克通过帮助妻子解决家庭财政记录的问题，创造了有丰富网上功能、简单快捷的家庭和个人财务管理软件 Quicken。

同科学家一样，创新型企业家也需要通过制造样品和进行小规模试验，来积极尝试新的想法。亚马逊最初的想法只是通过互联网在无库存情况下销售书籍，但是长达 7～9 年的时间，不断的尝试、不断的试验，最终促成了拥有巨大藏书量的书库，贝佐斯建成了亚马逊独到的商业模式。贝佐斯认为试验对创新至关重要，他甚至在亚马逊公司把它作为一项制度规定下来。"我鼓励我们的员工去钻牛角尖，并且进行试验，"贝索斯说，"如果我们能使流程分散化，就可以进行大量的低成本试验，我们将会得到更多的创新。"

谈到建立人脉，我们可能只会想到工作、职业或是社交生活。在创造力方面，建立人脉有着新的定义。"创新者刻意接触那些与自己观点不同的人并与之交谈，从而扩大自己的知识范畴。"葛瑞格森说。

普通高管搭建人脉只是为了获取资源、推销自我或是所在公司，抑或是寻找晋升之路，而创新型企业家则是为了拓展自己的知识领域。这种人脉不分性别、年龄、行业、国籍甚至政治信仰。RIM 公司创始人迈克尔·拉扎里迪斯提到，黑莓手机最早的灵感就是来自 1987 年他参加过的一次会议。

科学研究表明，充满好奇、善于提问的精神每个人在 4 岁时都有，但慢慢长大上学工作后，这种可贵的精神却流失了。庆幸的是，这些技能并不是一去不复返，我们可以从提问开始，重新培养质疑精神。

创新和创意是企业成长的关键动能。创新思维对某些人来说是与生俱来的，但它也可以在实践中得到发展和强化。创新者必须坚持不懈地与别人想得不一样，做得不一样。企业也可以以此来判别具有创新力的员工，找出更为有效的方法，激发所有人的创造力火花。

记住葛瑞格森的话："每个人都有其独特的 DNA，而在创意方面，我们每个人都有自己独特的一套技能激发灵感，挖掘创新思想。"

七、微创新——Google＋潜能何在

科技漫画网站的一幅漫画上的对白很好地描述了 Google＋的微创新"你赶紧加入 Google＋吧。""那是什么呀？""不是 Facebook""它长什么样？""Facebook 那样呗"……"天哪，我觉着那正是我要的东西。"

只要你用过 Facebook、Twitter，那么你差不多就能想象 Google＋这款新品的样子。但在许多细小环节上，Google＋做了"微创新"。

Google＋的圈，对原有互联网对社交关系的表达进行了更精细化的处理，你可以把好友分到自己设定的各种圈里，分享信息时，可以指定分享给某个特定的圈；增加了一个叫做"火花"的板块，将排序和推荐算法用在排序是与个人兴趣相关的信息流；像这样的微创新，对原有社交网络构建的去粗取精，在 Google＋里还有很多。

创新虽小，但是集合起来，却拥有了巨大的能量。它确实给人们带来了方便，迎合了消费者的需求，得到了市场的认可。甚至对手 Facebook 的创始人扎克伯格也一头扎入，成了 Google＋中最热的明星。

乔布斯只是少数，管理者可以向他学习，培养自己的创新 DNA，也可以从另一个角度来看。只要企业不断地进行微创新，积累起来，持续下去，也同样可以获得成功。但凡是成功的企业，必须要坚持持续性的创新，才能永葆企业的生命力。

Google＋只是开发代号为"翡翠海"的项目的冰山一角，企业还在计划着持续的项目方案，随着不断的深入，我们必将会看到其全貌。微创新正是提供项目进展的源源动力。

UPS 也是凭借其先进的技术和持续不断地投资创新声名远播的百年公司。首席执行官斯科特·戴维斯说："摆脱经济周期的最好办法是寻求创新的解决方案。"这正是其他管理者可以学习的地方，坚持不懈地进行创新，即使时局艰难也不例外。

自行车信使、百货公司送货服务商、卡车运输业务员、国际服务和空运货物，UPS 紧跟时代的潮流，多次改头换面，由包裹运输公司最终转变为商业促进者——为客户提供多种解决方案，使客户的货物流、资金流、信息流实现同步协调运作。戴维斯认为，作为最强大的运输公司，不断变革才能占据最有利的竞争位置。

UPS 是全球燃油效率最高的运输公司，拥有全球最低的成本。但其数量巨大仍会受到高油价的影响。也许我们会想到数量巨大的研发人员在实验室里埋头钻研，试图解决能源效率的问题，但事实是我们也许通过小的改变也可以实现。以车队为例，管理线路可以很大程度上降低能耗。UPS 通过线路跟踪的技术，设计出耗油更低、英里数最短的路线。一位研究人员意外发现，如果路途中没有左拐路线，燃油效率会更高——因为左拐时司机必须在交通灯前等待。重新设计路线后，保证所有拐弯均为右拐，事实证明，这是很有效的。

不一定是惊天动地的革命，微创新的能量可以汇聚，企业内部应该创造这样一种氛围，让人人都参与进来，用微创新的力量搭建起通向企业成功的桥梁。

第三章

检测一个创新想法的实际效用

一、你能确定十拿九稳吗

企业家总是面向未来，在这个过程中，我们通常需要思考这样两个重要问题：投入这么多值得吗？在一个创意冒出来的时候，我们是不是应该继续下去呢？

有一个好办法：绘制产品优势的地图，把新的产品和服务同目前可以获得的产品和服务进行比较。克莱顿·克里斯滕森曾经研制出一种工作框架，其绘制的核心思想是："顾客购买产品，其实是'用'产品去做一件事情。如果可以让客户更加容易地完成他们过去一直都努力在做的事情，公司就成功了。"

我们可以把它细化为两个方向四个条件：从拥有高的购买动机来说，它必须比现有产品便宜（价廉）；它提供的特色功能必须比现有产品好（物美）。另一方面是清除购买障碍，它不能有任何转换或调适标准的成本（使用方便）；它必须随处可得（购买方便）。

显然，满足这四个条件，顾客就会购买产品或服务，因为这里只有益处而没有障碍。新产品越能满足四个条件，它就越有机会成为赢家。当然，如果满足这些条件有利可图，创新就能获得财务上的成功。事实上，很少有哪个新产品能同时在四个方向都超越旧产品。然而，有时候也有公司能够成功地创造出几乎能实现这一切的产品。

让我们看看成功的公司是怎么给我们做出典范的。2001 年，宝洁公司（P&G）推出的佳洁士电动牙刷 SpinBrush 得到了巨大胜利，在不到 24 个月的时间里为宝洁公司带来了超过两亿美元的年销售量。

让我们用四个方向的测量模式来看一下 SpinBrush 的魅力所在。首先，价格低廉：竞争对手的电动牙刷零售价每把超过 50 美元，而 SpinBrush 定价最高达 5 美元，这成为消费者的主要购买动机。其次，功能更多，使用方便：

顾客可以发现 SpinBrush 有更多的功能。比如，依靠一次性电池工作，比其他大多数的电动牙刷更加便于携带。

从清除购买障碍来看，宝洁公司强大的分销能力使得产品更加容易被顾客购买，而产品包装上"试用"的标记也做到了这点，购买者可以在商店测试电池，看看牙刷是如何转动的。直立式设计和倚靠电池工作使得它比同类产品更加便于使用。

满足了这些基本条件，只能说明该产品在市场上获得成功的可能性就非常大了。我们还有更多的事情需要做：像宝洁公司做的，进行市场研究来支持四个方向的测量模式所作出的预测；在中西部的折扣连锁店梅杰对 SpinBrush 进行试销，结果那里 SpinBrush 的销售量几乎是销量最好的普通牙刷的3 倍。

主意汇总之后管理者需要做的就是减法了，运用评估、提炼，从内部员工、客户、学者等处获取信息，关注每一个让人们困惑的或是喜欢的因素，然后在下一轮工作中改进产品。

这样的评估、提炼通常需要连续几轮。不经改进就完美的观念是不存在的。在改进过程中，从公司内部、目标客户以及与计划无关的学者那里获取信息。关注起作用的和不起作用的因素、让人们困惑的以及似乎喜欢的因素，接着在下一轮工作中逐渐改进产品。

摩立特集团旗下的德布林公司（Doblin）研究了数百家企业后，开发了一个新方法，来给创新构想"测试温度"。他们将创新类型划分为 10 个，包括商业模式、关系网络、辅助流程、核心流程、产品性能、产品体系、服务、渠道、客户体验和品牌。你的构想涉及的创新种类越多，就越能对抗竞争对手的产品或服务。

对一项创新提案的决策从来不是一件容易的事情，在一些行业领先企业，譬如在超微半导体公司 AMD、美国花旗集团、美国杜邦公司、德国乳品集团胡玛娜、瑞典玻璃纤维公司欧文斯康宁等，它们设立了专门的首席创新官。而在一些知名企业中，也会有其他职位的高层管理者专门负责创新工作。

虽然关于该职位应该行使怎样的职责还没有统一的定义，不同的行业有不同的情况。但是构思一种共同的语言，将它运用于整个企业中，是所有创新官的首要职责。此后，一旦面对关于企业核心业务的创新问题，面对那些看似矛盾的运营或是创新理念问题，这种共同语言能够帮助企业理清思路，抓住创新的根本，同时为未来发展奠定创新的基础。

二、如何下大注——创新的三种诊断法

该选择哪种创新构想？这种判断与选择通常都让企业决策者头痛。企业在做选择时通常都是靠猜想，在选择的时候应该考虑更多的问题：能否对抗来自竞争对手的市场压力？这个构想给客户带来的经济价值是否比其他构想更多？错误的选择常会让创新者回头再次寻找其他的机会。

如何避免这种浪费现象，最平常的做法是在选择之前做好调研与测试工作。

"我们的新服务测试结果好极了——在我们调查的消费者中，超过5％的人说会购买这项服务。我们推出了这项服务，可结果让人大失所望。"这只是我们要讨论的测试方法，或者说诊断方法的一种。我们称之为顾客诊断法。

这种诊断法的评估对象是顾客，而目的是找到市场中的突破口，很显然，实施这种方法需要寻找一些迹象。

调查的结果往往会出现以下几种结果：人们抱怨产品和服务太贵、太复杂；产品的特色不受重视；曾经创造过价值的创新的溢价收益减少。这些都是市场需要创新或者说迫使企业创新的源头。

当然，有的顾客会说："我当然会买下一代的产品，只是我不想再多付钱而已。"这是另一种顾客的需求的表现，这称为产品使用过度。但需要提醒的是，消费者是会撒谎的。如何设计并实施测试，对于最终的测试结果评估，都是十分重要的。

已有的客户群是一个很好的调查群体。如果你发现自己的客户群里有不满意的顾客，就应该考虑如何超越自我，因为这样下去对手可以对你发起突破型的进攻。

某公司团队采用的方法是制作产品原型并展示给消费者。展示结束后，他们问消费者，他们是否愿意象征性地支付一笔费用。这是一种很好的试探方式。

除了已有的客户群，相邻的市场是你寻找潜在消费者的下一个地方，竞争对手在那里也有不断抱怨顾客，他们可能为你发起突破型攻击创造一个缺口。

确定了调查对象之后，调查手段也很重要：走访顾客，分析利润率和定价，阅读行业杂志，应急的市场调查也能起到作用。

还有另一种客户，因为没有享受过产品或服务的消费者通常不得不雇用他人来为自己办事，或者不得不用凑合的办法将就一下。

记住，每个市场都有没有享受过产品或服务的消费者，这一点千真万确。

为了评定当前或潜在的任何一种创新是否能够用一种成功满足可突破型顾客群的需要的方式展开，文件夹诊断法的概念被提出来。文件夹诊断法能够识别出促成创新的机会，企业可以通过增强某种创新对可突破型顾客群的吸引力来完善这种创新。

这种创新的技术按照传统的测量法测量，性能相对较低，但它却从完全符合顾客的行为模式和轻重缓急的便捷、个性化和简单化中获得了新的利润。

对竞争对手进行评估，这种方法往往容易被人忽视，然而这一点的确能够找到机会充分利用对手的弱点和盲点。

正如克莱顿·M. 克里斯滕森和迈克尔·E. 雷纳指出，突破型创新入主那些先入市者被迫退出或者忽视的市场。因此，估计对手是否会作出应激反应以及是否有实力作出有效回击非常重要。那些推介突破型创新的企业也倾向于独一无二的能力去做对手无法做的事情。

对于对方能力的了解关键在于确定对手有哪些流程、缺少哪些流程。飞机制造商波音和空中客车必须协调复杂的供应网。强生公司必须让新的医药顺利获得认可，宝洁公司必须制订出有效的产品营销计划。

进入新市场的独特技术使得企业与对手相比时能处于经验曲线的上端，并能独享长期的优势。

在以上三种测试方法的基础上，还有其他更多的尝试，例如，在员工中测试创意、推出简化版产品、举办研讨会。更多的是根据具体的情况把多种方法放在一起进行综合测试，通过系统地实施这些诊断法，任何个人或团队都可以很快地确定在其领域哪些机会是最有希望的，是最值得额外关注的。

在对测试结果进行分析之后，能够较好地确定最具潜能的机会，预备商业个案也将浮出水面。作为额外的奖励，这种分析也将突显出能找到持久的创新的机会，这可是大部分企业的活力的源泉，因为这些机会能使得现有的企业在已经获得立足之地的市场上得到发展。

也许这些测试并不完美，但是，相比只是问消费者"你想买这个吗?"这些测试方法显然更有效。请记住，最重要的是根据当前市场的具体情况综合运用测试方法，为你的创新之路找到指南针。

三、怎样使想法变为产品成功

为什么我们没有更多的创新？关于这个问题，我确信最常见、最错误的答案之一就是：商界人士缺乏创造力，他们成了顺应成规的奴隶。但是，实际情况是，随便到哪家现代美国企业转转，仔细看看，随意、坦诚地与员工聊上几句，你都会发现一个非常有趣的现象：这些企业并不缺乏创造力，也不缺乏有创造力的人才。相比之下，我们更缺乏的是将构想变为现实的能力。

许多人满脑子都是奇思妙想，但他们却不了解组织应该如何运作才能把事情做成，尤其是把全新的事情做成。我们缺的是那些拥有渊博的知识、充沛的精力、过人的胆识和持久的耐心将创意付诸实施的人。

构想和创新并不能画等号，前者指的是产生创意；而后者指的是具体实施。当然，需要指出，并不是那些能"修成正果"的创新才称得上创新。虽然创新的宗旨是成功，但是事先就要百分之百的成功率只会使人们怯于尝试。

首先，这里（尤其在大型组织里）所需要的是一个专门的小组来对创意进行接纳、整理分析，并以必要的方式加以落实。在美孚石油公司市场营销部总监就建立了类似结构的组织机制；先灵公司也有类似的机构，它以培养和发展新构想以及新的决策方式为目的，称作"研发管理"。

有的建议则并不是完全以具体的组织形式为基础的，比如全国保险公司的总裁默里·林肯就提议，在公司设一个专门负责革新事务的副总裁。比较好的做法是小组先对每一个创意进行了认真评估，然后再将创意和必要的落实计划提交给相关的高层经理，这样，想法能变成成功产品的可能性会更大。

将创造力转化为创新活动，在广告业要比生产流程精密、分销渠道很长、而行政管理结构复杂的制造业容易得多。不同的企业必须找到适合自己的独特方式来解决本文所讨论的问题。不管怎样，我们都要认识到建立一个让创造力产生更多创新活动的系统是必需的，而且也是有价值的。

真正的失败往往出现在新项目的计划形成之前。简单地说，大多数公司在实施一项大型计划时常常犯同样的错误——在仅有一个好的产品概念之后，没有花费足够的时间深思熟虑，就急匆匆地把全部精力投入到实施上。使公司从只关注"行动"的文化转变为"三思而后行"的文化。

办公家具制造商世楷公司的CEO詹姆士·哈克特通过自己创新的成功和失败的经验，曾提出过一个包含四个步骤的方法。该四步法给世楷公司的开发团队提供了思维工具、知识资源，以及让他们把项目彻底想透所需要的时间。

至关重要的第一阶段"深思熟虑"，各团队成员先就公司的某个具体项目进行独立的思考。尽可能大量阅读相关的资料，可以帮助了解问题的核心所在。然后，团队成员必须确保就这一话题提出恰当的问题，并且与有关专家交流，以便验证自己的想法或得到支持。

在思考过程之后，团队需要确定一个"统一观点"。筛选最终方案时，平等的讨论是需要保证的前提条件。值得注意的是，形成某个观点的目的，并非要通过寻求一条中庸之道而达成一致意见，因为相互妥协并不能保证团队做出所追求的最佳决策。此外，观点一旦确定，就不得随意改变，除非有新的重要事实表明确有改变的必要。

下一阶段的任务是"制订新业务计划"。团队成员通过对新业务的使命进行阐明或者通过修改，让所有相关人员都明白这一使命对自己有何要求。然后，团队制订业务计划进度表。这里，我们可以将"演练"的环节纳入正式的工作流程，这样就可以确保每个人都有必要的时间和资源来进行彻底的演练。同时，演练还可以起到意想不到的作用，它为公司员工创造出的共同经历会在公司内部营造相互信任的氛围，从而加速完成项目的步伐。

在最后"实施"阶段，业务负责人要合理分配资源，让员工负起责任，并不断评估工作进程。让团队成员树立必胜信心，半途而废是最大的敌人。挑选一名发言人，让新业务的对外宣传保持一致，也是必不可少的。

对于急于征服世界的人来说，是需要巨大的耐心和信心的。我们最需要做的是在思考与行动之间取得平衡，从而有更充分的准备去面对未来。

四、"花生"的进化——你的产品
开发流程是否有助于创新

"创新不是想要就有、想用就拿的东西"，海氏集团副总裁梅尔·斯塔克说。调查显示，创新需要的是远景、基调、训练有素的经理、才华横溢的员工以及适宜的环境。即便这些条件都具备了，也还不够。正像保时捷的发动机必须配备高质的悬架那样，公司若想富于创新，也需要恰当的组织结构、流程和制度。

"花生"是 Danger 公司在 2000 年推出的电脑手机最初版本。它被设计为纳米 PDA——一种小巧、便宜的个人数字助理。它能够挂在钥匙链上，通过一个小小的端口就能连接到电脑上。"这与 Danger2002 年推出的 hiptop 电脑手机产品截然不同。"乔·布里特如是说。

从最初的有线型到后来的无线型，到最后的两种连接方式。"花生"不但可以把信息传输到电脑，而且也能从电脑上接收信息。这些灵感来自投资商，Danger 通过重复的流程反复完善，创造出来了我们今天看到的电脑手机产品。增加两种连接方式并不困难，但这有助于 Danger 的创始人预见产品能力进一步拓展的方向。

这种"花生"的进化方法，与最初由西安大略大学的罗伯特·库珀教授构思、并由库珀产品开发研究所阐释的流程很相似，可以称作"点步式产品开发流程"。随着项目在通过一个个阶段和关卡后得以推出，点步式让整个组织都能看到项目的进展；为高管提供了一种有组织地参与项目的方法；为高级经理作出指导提供了一套训练有素的方法。

同时，这种方法对于定位在具体、明确的市场的项目才最为有效。当市场不够成熟的时候，更多的新产品需要开发者与目标市场展开一场对话，通过提供产品，监测其接受情况，对其进行调整使之吸引更多的顾客。这是反复法的核心所在。然而，这样做对企业和产品开发团队的灵活性的要求更高，更耗时间，要求顾客能达到的教育水平至少与公司的预想持平，要求企业能听取市场的反馈并对其作出回应。

当产品市场是全新的，并且处在进化阶段，顾客虽然有所需求但还不清楚需要什么时，产品的现状会影响到顾客对产品的需要，此时，反复法对于提供一种市场上可行的、成功的解决办法非常有效。

当顾客直到有机会看到一种新产品并且试用一番之后，才意识到他们需要某种产品时，正是最好的时机。当他们看到自己的反馈意见被采纳、并体现在产品上时，这只会增加他们购买的欲望。

对特殊的消费群体进行考虑，有时会得到意想不到的结果。从对最初的活动椅原型的反馈到活动靠背技术，Steelcase 公司了解到使用者可能需要分体式的上下后背控制器。为了使控制器更加符合人的自然反应，他们请密歇根州盲人协会（MichiganCounciloftheBlind）参与了该产品的实验。协会的反馈表明椅座所有的控制器都应该是桨状的，而靠背的控制器应该是球形旋钮。在此之前，Steelcase 公司从未想到过这一点。

遗憾的是，绝大多数企业都不知道该在何时、以何种方式跨越界线，到外部寻求解决方案；甚至，他们也常常不知道自己要寻找的究竟是什么。阶段关卡式流程可以让你分阶段制定目标，快速地度过一个又一个关卡，并不用来鼓励外部研究。

流程是公司在一遍又一遍地解决同样的问题的过程中形成的。强生公司的医药设施需要获得认可。对于致力于成功的公司而言，必须开发出能反复解决这些问题的方法，这就是流程。

但是，流程一定要是适合企业的。一项用来创造复杂的高端产品的产品开发流程对于创造简单的低端产品并没什么好处。同样，一项涉及和经验丰富的顾客近距离打交道的分销流程，对大众市场的零售渠道也不会有利。

但是，我们要时刻保持警惕，因为由于盲目地接受行业习惯，许多企业的产品开发流程并没有促成众多新的产品，反而对其造成了阻碍。为了获得成功，企业需要让产品开发流程满足产品概念的需要，而不是背道而驰。

五、快乐的突破型结局

当我们为想到一个创意手舞足蹈的时候，我们不得不仔细地想一想，我们的目标达到了吗？这一定会是一个快乐的突破性结局吗？要想确定哪些创意真的具有突破性，哪些创意只是看上去具有突破性，首先要理解突破进行的过程。突破的关键在于非对称性，即一个企业所做的事情是其对手不愿意做或者没有能力去做的。

大多数公司在现有的商业模式下，难以保持效率。关注如何逐渐降低成本已经不能解决问题，寻找从根本上再造成本结构的方式才是出路，宜家在家居业、沃尔玛在零售业、西南航空在航空业以及戴尔在电脑配送方面的表现都表示他们的管理者明白了这个道理。

还记得早期的个人电脑吗？当时它不得不称作家里最难看的物件，当然这都是在苹果雇用年轻优秀的英国设计师乔纳森·艾夫以前的事。这个年轻设计师将创新融入 iMac 电脑，完全改变了消费者关于电脑外观的期望。我们可以重新定位，将电脑作为一件艺术品。同时，苹果通过连续的产品升级，不断地改变着人们的需求。还记得那些大多数人在音像店买 CD 的日子吗？那是在 iTunes 出现以前，iTunes 使我们仅仅用 99 美分，就可以合法地下载任何我们想要的流行音乐。

他们是怎么一步步做到的呢？首先，变革者进入现有企业模式的市场。如果管理者只是把目标锁定在业已成形的市场的低端，获取现有的服务触及不到的顾客（例如折扣零售商），或者与非消费行为展开竞争，创造新的市场（例如个人电脑），那么也许可以得到一些成就。现有企业往往容易忽视突破型的发展或者退出了入市者瞄准的市场。这种非对称性的动机就像一张盾牌一样在早期保护着变革者。

随着进一步改善其产品或服务，入市者逐渐开始侵入要求更高的市场层面。现有企业感到威胁时，他们常常要面临选择：是投入资金捍卫利润微薄的业务，还是投资生产更好的产品以向高端市场上要求更高的客户开出更高的价格。当他们放弃低端业务，寻找具有更高获利机会的高端市场时，变革者再一次获得了非对称性动机，因为，此时，在业已成形的市场上，即使是对性能要求最少的顾客看上去也非常具有吸引力。

当现有企业发火时，还击出现了。然而，常常为时已晚。躲在非对称性动机盾牌后面的新入市者已经获得了开发独特技术的时间，同时新入市者还和新的合作伙伴建立了关系，获得了对其突破型业务模式的支持。

另外，有几条指导原则，可以帮助企业快速突破创新前期的混沌状态。比如，为新的增长业务创建战术手册，从而辨别最佳机会；学习大量新知，改变企业的沟通方式；打造一种速度快、质量高的创新流程，大大降低先期投资。

公司必须根据自身具体情况确定战略战术，使之能反映所在市场的运行特点。一旦确定了准备进军的市场空间，企业就应该着手具体研究怎样服务于这一特定市场。有一个不错的办法是列问题清单。具体来说，可以分析该细分市场在历史上的10～15项重大创新，包括成功和失败的情形，尤其是那些起初认为必获成功、结果却惨遭失败的例子，以及那些起初并不看好、结果却意外赢得巨大成功的案例。把上述历史分析的结果与突破性创新的基本准则相结合，就得到了一份属于自己的清单。这份清单能让公司从消费者、竞争对手、营销渠道、监管方等多个角度考察任何创新机会，分析在何种市场环境下某个战略最有可能获得成功，并确定成功战略必须遵循哪些准则。

当公司遇到大有潜力的创新想法时，这份"战术手册"就要发挥作用了，严格按照问题清单上的问题进行审查，可以帮助企业保持清醒的头脑，并做出最合适的选择。需要注意的是，在创新的早期阶段，过早地逼迫创新团队做出详细的财务预测不是明智的选择，公司应该更多地考虑创新项目在多大程度上与成功模式相符。

并非所有突破开篇的故事都有快乐的结果。一家公司看上去已经开始走上通往突破型财富的道路，具体的环境决定了它会成功还是会在路上受到伏击。你要问问，对于任何一个资源充足的竞争对手来说，这项创新有没有可持续性。你要检查一下，受到威胁时，行业环境会不会使现有企业逃离而不是反击。

六、你看到突破继续开花的信号了吗

从来没有一劳永逸的新技术，要想突破能够持续开出成功的花朵，需要做的事情还很多。专家告诉我们：为了将来不会后悔，那么你一定要对创意进行持续的正确的测试。

公司需要了解在开发周期中的不同时期，进行测试的目的是应该不同的，得到的结果也有着不同的含义，公司往往应该判定出，在创新过程中的哪些时刻，产品创意可能会让顾客拥有精彩的经历。

以水晶百事为例。20世纪90年代早期所有的创意测验都表明，被提议的这种无色饮料将会大获成功。但当百事公司一往无前地把该产品推向市场时，却受到了巨大的打击。事后的分析表明，百事过早的依赖于早期的创意测试，而并没有以相似的热情继续测试。而水晶百事由于没有自己的独到之处，使顾客整体对这个产品的评价趋于平淡。百事公司错在没有理解早期测试的意义，跳过了决不应该跳过的研发过程转而致力于营销该产品，结果，浪费了不计其数的资金。

百事的例子告诉我们，不要迷信于早期的测试，由于产品类型的不同，大部分的时候，我们需要随着产品的进展，来不断进行测试。有一个不错的办法，就是在最初的几个阶段绘制一些产品创意草图用于文中，然后就这些概念与股东们进行探讨。专家告诉我们：画出草图可以让人们自己设计，自己在图上添补，这样更加具有互动性，并且提供了非常广泛的反馈意见。经验告诉我们，你越能建造新产品原型、展示原型，就越好。

你有了一项突破，但你充分调查过产品是否会适合现有的市场环境吗？在进入市场前，管理者需要不断地问自己："这里有没有可能较难改变的流行范式呢？"双柄游戏操控器这个创新产品遇到的情况可以充分说明做市场测试的重要意义。这种操控器的功能堪称完美，在市场上的表现却让 IDEO 和它的客户大跌眼镜。

专家分析的结果是，这个新产品的测试没有对它在目前市场情况下的受欢迎程度进行测试，而仅仅是测试了人们对实际产品功能的反馈如何。也就是说，操纵杆虽然是玩电脑游戏的流行范式，但是消费者没有尝试这种新设备的欲望。

低端的突破型创新以低廉的价格产生出可观的经济回报。例如，折扣航空公司、折扣零售商和指数基金都以较低的价格向服务过度的顾客提供"足够好的"性能，从而实现增长。按照传统的测量法来看，此类突破型创新的技术提供了"足够好的"性能，并且得到了商业模式的论证。

而那些没有享受产品或服务的消费者，需要的则是颠覆性力量更强的新市场突破型创新，从而能够更加容易地依靠自身完成重要的工作，两者因此联系在一起。这种创新的技术完全符合顾客的行为模式和轻重缓急的便捷、个性化和简单化。

如果单纯按照传统的测量法测量，得出的结果是其性能相对较低，但实际上它从中获得了新的利润。这种商业模式支持新的收益，常以低价、全新的流通过程为特色，而其流通过程通常更为简单。我们的测试应该识别出促成创新的机会，并且提供一种指导，通过增强某种创新对顾客群的吸引力来完善这种创新。从而企业可以选择一种商业模式，使这种商业模式与创新的特点和目标顾客群的要求最相配。

我们常常认为自己已经拥有了新市场的突破型创新。但是得出这个断言的过程中，有两个问题最容易被忽略。一方面，这个创新所产生的利润很可能只是与公司现有产品产生的利润相近，只是价格更低罢了。

另一方面，公司的计划是为要求最强烈的顾客提供创新，而很可能就目前购买的产品的性能，这些顾客仍然感到不满。

在这里，突破型创新与企业的配置互不相配，但这并不意味着创新应该被抹杀掉。解决这个问题并不难，我们研究的一家电子公司在遇到这个问题时，运用了顾客诊断法，在相邻的市场找到了享受产品或服务过度的顾客。

针对这些顾客，该公司把这个创新塑造为一种低端突破型创新，从而满足顾客价格更便宜但却"足够好"的性能要求。通过这一转变，该公司使创新、目标市场和企业组织的能力这三者更为相配。这也许就是我们需要在创新与市场间找到的一种平衡。

七、模仿有理

不创新即灭亡。在商业界，人们推崇创新如同膜拜神灵，对模仿却大加责难。而俄亥俄州立大学的教授石家安博士曾经有一个著名论断："创新并非繁荣和利润的保证，模仿才是。""世人眼里的许多创新者，其实不过是出色的模仿者。"

在商业界，创新的定义可以理解为"市场上最先出现的东西或开创性的举动"。但是，如果我们稍微深究一下，就会发现，这个"最先"或"开创性"变得非常让人怀疑。因为事实上，很多事情根本算不上新发明，早有别人在做了。

其实，人们眼中的"创新者"有许多其实是成功的"模仿者"，而且其中不少模仿者的表现远胜过创新者。IBM 公司就曾经被彼得·德鲁克称为"世间最出色的创造性模仿者"。纵观其历史，IBM 并没有什么发明，穿孔卡片、大型机、PC，都不是它的发明。但它在利用已有技术方面做得非常出色，善于提高现有技术的性能或者发掘了更多的功用。苹果公司也是同样，在很大程度上它是拿现有技术进行组装。

没有一家公司能在所有时间、所有方面都做到创新，它们必须在某种程度上模仿别人。这里的模仿首先是合法的模仿，更重要的是它是一种有意识、成体系、涉及公司各个层面的复杂活动，完全可以提升到战略的高度，并需要多种能力的支撑。

模仿者的成功有其内在的原因，比如能搭创新者的顺风车，可以避免下错赌注，有机会修正先期产品的缺陷，一上来就享受成本优势等，另外，模仿者可以在参考诸多模式的过程中得到启发。

可是，商场上的模仿者数不胜数，为何只有一部分能够出类拔萃？原因在于，失败的模仿者过于简单地理解模仿原型，热衷于学习最佳实践，就像小鸭子追随漂浮物一样，并希望通过简单复制达到同样的效果，不做因果分析，未能领会该模式的复杂之处及其运行所需的基础能力。

我们也可以把成功的模仿等同于一种"学习"。事实上。模仿和学习并不矛盾，模仿能够促进学习，而学习往往是从模仿开始的，也就是建立在模仿的基础之上。真正的学习需要做深入的因果分析，然后形成自己的见解。成功的模仿也需要做深入的因果分析，从中汲取自己想要的东西，然后发现创新的机会。

模仿完全符合迈克尔·波特对"战略"的定义："战略建立在一系列独特的行动之上……以实现一系列独特的价值为目的。"企业通过引进外来观念、做法和模式，并根据自身情况加以调整，在此过程中又融合创新和其他方面的模仿，从而形成一个特色鲜明的混合体——这样做不仅能为核心业务活动提供支持，还能为公司取得核心竞争优势打下基础。

要做到成功的模仿，有以下几点努力我们可以做。首先，一定要做合法的模仿。模仿不是仿冒，剽窃、伪造均不在我们讨论的范围，不能让人把你的品牌误认为是别人的品牌。合法地加以模仿的东西本身有很多，我们需要的是发现的眼光。我们需要建立鼓励模仿的文化，并有相应的激励机制，把模仿变成一件体面的事情，合法地、公开地、优雅地去做。

宝洁做到了，尽管他们不是用"年度模仿奖"来代替"年度创新奖"，不用"模仿"这个词描述那个过程。但是只要你从外面找来的东西给公司带来好处，就会得到奖励。沃尔玛的创始人山姆·沃顿对自己是建立在一系列模仿之上的这一点毫不讳言。

其次，要从自己的能力出发。正确的做法是利用好现有的能力，而不是另起炉灶。最明智的做法是去寻找那些不是谁都可以模仿的产品或模式。挤进一个有 500 个竞争对手的市场是不明智的。

要想做成熟的模仿，需要深入的分析，真正理解其中的原理和原因。看成功的例子的同时，也要关注失败的例子；关注同行的时候，也不能忽略了其他行业。不仅对示例本身，更要关注它们所处的环境，深刻的理解才能使你在环境变化的时候发现机会，率先采取行动。

事实上，模仿不仅关乎企业的生存和繁荣，对创新的高效实施也会有促进作用。通过模仿也可以实现创新可以实现的独特性。人类和其他物种一样，自古以来就依靠模仿战胜恶劣环境、制造生产工具、超越竞争对手及引领一时风骚的强者。在这个方面，商界与自然界并无多大区别。

第四章

让创新破"茧"而出

一、创造力不是"管"出来的

　　人们已经达成共识，无论是开办新企业，还是让优秀公司达到全球规模之后仍然保持卓越，创新都不可或缺的。虽然就创新而言没有所谓的"万灵丹"，罗兰贝格工商技术管理学讲座教授苏米特拉·杜塔表示，参与调查的九家跨国公司的 CEO 达成的共识是：某些特定的条件的确有利于创新，成功的概率也因此而提高。

　　在谷歌公司开展的一项内部创新分析中，对两类创意的开发进展进行了跟踪，一类是有人"管"的创意，即获得了公司领导人支持，另一类则是无人"管"的创新，即员工在没有上层支持的情况下自行完成的创意，结果是后者的成功率更高，这对我们颇具启发性。

　　创造力始终是企业的核心，这种能力在什么阶段都不可或缺。然而，也许是因为人们认为创造力虚无缥缈、难以捉摸、无法管理，也许是因为专注于创造力并不能像改善执行力那样取得立竿见影的成效，大多数企业高管都没有将创造力作为关注的焦点。

　　不过，创造力长期以来却一直是人类学和神经学等学术领域的热点，而且也引起了管理学者的兴趣。突然间，创新成为了驱动经济的主要力量。企业间的竞争演变成一场比赛，比的是谁的创意更多更好。为了将理论和实践联系起来，哈佛商学院最近举办了一场为期两天的学术研讨会，并邀请了IDEO、谷歌、诺华制药等依赖创新取得成功的企业领导人参加。在会上，一些顶尖学者介绍了他们最新和最重要的研究成果。

　　与会者认为，专家的意见一致表现为：领导人的第一要务，就是在合适的时间、让合适的人员以合适的程度参与创造性工作。充分给予员工足够的空间，而不是束缚他们的思想。这一管理工作始于领导人对员工角色的重新塑造。员工们不只是卷起袖子，执行自上而下的战略，他们必须发挥想象力，提出自己的创想。

正如财捷公司创始人斯科特·库克所说："传统上管理者会排出项目的优先顺序，然后将人员分配到不同项目。但现在，越来越多的创意来自员工，而不是管理者。"管理者必须需要做的只是创造一种创新并开放的文化，从各级员工那里发掘创意，鼓励和促进员工间合作，倾听各种观点。

谷歌公司开展的一项内部创新分析颇具启发性。公司对两类创意的开发进展进行了跟踪，一类是公司领导人支持的创意，另一类是员工在没有上层支持的情况下自行完成的创意，结果发现，后者的成功率更高。牛津大学进行了一项长期研究发现，领导人可以在新产品开发的概念阶段运用"协调图腾"。管理者还可以甚至到组织外部去寻找创造力的来源，提高多元化程度。多元化有利于促进员工之间的磨合，使他们有机会取长补短。

然而，把不同国籍的员工融合成一个整体可说是一项艰巨的任务，尤其是对原本只雇用同类型员工的公司而言更是如此。

但是，博世集团董事长弗朗茨·菲润巴赫却非常强调学会接受和包容文化改变的做法，他将文化多元化看成是公司的核心价值观念之一，他说人们必须学会接受和包容文化改变。考虑到博世未来的新兴市场业绩增长目标在于新兴市场，这无疑是明智的战略抉择。

诺基亚 CEO 康培凯对"离岸经营"这个术语不以为然。他说："所谓全球性企业就是在全球范围内经营，根本不存在'离岸'的概念。公司只不过是在不同的地点发展业务。"

新生力量能够带来创新灵感，正如跨国公司 Infosys 董事会主席和首席顾问那拉耶那·默西所说，"我们必须多鼓励青年人，因为他们充满创意……我们要创造适当的环境，让年轻人充满自信；他们精力旺盛、充满活力，总是怀着满腔热情为公司添砖加瓦。"像 Infosys 这样的跨国公司便积极聘用有作为的年轻人来开发新的软件。Infosys 设立长达 3 天的"创新日"，公司的最高管理层会向大家开放，让 30 岁以下的年轻人借此期间向公司的最高管理层提呈自己的想法和建议。

尽管如此，创新点子需要正确地执行才能取得成果。这些跨国公司的 CEO 们有一个重要共识，那就是设计妥善的执行程序，为创新之举排除障碍并创造有利的条件。

杜塔称，成功的企业往往善于打造所谓的"创新平台"。他说："这些执行程序不是官僚式的繁琐手续，而是创造创新氛围，鼓励企业内部人人参与。"

"黑莓"智能手机制造商 RIM 的联席 CEO 吉姆·巴尔西利说："我认为，

创新的执行过程比仅拥有适当的点子更为重要，其能见度、透明度以及各级员工的合作度都至关重要，这些对创新活动大有助益。"

即使高管已经采纳了上述所有关键的创新"驱动力"，还不能算是大功告成，他们还要不断地激励员工以保持创新思维。

因此，Genentech 用颇为可观的股票期权以及其他形式的报酬来奖励那些创新能力强的员工。而在 SAP 公司，个人的报酬则主要由团队的业绩来评定，而高级经理的报酬则根据他们的团队对公司整体业绩所作的贡献大小来定。

多位公司的 CEO 指出，消费者选用他们的产品和服务也是一种莫大的激励。公司在市场上取得成功，反过来也会有助于创新循环和提升创新力。

鉴于同样，创新的过程也可以激发更多的创新，因此成功的 CEO 会们也相信以知识共享的方法来吸引延揽更多的创新伙伴，将会带来更大裨益。

SAP 公司联席首席执行官孔翰宁说："我们知道获得知识的最佳方法就是知识共享。如果时时刻刻设法保护自己，那么这场游戏已经输了一半。重要的是通过开放与共享走在竞争者前面。"尽管 SAP 公司绝大多数时候可以做到门户大开的。

当然在与美国微软公司和国际商用机器公司（IBM）等几家共同开发软件的大型伙伴合作时设法保护自己也是必需的，但绝大多数时候它是门户大开的。Genentech 的发现和发明也总是被尽早公之于世，而对其知识产权的保护仅依赖于专利体制。

同样，Genentech 总是尽早将其发现和发明公之于世，仅依赖专利体制来保护其知识产权。这种开放政策使其得以与顶尖学术机构进行专业合作及联合研发，由此推动生物技术领域取得新的进展。

杜塔对此表示："一般来说，没有一家公司能够独自地完成创新活动。企业和同行的关系应该是既竞争又合作的关系。而且，很多情况下，创意点子来自与供应商、消费者以及市场营销伙伴的紧密合作。同时，开放性政策使得与顶尖学术机构进行专业合作及联合研发成为可能，从而推动创新取得新的进展。"

随着运营规模的扩大，企业更加依赖流程，这是一种典型的反应。也就是对"我们公司做事的方式"实行标准化和持续改进的方式，在促进企业效率的同时，也会带来扼杀创新的危险。不过，许多参加研讨会的成功的管理者都会避免由此带来的不赞成对创造力如此加以约束。

诺华生物医学研究院总裁费思民说："如果说有哪件东西毁掉的创新最多的话，那就是六西格玛了。"与会者认为，企业领导人应当筹划创造性工作的各个阶段，并确定每个阶段所需的不同流程、技能组合和技术支持。例如，以效率为重的管理"不能用于探索阶段就是很不合适的"。管理者还必须建立合理的过滤机制，能够在淘汰那些没有潜力的创意的同时，妥善处理好创新成果的转化过程。为从事创造性工作的员工扫清障碍还需要管理者的支持，甚至管理者还得扮演"牧羊人"的角色，保护他们免受外界的不良干扰，从事创造性工作的员工，不让他们置身于充满敌意的环境中，并为他们扫清障碍，打通前行之路。

在创造性工作中，激励员工发挥最大潜能尤为重要。如果员工无法全心思考问题，他们就不太可能拿出新颖的解决方案。与会者提供的研究表明，为员工提供智力挑战，给员工独立自主工作的权力，接受失败的必然性并从中学习，为员工营造良好的工作环境，这些对于提高员工的创造力大有裨益。从事创造性工作的员工更在乎管理层的态度，如公开对员工的工作予以真诚的认可，这种看似微不足道的小事要比现金奖励更管用。至于失败，组织的失败可以分为三种截然不同的类型：试验不成功、系统故障和过程偏差。企业必须对它们一一加以分析和处理，但第一种类型为创造性学习提供了最大空间，企业可以借此克服内部责难失败、反对试验等积习。

成功的企业往往善于打造所谓的"创新平台"。需要注意的是，其中执行程序千万不能只是官僚式的繁琐手续，而是要靠它创造一个创新氛围，让员工能够有宽松的环境来实现自己的想法。

二、创新项目要少而精

2011 年 11 月 11 日，iPhone4S 带着助手 Siri 在香港上市成功。Siri 开启了"人工智能时代"。我们不得不承认硅谷的研发项目向来是瞄准了"少而精"的发展方向。如果只是片面的追求"大而全"，那么是不可能成功的。然而我们却在追求"大而全"，忽视了扎实的基础建设。比如，一个很现实的问题是国内没有像样的数据答案库，搜索精准性将大打折扣。值得我们反思的一点是，创新项目贵精不贵多！

全球化企业若是希望依靠创新来实现增长，那么专注于少数几个突破性创意将是必然选择。成功的企业也恰恰是这么做的，它们对创新项目要求少而精，只会选择市场潜力最大的项目计划，然后统筹各方资源进行开发。

虽说很少有企业能持之以恒地通过创新来获得收入增长，但在此次经济衰退之前，持续创新的典范都获得了丰厚的回报。在《财富》世界 500 强企业中，约有 80 家企业在过去 10 年里取得了年均 5％以上的内生销售增长，而且这些企业——包括通用电气、宝马、雀巢、三星等的股东回报率几乎两倍于其他 500 强企业。

此类成功常常依赖于流程、产品和商业模式之间的"协同创新"。一种创新的进展会推动另一种创新的进程，继而激发第三种创新。通常说来，通过改进流程而节约的资源，就可用以助推产品和商业模式的创新。

内生增长领先企业不只是关注突破性创意，它们还把创新列为公司头等大事，注重跨职能、跨部门合作，并授权给那些锐意进取的员工。要同时做到这些无疑是一项艰巨的挑战。但是，成功实现这一切的企业即使在经济不景气的年月里也照样有能力赢利。每次经济衰退都会有赢家和输家，而这一轮的赢家恐怕还是这些内生增长领先企业。

在公司的研发项目组合中，既有小创新，又有大创新，而且前者往往占到了绝大多数。虽然小创新有助于对公司的持续改善。但并不能给公司带来竞争优势，对提高公司的赢利能力也没有多大帮助。

而那些高风险的大型创新项目虽然回报期可能很长，却能推动公司进入邻近市场，或带来全新的技术，为公司创造利润。即便如此，许多公司对高风险项目还是退避三舍，结果反而抑制公司增长，这并不是明智的选择，成功的企业会用科学的方法筛选出那些最可能成功的项目。

在筛选创新项目的过程中，我们需要避免出现两类错误：第一类错误是管理者抱着必胜的信念，对负面证据熟视无睹。如 RCA 公司的影碟机上市后一败涂地，便是由于尽管前期有众多信号显示项目前景不佳，但项目负责人仍执意推进的结果。

第二类错误是原本应该成功的项目过早终止，使企业失去了商业机会。这通常是由于缺乏足够多的成功证据，甚至是根本就没有找到正确的试验方式，因而未能揭示这个产品的真正潜力。

因此，在新产品开发的前期阶段，重点是评估新产品的未来前景，淘汰前景不佳的产品创意。这样做会促使人们用又快又省钱的方式发现新产品的商业前景真相。

惠普就曾经用研发支出除以毛利润来衡量每个新产品线。这个名为"研发生产率"的指标，使惠普更容易地选择那些利润最大化的创新项目。作为应用，惠普为利润较高的笔记本电脑加装了多点触摸屏。

要更好地平衡创新风险，公司可以依次采用两个工具，建立一个严格而系统的评估筛选流程。在企业进行创新项目筛选时，企业需要对几个基本问题进行思考。例如，潜在市场的特性以及产品生产的可行性；产品创新和公司在市场上的竞争力；项目的利润潜力以及产品创新是否符合公司战略。

这两个工具就是风险矩阵和 R－W－W（现实、胜出、值得）筛选表。尽管这两个工具及其包含的各个步骤有先后顺序，但在实际使用时并不需要按部就班。

要平衡创新组合，公司在需要清楚了解各个项目的风险水平时，我们可以运用风险矩阵。风险矩阵以设立独特的评分系统和风险量度为前提，风险矩阵用图解形式揭示出公司整个创新组合的风险分布情况，它借助独特的评分系统和风险量度，根据公司实施每个项目的难度大小，对项目的失败概率做出估计。公司对目标市场以及产品或技术越不熟悉，代表着风险就越大。风险矩阵提供了一个直观的平台，由公司实施每个项目的难度大小，对项目的失败率做出大略估计，使公司能够不断审视项目组合及其与公司战略和风险容忍度的契合性。

建立一个严格而系统的评估筛选流程，是大企业普遍的做法。

澎泉思蓝宝集团首席执行官拉里·扬曾经介绍过："我们有一个针对所有研发项目的评估系统，可以确保项目在从创意过渡到商用的过程中都能行得通。每个接触到产品的不同团队——从研发到供应链、从销售到市场营销——都对能否推出一款产品拥有话语权。"

R－W－W 筛选表是一个简单而强大的工具，它可以帮助公司评估每个项目的风险和回报潜力。方法是针对每个项目回答 6 个根本问题：

这个工具包含一系列问题，涉及创新概念或产品、潜在市场，以及公司的能力和竞争状况。

为简单起见，本文着重阐述在创新项目初期阶段运用 R－W－W 筛选表来检验产品概念的可行性。但在实际情况中，某个特定产品在研发过程中会反复接受筛选。通过反复评估，筛选者能够将日益详尽的产品、市场和财务分析综合起来，对筛选问题做出更为准确的回答。

"市场真的存在吗？"探讨顾客需求、购买意愿，以及潜在市场的规模。

"产品真的制造得出来吗？"观察创新产品研制的可行性。

"产品有竞争力吗？"和"我们公司有竞争力吗？"研究以公司的资源和管理阶层，在市场上推出产品进行竞争的胜任程度。

"产品能获利吗？"探究在可接受的风险范围内，产品的获利能力。探讨必要的财务分析，以评估创新的商业存活力。

最后，"在策略上有意义吗？"检讨产品是否符合公司的策略，以及管理阶层是否支持它。

公司在进行创新项目筛选时，需要回答三大方面的问题："创新项目现实吗?"这个问题探究了潜在市场的特性以及产品生产的可行性;"我们能胜出吗?"这个问题考问的是产品创新和公司是否有竞争力;"值得去做吗?"这个问题则分析了项目的利润潜力以及产品创新是否符合公司战略。在这三大问题的框架下,R—W—W 筛选表将引导研发小组进行深入分析,对更深层次的 6 个基本问题做出回答:市场可靠吗?产品可行吗?产品有竞争力吗?我们的公司有竞争力吗?在可接受的风险范围内,产品能带来利润吗?推出该产品符合公司战略吗?

要解答这些疑问,研发小组还要探究得更细。他们要确定对每个问题的回答是"绝对是""绝对不",还是"不确定"。如果对前 5 个基本问题中的任何一个回答"绝对不",一般就会终止项目。例如,当问及"产品能有竞争力吗?"如果研发小组一致给出完全否定的回答,而且想不出有什么办法能够使其变为肯定的回答(甚至是"也许"这样的回答),那么继续研发也就没有意义了。但是,当某个项目通过了筛选表中前 5 个问题的检验,显示出很大的商业投资价值时,即使第 6 个问题,即"推出该产品符合公司战略吗?"得到的是否定的回答,公司有时也会对项目网开一面。在新产品开发过程中,容易出现两类错误:第一类错误是管理者总是抱着必胜的信念,却无视负面证据。尽管有众多信号显示项目前景不佳,但项目负责人仍执意推进,结果产品上市后便一败涂地(如 RCA 公司的影碟机)。第二类错误是项目由于缺乏足够多的成功证据而被过早终止。究其原因,是没有找到正确的试验方式,因而未能揭示这个产品的真正潜力,导致公司失去了很好的商业机会。制药行业的一些畅销药,如百忧解,当初险些因为这类错误而胎死腹中。

要避免犯这两类错误,意味着公司要鼓励两种看似矛盾的倾向:一是愿意放弃,即尽早放弃不看好的产品;二是愿意坚持,直到产品的潜力被挖掘出来。这里的关键是要确定新产品究竟有没有潜力(即"概念验证"),这样才能决定是终止还是继续。

因此,新产品开发实际上可以分为两个阶段:一是探明真相的前期阶段,要求评估新产品的未来前景,淘汰前景不佳的产品创意;二是追求成功的后期阶段,致力于将前期确认为开发重点的产品价值最大化。许多大公司的新产品开发目标、激励方式、流程和工作程序,都是以追求产品成功上市为目的的,它们自然会采取关注后期的模式。但是,这样做会使得人们难以用又快又省钱的方式发现新产品的商业前景真相。

制药行业的礼来公司则意识到了开发前期探明真相的重要性,为此它设置了一个独立部门 Chorus,专注于新药开发的前期工作。Chorus 的任务就是对候选药物进行概念验证,通过小而专的临床试验判断新药的疗效,从众多候选药物中筛选出最有希望获得成功的，推荐进入成本高昂的后期开发阶段。

Chorus 部门的员工忠于试验，而不是产品。否定候选药物不仅是可接受的，而且常常是在意料之中的，是值得嘉奖的。快速而经济地降低不确定性，是 Chorus 工作流程的指导方针。为了避免资源使用率的大幅波动，Chorus 充分发挥了外部网络的作用。该网络包括 50 名外部专家和 75 家外部供应商，外部专家主要是对试验设计和给药方式（剂型）等提出建议，而供应商则提供大部分的制造、毒理研究和临床试验等服务。这样的安排大大减轻了 Chorus 部门 24 名成员的工作量，让他们得以全力关注试验产生的数据。外包除了能保持工作弹性外，还能引入客观的外部视角，因而有助于更好地探明真相。

在礼来公司，Chorus 部门的新药推选成功率要远远高于其他部门，它的推选速度几乎是传统流程的两倍，而成本只有后者的三分之一。事实上任何一家前期开发风险很大的公司，如化工、生物技术、医疗设备、高科技和半导体等行业的公司，都可以从创新评估 Chorus 模式中受益。不过，如果公司的新产品开发成本和失败率都比较低，那就不大合适采取这种模式，而是可以采用并行工程或快速构建原型等方法，以较低的风险迅速实现规模化。看来创建一个专注于探明真相的独立的部门，或者至少建立一整套科学的创新评估体系，是非常有必要的。

三、可持续发展为何是创新之源

当前的经济体系仅仅满足了全球约 1/4 人口的需要，却对地球造成了巨大压力，而在未来 10 年里，成为消费者和生产者的人口将是这一数字的两倍之多。能源价格、气候变化和物流势必会影响商业的发展。传统的商业模式即将崩溃，企业必须需要全力开发出创新性的解决方案。而想要实现这一目标，企业高管必须认识到一条简单的真理，那就是：可持续发展＝创新。当福特和通用汽车正进行着价格战，挣扎着看谁能在最低利润下幸存时，雷克萨斯却通过他的新车型 RX400h，得到了比历史上其他任何车型都多的预购订单。那些潜在的买主甚至愿意多支付 1 万美元以求更快地买到车。这款 SUV 的优势在于不仅能同任何其他豪华 SUV 一样舒适且功效强劲，更重要的是你能驾驶它从洛杉矶到纽约来回 9 次，而产生的尾气比在家里粉刷一个房间产生的气体还少。

企业的意识越来越强，它们认同了必须了解可持续创新所带来的商业潜在力量，并以此振兴创意，创造全新的商业机会。美国通用电气承诺实现"绿色创想"战略，并抛出了"绿色就是美元"的论断。有专家预测25年后的世界，数以百万计的建筑物、购物中心和科技园区都会进行能源收集和共享活动。这些无疑是对人们一个最初的告示：可持续发展已经进入商业主流，并且其创新战略势在必行。

经济趋势基金会总裁杰里米·里夫金曾预测，地球石油的短缺、生态环境的恶化，必然导致人类在未来几十年里遇到挑战，有效利用来自垃圾、太阳、风力、潮汐等方面的能量将成为人类的必然选择。这意味着，支持这些能量利用的存储和传输的技术同样也会快速兴起。

创新是这样一种富于策略性的选择。企业可以选择采用突破型策略，也可以用可持续性发展的方法，让现有企业更容易获利的方法对策略进行变形，降低变革现有企业的概率。

公司面临的可持续发展压力越来越大，而大多数公司首先采取的步骤通常是为了达到法律上的要求。不少企业只是会绞尽脑汁拖长时间，而只实行最低的环境标准。殊不知这些零敲碎打的被动方式看似可行，但当你将非预期的后果考虑在内，就会发现这样只能适得其反。例如，当法令颁布时，改用环保材料，将生产厂迁往更靠近终端市场的地方，用节能灯替换普通灯泡，等等。这类举措最终会导致财务、社会或环境成本上升，甚至阻碍供应链良好、持续地发展。

更聪明的选择是率先遵守最严格的规则，因为这将为企业在培育创新方面带来巨大的先发优势。例如，20世纪90年代初，惠普公司意识到，由于铅具有毒性，政府迟早会禁止使用铅焊料。在此后的10年里，公司开展了替代材料的实验。当欧盟于2006年开始限制使用有害物质时，惠普就可以立即开始遵守这一指令，而不影响到销售问题。

企业需要与监管规定保持同一步调，同时对环境问题更加积极的态度也会随之培养起来。积极去关注并采取降低煤炭、石油、天然气等不可再生资源，以及水、木材等可再生资源的消耗的行动。

不仅仅是处于供应链末端的公司，供应链的所有参与者都应该秉持一种全局观念来寻求可持续发展，并且实施更广泛的结构性变革。可持续发展是企业管理的一个核心运营问题，必须将其视为公司运营不可分割的组成部分。这样可以帮助公司识别并处理供应链中各种取舍问题或冲突。绘制内部供应链运营图，并评估可供选择的改进方法，都是可以采取的措施。从而确定哪些方面存在环境和社会责任问题或机遇，哪些方法可以更好地兼顾运营绩效与环境和社会绩效。

随着高管们意识的增强，可以发现环保型产品也是有相当大的消费群体的。率先对现有产品重新进行设计，或开发新产品，可以轻松的超越竞争对手。例如，宝洁公司通过进行生命周期评估，计算使用其产品所需的能耗量，发现美国家庭用电量的3%用于温水洗衣。于是，公司研发的冷水洗涤剂新产品很快获得了巨大成功。

企业、国家和地区之间合作也可以对可持续发展带来不错的效益。联邦快递就是一个现实的例子。在2008年联邦快递通过将金考快印连锁店与文件快递业务进行整合，创建了一种新的业务模式。从而使文件传递的过程大部分可以通过电子方式来完成，用卡车运送只是最后几英里的事情。这样联邦快递在实现环保的同时，大大节约了成本。

我们不得不承认可持续发展是组织创新和技术创新的源泉。当前的经济体系仅仅满足了全球约四分之一人口的需要，能源价格、气候变化和物流势必会影响商业的持续发展。企业需要全力开发出创新型的解决方案。而这一目标的实现，离不开可持续发展。

四、如何借力国家创新

全球创新的时代早已拉开帷幕。从美国到芬兰、从智利到中国，众多国家无一不把创新列为头等大计。国家力量会致力于规划创新战略的新途径。它们实施前瞻性的教育和人才培养政策，大力投资创新项目，以智力资本、基础设施等形式抢先获得新资产，这无疑为企业的创新和发展带来前所未有的机遇。

乔布斯选择美国，才能无拘无束地穿越各界屏障，靠的就是社会提供给的这个自由穿越的环境。美国以"创新"立国，有着世界上最令盗版者恐惧的知识产权制度，真正的创新者注定会获得丰厚的物质和精神奖赏。苹果若不成立在美国，恐怕也难以取得如此辉煌的成绩。我们不得不承认国家对个人和企业的作用。

不同国家的扶植创新的力度与手法有何不同？企业又该如何抓住全球创新带来的新机遇？企业该如何借力国家的政策来实现自己的创新？这是企业管理者需要思考的问题。

首先，各国政府从财政、税收等方面对企业以及投资者提供更多优惠，减免税收、降低收益税、鼓励个人、机构投资，对企业创新的支持力度不断加大。不少国家，例如新加坡、丹麦等国，将自己的创新投资集中在有限的几个行业或研究领域。企业可以博采众长，直接与不同国家开展协作，在人才集中、资源到位、富有活力的地区设立实验室或营销机构。

在 1946 年主导成立美国研究与发展公司，其主要业务是向那些创业企业即新成立并处于快速增长中的企业提供权益性融资。其历史上最重大的事件是 1957 年对数字设备公司的投资 7 万美元，14 年后该投资增值到 3.6 亿美元，增加了 5000 多倍。其实 IBM、网景、苹果、Dell 等公司的成立与发展，无一不是利用国家金融市场推动促使企业成长壮大的典型案例。

许多国家还建立了一整套创新体系，来支持本国的创新企业。这一体系通常不仅包含资助机构、研究机构，而且涵盖了管理机制以及产学合作结构。比如，芬兰就建立了一个高效运作的创新体系。作为芬兰研究和科技发展的主要政府资助机构，芬兰国家技术创新局即便在经济下行周期也维持对研发领域的投资，以确保芬兰在未来经济复苏中保持领先位置。除了提供资金，Tekes 的另一个重要工作是创造合作和建立人际网络，将设计、传媒、技术等不同领域的专家汇聚起来，进行跨学科协作，共同探索全新方法来解决一些普遍的问题。

诺基亚是芬兰 ICT 产业的最著名的成员了。但它并不是独角。芬兰 ICT 产业包含 3000 多家中小公司，仅诺基亚的一级供应商就涵盖了其中约 300 家，这就是著名的诺基亚网络。诺基亚的创新研发离不开这些小企业的支持。

随着全球化创新市场的出现，意味着企业有了更多选择，企业可以将不同国家的创新模式中最符合自身创新战略的因素进行整合，成为"体系整合者"。比如美国的生物制药公司在开发一种复方药时，利用了意大利的知识产权，药物临床试验则放到东欧，极大地提高了效率。如果不是因为采取了创新的运营模式，该公司仅有的 8 名员工是不能完成这项工作的。

每位全球化经理人拥有最起码的全球化相关知识：了解各种市场进行跨国整合的程度和变化；了解各国的差异影响跨国界互动，以及如何从行业层面去观察这些互动；认识到加强跨国界整合的好处，以及跨国界整合会产生的问题。

随着越来越多精明强干的创业者汇聚到一个地区，这个地方对其他志趣相投者就会越来越有吸引力。硅谷率先应用了这一定律，取得了巨大成功。随之，班加罗尔、赫尔辛基、多伦多等地理位置迥异的中心城市也成功采用了这种创新模式。

尽管少数国家已经开创了自己的创新模式，但总体而言，目前我们尚处在全球创新的早期阶段，全球创新的发展空间还很大。随着高效运作的创新中心不断建立，热点地区不断涌现，新的创新模式会不断出现，全球竞争格局也会随着这些模式的相互碰撞而不断演变。在清晰的战略意图的指导下，企业必须借力国家基础设施和人才培养战略，以发现和部署应对重大挑战的全新解决途径。

五、创新大挪移

对大多数企业来说，创新是作为一项专有活动在机构内部按照严格部署的步骤来进行。与此同时，来自供应商、独立发明人和大学实验室的新创意，也被消费品、时尚和科技行业的一些企业运用。现在，仅有这些已经不够了。

现在这样一个时代，虚拟网格、搜索引擎使得一切成为开放的。蝴蝶效应、马太效应，一切都是开放的味道。进行企业的经营也必须以更开放的心态来进行，必须考虑开放式的创新，寻求外部的多方位的支持。

IBM 做的一项全球 500 强企业 CEO 调查表明，企业将近 30％的创意来自外部，对于那些行业的成功者，这个数字甚至高达 35％。大多数企业的 CTO 认为，将开放式创新列为专门的长期战略是件值得做的事情。宝洁、通用电气等巨人已经是开放式创新的先行者、受益者，美孚、雀巢这类公司也已将开放创新放入了自己最新的公司战略之中。

成功的小公司也不例外。编制"火狐"浏览器的 Mozilla 公司，在 2009 年时其市场份额上升至 24％，这个名不见经传的小公司，敢与一年的全球营业额为几百亿美金，有几万个智商极高的员工的微软公司竞争，开放式创新模式起了重要作用。仅靠公司 300 个员工是不可能完成"火狐"的开发的，全球有 4 万多人为产品的试验和研发作出了各种程度的贡献，目前，全球有几亿人在使用这个产品。其中软件的爱好者和贡献者有几万人，他们参与、帮助、支持他们产品的研发与测试，创新向外部的延伸使 Mozilla 公司不仅获得了更广泛的支持，也大大节约了资本。

企业的高管们也越来越愿意采取措施来使这种创新趋势更加开放。根据企业的具体业务，确立好开放创新的目标是战略进程的第一步。最基本的目标是节约研发成本，寻求费用低的技术方案，侧重于现有产品的改进。比如说，一些电子行业的部件研发外包，家电/家具行业通过设计大赛来寻求创意。比如说雀巢，向印度东南亚地区寻求产品包装的环保工程设计更新。

更高的目标可以是建立公司开放战略的知名度，让外部资源主动为你提供各种创意。比如说宝洁，众多专利拥有者已经非常了解了宝洁开放创新的流程和文化，纷纷主动向其提供创意，邀请合作意向。

　　具体的实施有多种方案。将创新管理更多地委托给供应商网络和独立专家，通过互动共同设计产品和服务是一个可行的办法。此外，客户加入进来，通过顾客从实用化角度为创新提供新的思路。

　　不少企业通过设立网络的方式，把对此有兴趣的客户、软件工程师和组件供应商组织起来，利用网络的互动性，完成协作创新。IBM 则在全球安排了成千上万的营销人员、工程师、律师、昼夜不停的监测新技术创意的出现，处理专利、技术联盟、研发合作等事宜。在 3M，研发部门的员工给予了很大的权力来开展外部的交流合作。

　　当然，在碰到具体问题时，企业管理者需要采取不同的应对措施。假如你的企业正在寻求一项重要的能力，研发或收购可能会耗资巨大，且有一定的风险，那么成为原有内部项目的客户或供应商是解决这一问题的又一办法。与这些企业合作，共同出资开发并成立独立的公司，然后成为该公司的首位客户。

　　假如一些相近的互补项目占用了过多的精力、时间和资金，而无法对主要项目进行聚焦。那么把这些项目剥离出去，交给有能力开发的投资者，也是可行的。同时，如果保留部分股权，可以毫不费力的在项目成功时分享成果，而项目则由别人来投资推动。日后这些项目如果经营得很好，你甚至可以把它们买回来。

　　这些举措都能让企业聚焦于当前的核心业务，同时保存未来的增长机会。假如你的企业积极投入创新，不断与客户、合作伙伴、行业专家、同业协会等进行合作，寻求未来的商机，那么还要积极寻找潜在创新合作伙伴，壮大你的生态系统，为创新创造更多的可能机会。

六、让创新成为每个人的工作

　　即使企业成功搭建了适合自己的创新平台，新建的企业创新文化也必须得到各级员工的由衷拥护才会奏效。罗兰贝格工商技术管理学讲座教授苏米特拉·杜塔说："这些执行程序不是官僚式的繁琐手续，而是创造创新氛围，鼓励企业内部人人参与。"

　　高管采纳了关键的创新"驱动力"，只是创新过程的第一步。在创造性工作中，激励员工发挥最大潜能显得特别重要。这一管理工作开始于管理者对员工角色的重新定位。员工们不只是机械执行自上而下的战略，他们必须充分发挥大脑的想象力，提出自己的创意。

　　要对员工的创新行为给予奖励和激励，且二者都不能缺少。创新能力强的员工得到应有的奖励无疑将会推动整个企业的创新进程。Genentech 就是这么做的，奖励那些创新工作做得好的员工的通常做法是颇为可观的股票期权以及其他形式的报酬。而在 SAP 公司，团队的业绩决定了个人的报酬，而高级管理者的酬劳则由他们所管理的团队对公司业绩所作的贡献大小来左右。

　　物质方面的奖励似乎更直接一些。但也不能忽视了精神上的支持。管理者可以公开对员工的工作予以真诚的认可，这种看似微不足道的小事常常要比现金奖励更有效。

　　至于失败，创新是有风险的，敢于让员工去创新，就要敢于承担这种风险，敢于接受员工创新过程中出现的错误。

　　怎样让底层员工讲出自己的观点，让高层采纳并实施，是公司创新环节中很重要的一环。总经理跟员工薪水不一样，但不代表是不平等的，至少在形式和环境上应该营造一个平等的氛围，员工才敢把话讲出来。

　　经营者需要意识到，根据 20/80 原则，企业组织里面存在 80% 的长尾员工，而只有 20% 是很重要的员工。这意味着，80% 的员工的能力还没有被开发出来。是要把他们的能力发掘出来，还是让他们变成呆滞的库存？答案显而易见。

　　有不少公司都会设立类似"创新日"的活动，在每年的集中几天在员工中征集各种点子。例如极富创造力的墨西哥水泥制造商 Cemex 公司每年安排出 9 天时间作为"创新日"，每个"创新日"都是围绕着某项业务或某个职能部门展开讨论的。负责组织活动的公司副总裁在之前亲自给数百位员工发邀请函，让大家针对既定主题（例如开发新的客户解决方案，或是大幅降低成本）献计献策。与邀请函一并附上的还有一套创新小工具，参加者可用来拓展思路。

　　哈佛商学院副教授 AndrewMcAfee 提出的企业 2.0 和 1.0 最主要的差异就是参与式领导。企业 1.0 只是告诉你做什么，怎么做，可谓指导式的管理方式。实际上每个员工都会希望公司发展得好，对公司有所贡献。领导者唯一需要做的是营造一个氛围让员工贡献。最简单又可行的办法，就是营造一些机会或者场合，走入员工群体，跟他们一起工作。这对员工来讲就是最大的鼓励，这样的氛围也会引导公司的创新。

七、创新催化师

仅次于苹果，EMC位列《财富》全球最受赞赏公司计算机类亚军。如此高的创新速度需要归功于EMC的CEO乔图斯。正是他在短短一年里，他和团队迅速达成一致，力挽狂澜地进行一系列商业举措，开拓了公司新的产品组合，成功收购多家数据管理软件开发公司，助力EMC如今在云计算领域高歌猛进，"我们必须加速创新，尤其是本地创新的速度。"他对EMC的团队说。

加速创新意味着企业需要像乔图斯这样的创新催化师，让企业跑得更快。收购似乎已经成为EMC加速创新的制胜策略。"我们会选择行业中最优秀的公司，并且确保其战略、技术的未来与我们一致，快速收购并且努力让被收购公司原有的能力放大。"基辛格说。

3M则采取不同的方式。为3M公司出谋划策的管理权威拉姆·查兰评价道："乔治·巴克利用个人的时间、精力和关注来加速创新机器的运转，他扩大研究人员的授权，开阔他们的思维，并且敦促他们重振3M的荣耀。"

这位3M公司董事长兼CEO最喜欢谈论发明话题，他也直言不讳，"甚至在有史以来最糟糕的经济形势下，我们还是推出了1000余种新产品。"

严格地讲，3M的商业模式就是新产品创新。虽然3M的工厂仍在实施"六西格玛"管理，但是领导人已经意识到这种管理并不适用于实验室的工作。为创新制定时间表，是不太现实的想法，所以在3M的实验室我们看不到"六西格玛"的踪影。

巴克利一直都是最敢为实验室直言的人。3M的六大商业部门全都有自己的研究实验室，它们是以产品为核心的，而公司研究人员致力于研发可以为所有部门共享的核心技术。3M公司的研发员工总数为6500人，占到公司的员工总数的近9%，即使在经济衰退时期，研发开支仍保持在10亿美元以上。

如果没有像乔图斯、巴克利这样的创新领袖，那么建立一支设计思维教练团队——"创新催化师"团队，来落实支持创新实现的行动也是可行的方法。财捷在向"为快乐而设计"的设计驱动型公司转型中，就有这样一支队伍，为财捷管理人员落实整个组织的创新行动起到了决定作用。

这支队伍通过"痛点风暴""方案风暴""代码风暴"三个过程，首先找出客户最大的痛点。其次，团队成员先是想出尽可能多的产品和服务，然后一个个淘汰剔除，直到得出一个简短的列表，以便进行原型设计和测试。最后紧接着，在"方案风暴"后两周内，写出足够好但不必是无懈可击的代码，最终将产品交付给客户。在创新催化师团队的领导下，财捷用最短的时间把产品交到用户手中，保持了猛进的创新势头。

创新催化师还有一项重要的工作就是不断完善创新流程，将产品研发、客服和销售三者并举，增加客服的透明度，强化工程师与客户之间的互动。很多企业都有一些顾客中心，使得首席技术官和工程师与客户直接沟通，为其量身定做的解决方案成为可能。一系列创新流程大大缩短了公司的研发周期，同时完善了公司商业模式，为客户提供产品的完整解决方案。

八、如何当好首席创新官

成功企业的 CEO 无一不把创新视为其核心职责的一部分，他们不仅从技术角度重视产品创新，而且从更宽广的层面来审视公司的各种创新活动，同时也把自己定位为整个企业创新的"领头羊"。

创新是可以管理的。10 年前，"首席创新官"还是一个新名词，没有一家企业会专门设立这样一个职位。而现在，在行业领先企业中，我们可以找到很多"首席创新官"的位置。

"创新"在企业里从来不是一种新生事物，自从企业存在以来，"创新"就存在了。首席执行官的出现，无疑为创新工作确立了"领头羊"。随着企业意识的增强，管理者对创新的动力作用有了更好的理解，对于创新带来的市场威胁和机遇也有了更系统的认识。商业学者和企业管理者开展的市场调查工作为这些认识的提高发挥了重要作用。通过他们得出的关于创新的认识理论，并运用到工作实践中进行验证。使作为企业高层的首席创新官有条件了解如何进行创新管理，行使好自己的领导力。

虽然关于首席创新官的职责还没有统一的定义，同时各个行业和各个企业的情况不同也会有所差异。但是构思一种共同的值属于自己企业的创新原则，并将它贯穿于整个企业，是创新官们的首要任务。

戴尔公司首席创新官 JamesStikeleather 强调创新并不是一味地追求创新而创新，或者追求最新的技术而创新，创新到成功有两个条件非常重要，就是创新的文化加创新的流程。创新的企业文化才能允许大家来创新。在流程的支持下，创新才能最终实现。这个观念在戴尔公司有很好的诠释，建设一个开放的、性能出色的以及高性价比的 IT 系统，不见得必须完全使用自己发明的技术。

在创新原则的构想过程中，有一点是每个创新官都必须注意的，那就是首席创新官的任务是为了引领企业实现新业务创新，同时又必须确保企业能够持续生存和发展。这就需要认识到针对核心业务的创新和针对新业务利润创建平台的创新是有区别的。

同时，创新语言必须有实践价值，企业内部需要正确理解创新内容并达成共识，以使创新原则运用于实践时不会出现偏差。由企业高管、经理和相关的专家召开研讨会和战略商讨会进行审核，最终以文案的方式形成决议是必要的。最后需要首席创新官对负责培训企业管理人员的培训者进行监督，确保企业共有的创新语言、创新原则得以广泛传播并运用到实践中。

经常会碰到的一种困难是，创新的工作成果常常被人们以传统的方式进行衡量。但实际上创新思路是有其特殊性的，传统的衡量方式难以得到正确结论。无论如何，对于新业务的创新必须以一种截然不同的方式进行管理和衡量。针对这两种业务类型的创新必须有双重的管理系统，否则你就无法做好企业的创新工作。

在对创意的评估方面，通过一定的试验，测试验证可行之后，通常还会经过一个高层管理者的审核探讨过程，此时首席创新官必须和企业的首席知识官或职责相当的高层管理者进行紧密合作。

首席创新官应该注意以多种方式阐述创新义务，最有效的一些方法仅仅是拜访研发实验室、部门和研究中心，并对样品进行评论。定期拜访研发场所，与在研发领域工作的员工交谈，这是 CIO 的另一项重要职能。创新提倡者 3M 公司 CEO 巴克利说："我会花 5%～10%的时间用于创新，同工程师、科学家讨论流程、产品、科学上的突破和工作的优先级别。"

构建一种长期的创新流程，应该算得上是首席创新官的终极任务。创新学习过程可以转化为一种可重复的流程，通过创新结构培养、释放企业的创造力。新业务创新模式可以包含拟定创新预算方案、明确创新章程、制定明晰的创新管理措施和创新工作目标等多个方面。

领导他人就意味着置身于险境。首席创新官更是一项全新的挑战，但是通过努力，建立共有的创新原则和学习方法，营造一种有恰当规则同时高效率创新的环境还是可以实现的。这样在管理好企业内部各种各样的创新者的同时，会自然创造一种企业创新文化，现有的业务和新业务都能在这一文化下蓬勃发展。

第七篇　CEO 们营造改革氛围，造就改革人才

第一章

融会贯通各种领导风格

一、"改革者"和"发现者"

许多企业管理者常会提出这个问题："到底哪种领导风格最好呢?"这一问题的潜意识是希望找到和掌握最佳领导风格去应对复杂的管理实践，成为高明的领导者。实际情况远非这样简便，亦无统一看法或共同肯定的答案。

《改革——获得大家的支持》一书的作者摩根·D. 琼斯认为，成功解决问题的关键在于是否愿意从多方面考虑问题。如果长期执著于同一种思维定式或者沟通方式，就没有办法用一种豁达的心态将所有可能的选择考虑在内，那么，解决问题时就会因为考虑的不够周全而碰到麻烦。

正如赫尼希所说："'改革者'以特殊的方式看待这个世界。他们能从常人所处的困境中看到希望。即便是身在谷底，他们也能找到登上山顶的方法。"对于"改革者"来说，他们面临的挑战就是将诱人的梦想变为现实。

同样，"发现者"的工作也是在这一新的未知领域。赫尼希说："'发现者'的工作，就是了解一个未知的领域，这意味着将获得有助于解决问题的相关知识。'发现者'们总是能提出适当的问题，并及时得到相关领域的重要信息。"但是，他们同样要记住，并不是每个人都像他们那样具有探索的热情，更多的人不愿去冒险开辟一片新的天地而是待在自己所熟悉的领域。

前国际信用卡公司主席迪伊·霍克或许就是"改革者"的楷模。在 20 世纪 60 年代末，当所有的人只看到无数的阻碍挡在信用卡业务前面使其无法发展的时候，霍克却想到了一个新办法，那就是世界货币的共同经营。这位不善交际的改革者，正是用大家提出的许多意见充实自己的想法，从而得出了最后的办法，而这最后办法的结果就是无数起伏之后 Visa 卡的诞生。而现今，信用卡业务已经是原来的 100 倍，在全球拥有 5 亿客户。

所以说如果你是"改革者"，就应该像霍克那样，能够听进去他人的建议或意见，并且能够融合你自己的观点，得到一个最佳的方案运用于你要开拓的领域。做到这些，也许你就会拥有霍克那样的沟通能力。

而如果你是"发现者"，则需要将自己的工作热情同对员工福利的关注保持一定的平衡，也就是说，你需要花时间和精力去了解他们的长处和不足，同时也包括自己的优势和劣势。此外，你不能被你的热情冲昏了头脑而影响了你对全盘的掌控力，所以你要学会控制急躁的情绪，确保自己随时都能认真听取各方面专家的意见。

"沟通者"可以创造值得信任的人际关系，赫尼希说："'沟通者'懂得如何建立、培养并获得最基本的人际关系。有些人际关系是短暂的，只是同陌生人的简单交谈和熟人的寒暄。但从长期看来，解决问题需要建立较为深厚的、较为丰富的人际关系。"

"助攻手"可以促使情况发生转变，赫尼希指出："要解决问题，首先应该有明确的选择，知道应首先完成哪些工作。另外，对非常紧急的情况应立即采取措施，引导团队顺利通过解决问题的各个阶段。这就是助攻手的职责。"

"行动者"是领袖，他们拥有自如应对各种突发情况的能力，他们也知道如何去调动整个团队，但在推动事物发展方面，行动者沟通能力的欠缺和其他方面的不足就会逐渐显露出来。

"改革者"能预想到大多数人无法想象的未来，可是他们会忘记是否也应该让自己关注现在？"发现者"对于未来的好奇会让他带动整个团队前进，但他们往往会操之过急。"沟通者"具有缓解人们之间紧张关系的能力，不过这也会让他们过分着眼于人脉的整理而忘记了手头应该完成的工作。助攻手知道如何达到目标，而目标的诱惑会让他们一心向前没有办法吸收他人的建议。"创造者"在挑战中解决问题的能力是否会影响他对于未来的看法？"行动者"完成了某项任务，是否以牺牲自己和周围人的利益为代价？

领导风格其实既是一门科学又是一门艺术。领导风格的选择与学习、组合与运用更多地表现为一门艺术，它永远都不可能成为精确的科学。

二、哪些行为最能激发创造性思维

任何事物的出现都有一定的原因，而非神秘地出现或先验地存在。创造性思维活动也是由于一定的客观因素和主观因素、经验因素和非理性因素所引起、推动和维持的，创造性思维能力也不是先验地存在着的，飘浮于空中，让人无从把握，而是现实地存在于人类的生活之中，并以一定的形式表现出来。从源头和表现形式入手，有助于我们更深刻地理解从而更好地激发和运用创造性思维。

我们在研究中发现，大多数成功的领导者并不是通过自己的一个行为或者一个惊为天人的想法来点燃员工创造性思维的火花，相反，这需要一个过程，而这个过程就是那些微不足道的日常行为直接给员工带来深远的间接影响，这往往是领导者不注重、不关心的。

我们发现，领导者的言行会影响员工的认同感，这种认同感似乎会影响到他们在工作中的创造力，它还能够激发员工的潜能，从而调动他们更为深入、更为主动地投身于工作之中。因此，我们认为来自领导层的认同感对激发创造力有至关重要的作用。

目标管理是指以完成任务为最终目标，并且要明确角色与责任、计划和安排项目并监督工作的完成。而以人际关系为主导的管理行为是以社会情感因素为基础的，它包括关注员工的情感、表达友善并关心其福利。但是，无论多么侧重于目标，任何一种领导行为都会传递有关领导和员工之间关系的信息。同样，即使是那些极端的依赖于人际关系方式的管理行为，也会给员工对工作的投入情况带来影响。所以，高效的领导应该将这两者结合起来。

在这方面，我认为大部分管理方面的书籍对于领导方法失败方面的关注和探讨远远不够。我们在对员工工作日记的分析中发现，领导者的消极行为比积极行为更能影响员工的情绪，尤其是消极行为比积极行为更容易引起员工的关注。

我们以消极情绪为例。消极行为主要有三种方式，即监督、解决问题、明确责任分工，这些都会使员工产生抵触情绪，从而削弱领导者的领导力。这三种消极行为具体表现在过细地了解高层员工的工作细节，弄不清技术和人际关系方面的问题，不能充分地了解员工的能力范畴和责任心强弱就对其下达工作任务。如果可以杜绝这些消极行为，也许就会对员工的想法、情感、创造力等方面带来明显的改善。

下面我们再来说说哪些行为最能提升领导的认同感：

（1）有效监督（在不影响员工自主权的范围内获得工作进展信息）；

（2）磋商（表现出对员工的开放态度）；

（3）支持（帮助缓解压力，促进信息沟通）；

（4）认同（对员工的情绪能感同身受，特别是对他们的认同需求）。

本文中多次提到了"监督"这个词，其实"监督"是既积极又消极的一种行为。事实上员工并不希望领导对他们放任自流。相反，他们需要一种特别的监督。既不是过多的干预也不是不闻不问，而是能够有一个良好磋商的过程。对于员工来说，磋商非常重要，他们希望被赋予责任，同样他们也希望能够与领导常常接触，让领导倾听他们的想法，也让他们有机会询问有关的问题并且索取帮助。

三、玩的就是人才和人才合作的游戏

生活中的我们应该有这样的感受，那些伟大的领导者，那些达至顶峰只占 1% 的真正成功人士都有一个共识，就是如何留住优秀的人才，这是一个领导者最重要的任务。所谓成也领导力，败也领导力。这对我们组织里的领导者提出了很高的要求，不但要当伯乐，还要知道怎样当一个好伯乐。

密歇根大学商学院研究生院教授诺埃·M. 蒂奇是研究组织行为和人力资源管理的专家，他认为好的公司就是在所有部门都可以培养出优秀领导者的公司。他坚信只要公司的领导具有慧眼，一定会发现潜在的领导者。尽管新闻媒体常把有性格魅力、有胆识视为优秀领导必备的品质，但是一种沉着不张扬自我、能够向人们虚心求教学习、支持改革的领导方式，实际上能更好地解决公司在日常运作中遇到的种种问题。

蒂奇认为，在当今的知识经济中，玩的就是人才和人才合作的游戏，而作为领导，首先应该具备言传身教的教师型品质。不幸的是，多数公司却是向教授和顾问求教领导艺术，殊不知他们是最不适宜的人群。因为这样做的缺点是失去许多亲力亲为的机会。一位好的教师型领导从员工身上吸取到的东西应该同员工从他们身上获得的一样多，也就是说求教的过程实际上就是虚心向他人学习的过程。

"我所了解的大多数 CEO，他们到一些为中层管理人员开设的培训班是为了说教，而不是为了学习。"蒂奇说。但是通用电气前董事长杰克·韦尔奇却给我们做出了一个典型的"反面"榜样。在通用电气年度报告中，他在讲述他们是如何修改公司"在市场上成为第一或第二，否则就离开这个行业"这一目标时，他指出："1995 年春，中级管理培训课程汇报中很客观地指出，我们一直以来所珍视的管理理念已经到了一个不理性的阶段。我们对市场的限定不但使我们失去了机会，而且制约了我们的眼光。"那年 7 月，公司在三年计划审核时，要求公司领导改变他们对市场的定义。现在，即便是作为一个部门的领导也不能将目标定为成为业界的第一或第二，而是能够发掘公司涉猎的领域中相对投入比较少的行业，并且能够主动出击。

是谁作出了那被称为"当面一击"的年度报告？就是中层经理人。蒂奇认为，是他们打开了韦尔奇的眼界，使他看到了可能。正是韦尔奇愿意放弃那著名的一直盛行于该公司的"成为第一或第二"的目标，才使得通用电气在 20 世纪 90 年代末有两位数的收入增长。蒂奇从中总结出以下几点：

（1）韦尔奇有一颗可以随时虚心求教的心。

（2）韦尔奇能够花时间来分析求教得来的观点，并且愿意改变自己的想法，即使是自己一直非常坚信的东西，也可以根据别人的建议来做出改变。

（3）韦尔奇给予了中层经理们一种走近他、接纳他的勇气。

韦尔奇这种一边求教一边领导整个公司的管理体系改变了整个公司的发展方向，蒂奇说："它使通用电气更灵活、更团结。"

南加州马歇尔学院商业管理学教授沃伦·G. 本尼斯认为，"领导艺术在极大程度上是行动艺术"，其中最重要的就是"激发人的能力"。当把奥森·韦尔斯介绍给富兰克林·罗斯福总统时，罗斯福说："韦尔斯先生，您是美国最伟大的演员。"韦尔斯回答："不，总统先生，您才是。"但是行使领导职能并不需要具备国际知名度，日常领导者在一个默默无闻的团队中也会是举足轻重的角色，我们称他们为温和激进派。

温和激进派有多种多样，有的注重社会责任，例如强调公平交易、保护环境、性别平等或多样化，还有一大部分是促进产品更新的人，是改变压抑的工作环境从而进一步激发创造力的人，他们为公司的发展努力，使公司在竞争中保持领先。

德鲁克曾经说过："没有一位高级管理者会因为他的下属能干，有效率而吃苦头。"一个愿意听取逆耳忠言的领导者身边一定会围拢一些潜在的领导者，这是一种同性的相吸。不要因为企业的规章制度而导致成员畏首畏尾，优秀的领导者需要建议，同时优秀的领导者也知道当制度阻碍组织现实的时候，怎样能够实现目的，发挥组织成员的最大潜力。所以，一个领导者的成功可以定义为：最大限度地利用其下属的能力。

四、不是老板如何管理下属

艾伦·夏普提倡"横向式领导"，也就是"从一旁领导"，曾做过南加州领导艺术学院的执行董事的伦敦商学院组织行为学教授杰伊·A. 康格则称之为协商式管理。他在研究和咨询中发现，大多数成功的经理人"都避免对员工发号施令"，也就是说真正的领导艺术绝不是一种正式的权威。领导们只有认真听取大家的意见，并且能够花时间来分析这些意见从而采取行动，才能使大家信服，工作起来才能更有成效。领导者需要具备诸多良好的素质，有特定的工作态度和与众不同的工作习惯，而就是这些决定了领导不仅仅是个头衔。

你一定遇到过这种情形，会议在漫无止境地继续着，可以预见结果很不明朗，但正是这时候，一位与会者站出来说出了一个大家忽略了的事实还提出了新的观点，大家一定会感激这位同事，用大家没有想到的信息改变了结果。而一般情况下，能够提供新的信息的人都会很聪明或者会比其他人有更丰富的经验，而且通常他已经做足了功课，了解到了大家所不知道的东西。这样能够提供实用信息的人正是大家需要的人，也是企业求之不得的人才，这也就说明了为什么长期缺乏信息的人不会被大家认可为领导者。

对于向他人发号施令这件事，除非你真的是员工的顶头上司，否则很难和他们形成良好的合作关系，因为如果作为同事来讲，他们会抵触你的命令，他们并不喜欢别人对自己指手画脚，尤其是当这个发号施令的人并不是自己的上司而是平起平坐的同事。所以费希尔和夏普建议，可以通过询问的方式将你的一些想法传递给他们，提出你的建议，让他们了解你所期望的结果。这也可以归结为一种领导艺术，但领导艺术的内容远远比这多得多，即便是横向式的领导艺术也毫不例外。费希尔和夏普提出了以下 5 种实用的方法来帮助你成为横向式领导者。无论你置身何种工作、公司或会议中，这些方法都将对你非常适用。

1. 树立明确的目标

人们有了明确的目标才能付出自己最大程度的努力去实现愿望，也就是说，每个团队的首要任务是了解自己所期望得到的东西。

2. 有条理的思考

有条理的思考就是一种成功的领导方式，收集并摆出必要的数据，分析造成目前状况的原因，在分析的基础上提出解决方案，这些步骤对于解决问题都是最高效且不可或缺的方式。

3. 从经验中学习

对于工作最有效的方法是边干边学，这意味着团队日常工作的一部分是对目前工作做小结，从而有益于工作的改进，每个人脑海中工作的信息数据是鲜活的，由于团队可以利用总结进行工作中的调整，那么这些小的总结就总能够引起人们的注意，从而更加有效率的进行下一步。

4. 调动大家投入工作

能够一直以高效率工作的团队往往是那些每一个成员的积极性都被调动

起来的团队，而领导这些团队的领导一定具备的一项能力就是可以将要完成的工作与团队成员的兴趣巧妙结合。那么在这里提出一个建议，领导可以将要做的工作写下来，并同每个成员或小组的兴趣画线相连。假如没人愿意做某项工作，可集思广益想出一些方法使该工作变得有趣且具有挑战性。将团队中较为沉默的成员拉进工作中，这样每个人都会感到自己是整个工作的一部分。

5. 作出反馈

你如果不是老板，能对员工的表现作出何种反馈？有一点非常重要，那就是欣赏——"我觉得你干得真棒。"有时你也能像教练那样帮助大家改进工作。好的教练会问许多问题，并对于这些问题提出一些改进的建议，很仔细地解释观察到的现象及其背后的原因。

待在办公室里，无所事事、无所作为就能登上领导艺术之巅的日子已经一去不复返了。如今，身处任何地方都要起到领导的作用，这对你和公司都有好处。

人与人之间的距离往往在于不经意小事上精妙得体的处理过程之中。在一个组织里，一般情况下，惊天动地的事几乎不会发生，日复一日的事总在发生，当你能够把最简单的 ABC 做好，而且能够持久地丝丝入扣、步步到位，时间长了就会积累出属于自己的生存价值来。

五、横向领导方式：实权也能影响大家

企业要想在激烈的竞争中立于不败之地，获得持续健康的发展，打造卓越的领导力是关键。培育卓越的领导力，首先要求企业必须构筑一个强有力的核心团队并使它高效运转。其次，作为企业的领导人，应根据实际情况，因地制宜、有的放矢地运用各种领导方式。企业文化和领导力是同一问题的两个方面，要想打造卓越的领导力，企业还要必须塑造自己的价值观并始终以这一价值观来指导行动。

横向领导方式在经理人的基本技能中很重要，它包括一系列的能力，从工作关系网和联盟的建立，以及工作中的说服和协商等。尽管掌握这些技能需要花费大量的时间，还要付出很多耐心，但是确实非常值得的，因为这可能会使你得到你筹划很久的改变所需要的资源，甚至可以有机会实施你的改革，你会发现你实施过程中总有大门向关键的人物敞开，为你与他们的合作提供捷径。最重要的是，你会达到管理工作的最高境界：通过大家来完成工作，并促成对公司有价值的变革。

那么，如何才能掌握横向领导技能呢？康格建议应关注以下四种相互联系和相互影响的能力。

1. 建立工作关系网的能力

建立一个广泛的工作关系网，包括公司内外的员工，因为有了他们的支持才能实现目标。假如建立关系网不是你能够驾轻就熟的工作，你就应给自己提出这方面的要求，从而使你逐渐具备这种能力。康格强调说："有些人是打通关系的关键，他们有能力将你的关系网扩大，因而尤其需要同这类人建立联系。"

2. 建设性的说服和协商的能力

在康格看来，有太多的经理人错误地把说服和协商当做是管理员工的手段。其实，如果以互惠互利为基础的话，说服和协商会极大地增强你的影响力。要做到这一点，应该将员工当做同事而不是管理的"目标"。花些时间拜访那些你需要他们支持的人，了解他们对改革的看法，听取他们的意见。康格认为，太多的经理人急于确定实现目标所需的步骤，然后他们在公司上上下下试图将自己的解决方案强加于人，错误地以为这就是在征求大家的意见。这样做的后果将是抵触和争执充盈了整个过程。"如果你表明决心，提出希望达到的结果，邀请同事共同完成任务"康格说，"效果反而会更好。"

3. 建立联盟的能力

人类的天性使人们有一个观点，几个人一起提倡某个观点比单独一人这样做带来的影响要大得多。正因为如此，建立联盟在横向领导方式中尤为重要。为了建立有影响力的联盟，问问自己哪些人会因改革而受影响，你需要哪些人的支持，无论是从政治上支持还是以提供重要资源和人力的方式。

4. 营造恰当的气氛

考虑到横向领导方式的需求量越来越大以及它无可厚非的优点，可能会让人们认为公司内部会通过授课的方式来培养这一方面的人才会是一个好的方式。但康格却指出，正规的培训和指导带来的不一定只有好处。适时适地的创造一个机会让人们可以面对面的交流，并且营造一个恰当的气氛，让大家很自然地建立工作联系，这样做的效果一定会比将人"硬拉在一起"要好得多。

康格还指出，对于虚拟团队来说，人际感情尤为重要。如今，越来越多的团队成员几乎没有机会进行面对面的交流，仅仅依靠直觉评价他人，这直接导致团队成员之间无法建立信任，从而横向式领导也就成为不可能。正确选择核心团队成员仅是班子建设的基础，要保证这些核心成员能够心往一处想、力往一处使，真正形成一个高绩效的团队，建立信任关系是最为重要的。如果团队成员之间貌合神离、互相猜疑，怎么可能形成一个高效率的、富有凝聚力和战斗力的团队？因此，作为企业的管理者，应该在团队内部营造相互信任的氛围。

第二章
克服改革的阻力，逆境求生

一、如何逆转潮流，赢得支持者

　　吉姆·柯林斯在《从优秀到卓越》（哈珀出版社，2001 年）一书中提出，能够完成一次突破性改革的公司都会传承着一种严谨的思维方式。因为一旦你可以用诚实的心态来判断整件事的真相，以勤奋的态度顾全大局并付出努力，那么做出正确的决策一定是轻而易举的。哈默特健康基金会是一家有 300 多个病床和近 2000 名员工的医疗机构，其董事长兼 CEO 约翰·T. 马隆认为，对于改革者来说，最能够体现自己影响力的一点就是能够在改革刚刚开始发展的时候，就能以开放、诚实的态度来对待。

　　在 20 世纪 90 年代中期，哈默特健康基金会实施了一项改革，目的是在维持经济收益的前提下为患者提供世界顶级的医疗服务。"早期我们最重要的一项举措是大幅度的裁员，大约裁减了 125 人，而且他们中大多数是在公司工作时间较长，有一定奉献精神的雇员。"马隆说。在这样想要做到世界顶级的服务机构中，每一位员工的工作态度和工作热情将直接决定顾客的选择和满意度，所以这样大胆的大规模裁员可能会使处在萌芽阶段的改革毁于一旦。但是，哈默特的领导者以开诚布公的态度与员工以及团队沟通，并且对他们阐述裁员的目的，减少了因此带来的种种负面影响。从那时起，哈默特在许多的评选中被认可为全美百强医院之一，占据了当地 7% 的市场份额，在运作中一直保持盈余。

　　开诚布公的态度之所以最为奏效，是因为它不仅仅是以真实的数据为依据进行全面的分析，最重要的是它可以真正打动员工的情感，让他们成为改革真正的支持者。

　　顾问里克·莫勒认为，向一个新的目标努力时要获得员工的支持，"人际关系和思想观点一样重要"。

　　渣打银行的德诺姆认为，高级管理层"致命的自负"表现在仅仅依靠自上而下的管理技巧来推动改革。洛克希德公司的乔伊斯赞同道："在西方，我们的管理体系都是自上而下式的，这是很有必要的，也是很好的。但是为了做得更好，我们还需要一系列的技巧，自下而上地实施管理。"

"电子零售商 BestBuy 曾经进行过一次改革，其中的一个举措是组成了一个九人'改革小组'，它成为自下而上改革的主力。"伊丽莎白·吉布森曾这样谈道。吉布森是指导改革的专家，他和 RHR 国际咨询顾问们一起指导了 BestBuy 的改革。"在公司高级管理层之下，我们有四个层次的员工提醒高层哪些行为有碍改革的进程，"吉布森说，"值得赞扬的是，高级经理人倾听了他们的意见，并及时作出反应。"

自上而下和自下而上所推动的改革犹如拳击中连续的左右猛击，会为公司注入活力。咨询顾问马克·A. 墨菲称之为"将公司放在书档中"。墨菲是墨菲领导艺术学院的院长，他指导了哈默特改革计划，认为这里说的"下"是指顾客（"你存在的理由"）和一线员工（"你公司的外在形象"），假如你期望有所改变的话，"最好能够调动他们投入改革的运作中"。因为你得到了来自上面和下面的支持，"书档"会出现在中级管理层。他指出，这种情况会让人感到不舒服，但能起到积极的作用。"一旦中层经理人同顾客、员工和 CEO 联合起来，就会形成一种潮水般的力量，使改革计划走向成功。"

尽管如此，高级管理层也要为改革成功后造成的改变承担最后的责任。"多数改革会在中级管理层失败，但原因却是来自高级管理层自身，"曾帮助设计洛克希德·马丁公司 LM21 计划的顾问罗伯特·B. 布莱哈说道，"也许领导层告诉了我们它想要什么，但却没有提供达到目的的经济手段。也许领导层提供了所需的权能，但却没有改变衡量业绩的标准和奖励制度来促使人们的行为发生变化。高层管理者应该积极寻找适当的杠杆和机会，将抵触化作支持改革的巨大动力。"

二、别拿困难开玩笑——酝酿改革，避免毁灭

当今经济发展的节奏越来越快，企业每时每刻都处于不断变化的外部环境当中，竞争趋于激烈，消费者趋于理性，政策环境也可能处于变化当中。这些外部环境的发展变化导致企业内部发生相应的变化，可能是人员和团队的变化，也可能是公司战略方向的调整、组织结构的适应性调整，甚至是价值观念的变化等等。这些变化的目的都是为了适应外部环境的变化，跟上外部环境的变化甚至是走在外部环境变化的前面，以便更好地抓住机会或者规

避威胁，这就是企业的内部变革。

在《沉稳的领导》一书中，哈佛商学院商业伦理学教授小约瑟夫·L. 巴达拉科指出，做正确的事情其实是冒险投资者的一种投资策略。"慢慢地消耗政治资本，"他说，"在作了仔细分析后，再进行有限的投资。需小心处理这些投资，有必要的话，可以将投资抽回。"

"那些没有一定社会地位的人很难得到他人的重视。"巴达拉科继续写道。为了引起他人的重视，必须先具有一定的影响力或者提高自己在公司中的地位，而这些绝不是可以靠一些偶然的机会就可以达到目的的。日常领导者往往会为一项任务调配一个最适宜的团队以获得最高的自身利益，这要求他们必须时刻保持头脑清醒，并牢记自己带领整个团队的职责。

一位年老的布列塔尼祈祷者说："噢，上帝，海如此浩瀚，而我的船又那么小。"的确，公司毁掉你个人可以说是轻而易举的，这也就解释了为什么太过直接的做事方式会导致你走向毁灭。此外，巴达拉科说："有一句老话说得好，生活好比是战场，捷径往往是布雷区。"在这种情况下，清楚地了解自己力所能及的范围就是一种智慧。

巴达拉科的书中引用了一个真实的事例：丽贝卡·奥尔森刚刚接管医院后不久，董事会主席就告诉她有位雇员要控告医院手术部副主管理查德·米勒的性骚扰行为。理查德·米勒也曾是董事会内定的 CEO 候选人，而奥尔森则刚被任命此职。她没有立即解雇米勒或让查德·米勒辞职，因为这可能会起到煽风点火的作用，显然这不是她就任这个职位后所希望看到的。奥尔森在接下来的两个月中做了很多努力，最终迫使查德·米勒辞职。巴达拉科总结了帮助她避免公司内人际关系紧张的以下两条办法。

1. 她对于意料之外的事情有足够的思想准备。

2. 她信任大家，但有时也为重大的人事调整。"沉稳的领导很小心地表现出对他人的信任，"巴达拉科说，"而且并不轻易作出改变。"

彼得·格兰特在一家金融公司任职时，坚决主张雇用有色人种。"他可以将此想法变成公司关注的问题，"迈耶森写道，"但他坚信，如果做出任何明目张胆的举动来改变现行的招聘方针，或者挑战心照不宣的规则，会对同事造成威胁，引起大家的抵触。"因此，每当他雇用了可靠的有色人种员工时，会要求他们承诺也雇用有色人种并同其保持良好的工作关系。30 年后，现今处于公司要职的格兰特能够"更积极、更公开地提及雇员的多样化问题"。从小规模的成功开始，几十年来他一步一步地拥有了今天的 3500 名有色人种员工。

许多管理专家强调小的成功会在动机上起到一定的积极作用，但是，迈耶森则看重它在建立联盟方面所立下的功勋。"一直以来，格兰特在不被众人注意的情况下雇用有色人种，直至他取得了一系列的成功，然后他才有能力引起大家对这一问题的关注，"他说，"温和激进派们非常足智多谋，在工作中能够从小的成功出发，让更多的人、更多的话题得以关注。小的成功打开了对话的可能。通过分辨什么是可以改变的，什么是无法改变的，可以从中揭示问题，了解阻力在哪里，发现以前不知道的盟友和信息，最终形成集体智慧。"

三、领导艺术催化剂——成功企业如何
培养各个层次的领导

我们能够观察到不同企业中各个层次的领导者是各种各样的，他们的性格迥异，年龄也可能有很大差异，受过的教育以及生活环境、家庭背景都不尽相同，但是他们都清楚地明白，要借助他人的努力去完成计划的同时，最重要的就是要依据计划的性质去改变他人的精神状态甚至世界观。他们花时间去培养自己的接班人，一旦接班的时机到了，那么新的领导者就要立即独立地承担起领导责任。

不同公司的领导者在培养员工或是下一任领导的时候都会强调在实践中学习的重要性和必要性。他们还会要求员工的个人价值观要和公司的价值观保持一致。他们讲授如何创造和增加股东价值（对这一点，许多经理人甚至包括高级经理人都毫无头绪）。他们教经理人如何竞争。他们都强调在公司里要有积极的情绪，要创造充满活力的氛围，培养锐意进取的精神。这些也许是每一个公司的 CEO 所使用的教学大纲。

领导者都知道如何在艰难的境况下勇敢果断且情愿地做出决定，并且能够接受这个决定所带来的一切后果，这一点对领导者来说是至关重要的，他们必须能够认清现实，冷静地采取应对策略。

像联信的拉里·博西迪那样的领导全部时间都在教别人。其中只有小部分时间是花在教室里的。他提供实时的反馈和指导，包括战略、业务及人力资源方面的指导。博西迪给每位重要的经理都写信沟通，每人每年要写三封信，信中包括给每个人的反馈意见、评估、建议和指导。他会在对战略、业务及人力资源进行反思总结之后才寄出这些信件。

很多成功的大型公司可以在他们租用的宾馆完成正规而重要的培训计划。我认为，像通用电气那样的公司将 Crotonville 这样一座巨大建筑划归教育之

用，以此凸显其对人才培养的关注，这确实很说明问题。但是培养一个成功的领导者绝不是像划拨一块房产这样的简单，而是需要公司的上层真正的介入和重视。

一位经理学生要进行一项为期 90 天的、由 CEO 指导的在工作中学习的计划来发现新的并购目标，一定会出现焦虑和恐惧；在向公司阐述他的学习心得和结论的前一晚，他肯定会彻夜难眠，他也许在想，我的职业生涯恐怕明天就要结束了。但是，研究表明，适当的焦虑和恐惧作为一种无形的压力会转变为动力从而促进学习，只要这种焦虑和恐惧没有严重到使人瘫痪。

而且，无论何时，当年轻的经理人向有才能的 CEO 阐述他的研究、发现或意见时，CEO 们都会对他们作出一定程度的"评判"。CEO 是依据他所看到的东西来判断一个人的。

领导者会把自己职业生涯中一些特殊的经历当做是给自己带来转机的重要时刻，因为这些时候往往是他们遇到了重要的问题并从中领悟到了一些难得的经验。这种转折点就是我们所说的"可教时刻"，领导者就是从这些难得的经历中得到智慧、精华，并且转化为经验传授给大家。

公司内部常常会有一些历史或者说一些故事，这些所谓的故事对于公司来讲是有一定价值的。比如在宗教领域，故事往往是很重要的一个组成部分，它可以被传承下去，带着要给大家灌输的文化价值观一代代的传承。这种企业文化的传递方法对于企业来说也是很重要的。

还需要提出的一点是，无论是娓娓道来的故事还是生硬的企业策略，你都无法靠它们来拥有一个学习性的公司，除非它首先是一个教授性的企业。只有当 CEO 和企业的其他高层领导可以从可教的观点出发与大家分享这些珍贵的经验时，才会真正营造一种学习的氛围。

曾经有一段时间，多数企业都不重视领导力发展，培养领导人的方式要么是生搬硬套，要么是回归传统做法，要么就是太过理论化。很少适合企业的需求，也没有为领导人做好准备应对未来的挑战。今天的卓越组织领导人亲自主动培养领导人，就能持续赢得未来的竞争。

四、少年英才和老年精英——标新立异的 领导者如何吸引新的追随者

本尼斯和托马斯提到这样一个词汇——neoteny，这是一个动物学词汇，原意为幼期性熟，此处引申为标新立异，用来表示"所有与年轻人相关的优

秀品质：好奇、爱玩、迫切、无畏、热情、活力"。

现实中，neoteny 的标志是指一个孩童有一种能力去吸引某一个特定范围的人，并且变成他的追随者，这么解释的话就让这个词有了领导者和追随者相辅相成的概念，于是本尼斯认为它是"比魅力更实用的一个概念"。以标新立异作为特点的领导人往往能吸引一些同样标新立异的特别的人才，罗伯特·E. 凯利把这些人称之为"典型追随者"，这一概念恰好与保守者作为两个极端存在。

他在《追随者的力量》一书中指出，典型追随者在工作中常常会提出一些出人意料的建议，在平常的工作中也会表现出自己标新立异的特点，而这些都是对公司的运作有重要意义的，因为这说明他们一直在努力思考新的方法，能够更有效的使公司越来越好。相反，保守者只会对分配到自己手头的工作投入时间精力，而不会进行独立的思考，他们被众多的选择和不确定性所困扰，他们希望的是领导者直接给他们一个成熟自信的观点和一些鼓舞人心的意见。

因此，是什么使得标新立异的领导者赢得了有独立见解的改革者呢？就是那些使你成为典型追随者的技能。"做一名出色的观察者，"本尼斯借用索尔·贝洛的小说《拉韦斯丹》中对人物的描述说。经典著作《留心观察》的作者、哈佛大学心理学家埃伦·J. 兰格认为，培养这种能够发现潜在重要性、隐藏的机会和才能的能力需要"一个过程"。她解释说："人们通常会将思维的稳定同所观察到的情况的稳定相混淆。我们多数人直到有大的改革发生时才会醒悟进行改变。如果在情况发生改变时才进行调整的话，那么所看到的事情一定是静止不动的。假如你留心观察的话就会看到事情是在变化的。"所以，不能总以一个惯用的思维方式来对所有的事物进行判断，要积极的留意事物发展当下情形中的新情况来对自己判断的标准做出改变。

"这是情况的不确定性所决定的，"兰格继续说，"否则就不会引起人们的注意。"不确定因素将标新立异的领导和典型的追随者联合在一起。领导者关注改革，也就会让追随者的意见和建议与现实越能够接轨，因而他们会更加信服自己所跟随的领导者。而在追随者明白他们所作出的努力会得到领导者欢迎和鼓励时，领导者的技能也会得以完善。

优秀的领导者几乎都具备某些共同的特征和人格，比如诚信、睿智、敏锐的判断力等，与此同时，他们还具备某些特别的技巧与能力，比如有效的沟通与决策能力。有关领导力的很多研究都认为，上下级之间的关系是单向的，但事实并非如此。此外，追随者并不是千人一面，因此，对追随者不能采用一刀切的方法。与领导者一样，追随者也会在力所能及的范围内捍卫自我利益。虽然他们可能没有权力，至少不如自己的上级有权，但他们并不缺乏力量和影响。

在文化与技术进步的推动下，越来越多的追随者向自己的领导发起挑战，很多时候干脆绕过他们，自己行动。例如，致力于保护动物权利的参与型、活跃型和铁杆型追随者，自己就可以群发电子邮件，利用隐蔽式摄像机收集数据，并把那些骇人听闻的图片发布到各个网站。在他们的压力下，麦当劳和汉堡王等连锁店开始要求自己的肉禽蛋供应商遵守规定的准则，包括为下蛋的母鸡提供更多的水、活动空间和新鲜空气。2007 年，汉堡王更进一步，宣布今后只向那些不把动物关在板条箱或笼子里的供应商收购鸡蛋和猪肉。

这个例子和其他无数的例子都证明，学术界和企业界人士早就应该从更宽泛的角度来解读领导力，认识到领导者与追随者是密不可分的，无论离开哪一方，另一方都将难以为继。

第三章
有效的沟通关乎改革成效

一、跟丘吉尔学习如何沟通

我们常常会以为沟通这项工作直属于公共事务部门和营销部门领导者，但事实并不是这样。沟通这项工作是整个企业所有领导者工作的核心。领导的出现加上良好的沟通，不仅针对于化解危机困难，对于让客户和员工始终清楚地了解公司的目标也是一样的关键。

领导者在沟通过程中所传递出来的信息，往往是关系着公司重要利益的信息，他可以通过电子邮件、面对面交流或是公开演说的方式将这些信息传达给与公司利益紧密相关的职员、客户、普通消费者。

像 CEO 通过一些渠道让大家了解公司未来的方向，就属于沟通的范畴。沟通的根源就是公司的文化和价值观，它包括公司近期的目标、任务和某一时间段的变化，而沟通的目的就是让大家根据这些信息去付诸行动。这些信息会以一些特定的渠道直接传递给个人、团队或整个公司。这样做的目的显而易见，那就是建立或巩固领导和员工间的信任。

健康开放的沟通方式会让员工精神饱满，充满活力。他们能够拥有一个明确的目标并为之努力的原因，在某些程度上来说就是他们拥有一位善于沟通的领导。没有沟通，就会出现相反的状态：员工们会用自己长时间形成的定式思维去判断一切并且会显得小心翼翼唯唯诺诺，因为他们不知道接下来会发生什么，只能默默局限于手头的工作不敢有所突破。

其实，领导者并不是唯一需要掌握沟通技能的人，对于每一个普通员工来讲，沟通这项技能也非常重要。他们需要与自己的同事沟通，与上级领导沟通，还需要与自己带领的团队沟通。如果公司内只有领导的声音，那么整个公司将没有生气。注重沟通的团队、部门甚至整个公司，目标将会更明确，员工也会更团结。这是因为可以在沟通中彼此了解对方的意图。

媒介对于沟通来讲也是十分重要的一个因素，所以这也是领导者需要注意的。好的建议可用电子邮件传送给大家，但电子邮件不能取代面对面的沟通，尤其是对工作进展作评论时。大型会议对大家了解公司的目标和任务、激发员工的工作热情和传达改革的迫切要求是非常理想的一种手段。坦率地说，领导者应该开诚布公地告诉大家他们对于公司的期望。可将期望提前写出来，讲给大家听的时候拿着提纲就可以了，要尽可能多地同大家进行眼神的交流。

20 世纪最伟大的领导者和沟通专家之一温斯顿·丘吉尔，他的童年一直受着口吃的折磨。他的母亲总是劝他选择那些无需在公众面前说话的职业，但他没有听从母亲的劝告，毅然决然地选择了需要在公众面前说话的职业，而且做得很好。总结他同公众交流的方式，主要有以下几点：

1. 引起大家的注意

沟通是需要听众和说话的人互动的，如果听众没有倾听你所讲的，就很难同他们进行交流。所以必须从一开始牢牢抓住听众的注意力。

2. 经常重复

丘吉尔有一个被人津津乐道的习惯，那就是不厌其烦地反复讲述他的一些原则。没有什么比有技巧的重复更能让大家了解沟通的某一中心思想了。

运用生动的语言。丘吉尔非常明白语调、语速、语言和重点的变化在抓住听众注意力方面所起的重要作用。所以在每一场公开演讲时，他都会特别留意动词的使用，因为动词是最能让语言变生动的元素。

3. 强有力的结尾

在一场演讲中，人们记得最牢固的往往就是最后的那一句话，因此要特别留意结尾，要将精华留在最后。

4. 使用简单的手势

从丘吉尔的演讲录像中你会发现，他总是站得笔直，一只手要么放在西装上衣的翻领处，要么紧贴在腰部。另一只手偶尔会做垂直手势来强调某个观点。他的手臂决不会像"风车"那样在身体四周摇摆，因为那样做有损演讲者表现出力量和威严。

二、打造改革者的明星效应

作家和仪表专家托尼·亚历山德拉说："你看到过这样的人吗？当他或是她走进房间时，所有人都将羡慕的目光投向他或她。因为他或她通过自己的身体语言、情绪和智慧，向大家传递了一种积极的、无声的信号。"

几乎所有人都会羡慕拥有这种效应的人，就像一个明星，走到哪里都会有很多的人关注，幸运的是，这种无声而快速地带给大家积极印象的方法是能够掌握的。以下介绍的 7 种方法能够帮助你增强明星效应。

1. 生动的表情

假如你希望给别人留下的印象是十分乐观又积极的，首先你的外表不能看起来是消极或是中立的。你需要充满活力的对待身边的每一个人，无论是同事、领导或是陌生人，要每天都很投入地去工作，总是面带微笑，能够时不时地与别人进行眼神交流。

2. 走出自我

和别人交流的时候，应该认真地听取别人的观点，然后再清晰地阐述自己的意见，如果脑子里还在考虑其他的事情，心不在焉地面对他人，那一定不会留给大家一个好的印象。因为这样的行为首先表现出你不尊重对方，也会体现出你的封闭和不开放。在这种情况下，听听作家兼演说家萨姆·霍恩的建议。"试着将注意力放在别人身上，"她建议说，"请采用以下四种方法：饶有兴味地注视对方；身体微微前倾，似乎要抓住对方所讲的每一个词；扬起眉毛；同听众保持身体的一致，听众是坐着的时候就坐着，听众站着的话就跟着站着。按照这四点来做，你一定会对他人产生兴趣，而别人也同样会对你产生兴趣。"

3. 微笑

霍恩说："任何人都难以抵挡真诚的微笑。"她还补充道，"真诚尤其重要，勉强的、掩饰自己内心恐惧的微笑只会很生硬，这也就是为什么你应该把对自己的注意转向他人的原因。"

4. 运动和正确饮食

如果你有完善自我的愿望，那坚持运动是一个不错的选择。整日没精打采地坐到办公室的椅子上操纵电脑和没完没了的会议，人会逐渐变得耸肩塌背。所以，我们应该采用正确的身体坐姿，如身体笔直、挺胸抬头，可以通过一些锻炼肩部和背部肌肉的运动做到这一点。在上班工作之前，可以先做些简单的活动，这里给出最简单的一个方法是：将两个网球用胶带粘住，放在背部上方肩胛骨处，然后紧贴墙壁站立，重复挤压肩胛骨处，并且每天要做 5~10 分钟。按照这个方法坚持去做，慢慢的，你就会让自己身姿挺拔，并且显得十分自信。

5. 心中有目标

我们在社会交往和各种商业中不能迷失了生活的方向。这里我们讲一个小女孩的故事，小女孩对幼儿园的老师说她在画上帝。当老师说"没有人知道上帝长得什么样"时，小女孩回答道，"他们马上就会知道"。亚历山德拉断定，能吸引他人的人同这位小女孩一样，对梦想具有儿童般的虔诚，他们确信自己能够创造奇迹。一个没有梦想的人是没有归属的，他们的心总是在游荡，他们没有可以激发自己自信和热情的动力，因此他们容易显得心不在焉。

6. 认真倾听

在同他人进行交流之前，我们脑海里会浮现出这个问题："我该说什么呢？"当你有这一念头时，你们的沟通就会变得不再顺畅。你的担忧会明显地表现出来（见第二种方法），而且进一步会担心"听众们会说些什么呢？"

"当你表现得关注他人，而不只是关注自己时，你会觉得很放松，"霍恩说，"这是因为你没有了压力，我们周围的人此刻就是整个世界。"在交流之前做到这一点是极为重要的，他会成为让你富有的秘密武器，会使你马上赢得别人的好感，所有人都期望自己被重视，想向别人讲述自己认为值得一做的事情。换句话说，我们都希望被倾听。

7. 做真实的自己

有时，即使你在按照别人的安排做，但你并没有从心中接纳这一方案，别人就不可能很快对你产生好感。当然，这并不是说你必须抛开前文提到的几种方法，而是每次采取一种方法，循序渐进，慢慢掌握其中的奥秘。想要吸引他们，就要勇于做最真实的自己给大家看。在团队中你可以这样和他们交流："假如你们不喜欢我，希望你们所不喜欢的是真实的我，而不是别人所期望的虚假的我。"每天用自己最真实的一面去面对生活，你会觉得很舒服，也会让别人喜爱你。一个聪明的人懂得如何让大家舒服的。当我们试图向别人证明自己是多么有智慧、多么聪明时，会表现得不自然。相反，不想证明什么的表情才最吸引人。

在团队中做一个懂得聆听的人，做一个真实而舒服的自己，你就会慢慢成为人人都想要靠近的明星人才，你身上的快乐会影响每一个人。

三、改变领导方式，给问题加"框架"

单纯的对加框架这一概念来说，似乎是很简单的，但是真正就一个问题实施的话，多数人都没有能够做得很好。当你带领一个成员多样化的团队时，这就更是一个严峻的挑战了。每一个成员都倾向于了解自己能力所及范围内的那一部分工作，所以这就会让他们忽略掉一些细节，而往往这些细节对于整个计划来说是十分重要的。

打个比方来说，一个拥有多方面专业人才的团队就如何改善差强人意的顾客服务评估时，讨论的内容就会横跨产品开发，制定价格，甚至还涉及内部政治斗争。虽然换一种方式来看待这个问题会发现，对于每一个问题的讨论都会有一定的收获，但是回到正题都会意识到这些讨论对于初衷并没有什么帮助。

这时候就需要经理人来解决问题了，他需要对大家讨论的问题做一个限定，指出哪些是对解决眼前问题是有帮助的，而哪些是无关紧要的，要让团队的讨论始终在正轨上，同时还要保证自己能够听取各方面的意见，了解大家所关注的事情。这样，就会高效而简单地将问题解决了。

经理人最重要的作用之一是帮助员工越过障碍。即便是一个目标明确并且开始付诸行动的团队，还是会有可能遇到障碍。优秀的领导者是应该具备这种能够预见障碍的能力的，他们会给问题加框架从而帮助员工越过障碍。

经理人会首先提出一些问题，然后逐一的给这些问题加上框架，这样做可以让团队中的每一个人都对此有一个了解，并且能够明白自己工作的相关性。接下来，经理人就应该提供克服障碍的种种选择，要么直接推荐行动方案，要么提出问题让他们寻找行动方案。只有这样做，经理人才会确保每位员工对于正在讨论的问题有所了解。

一位优秀的领导人还需要具备的一个品质就是能够让大家团结一心。因为他们能俯瞰一群有不同天分和技能的人，被置于领导的位置就是让他们将大家团结在一起。"你的计划似乎上了轨道。应该考虑同市场营销人员讨论这个计划，以便确保采取一致的行动。我知道他们在尽最大的努力确保计划成功，但最好还是同他们商量一下。就再讨论一次吧，以确保双方都知道要做些什么。"

成功地限定问题可帮助领导者为特定的场景找到合适的领导方式。优秀的领导应该清楚地知道自己在什么时候该成为一个什么角色，而且还要根据这个角色来决定自己与团队的沟通方式。

想想下面的情形：团队因新产品在市场上的表现不佳而感到沮丧，希望停止这项计划。

这时候的经理人应该有多种办法来帮助这个团队。他可以将重心放在鼓舞士气这一方面，让团队重获能够坚持下去的信心。也可以带领大家一起讨论，让大家明白这个产品对达到公司的目标至关重要，帮助大家树立长远目标。或者还可以充当一个教练的角色，与团队一起找到改进产品的方案。

加框架是沟通的关键。做演讲时，人们关注的是：同听众有眼神交流吗？说话的声音是否太低或讲话是否结结巴巴？这些固然重要，但是无法为成功沟通带来重要的帮助。即使是口才很好的演讲家，假如所讲的不是听众所需要的，也不能达到他的目的。

成功的经理人在演讲之前头脑中总是有个具体的目标，有时可能是要鼓动或说服大家，有时是传播知识以达成共识。无论如何，目标必须明确，这样才能重新限定沟通方式以达到最终目的。

有个好方法就是在沟通之前，问问自己以下几个问题：

1. 我的目的是什么？

2. 我希望听众在听完我的话之后，他们要考虑什么、感觉到什么或是做什么？

3. 我的演讲中是否融合了我所了解到的听众的观点？

成功地限定问题可通过训练和学习来巩固完善，但真正严峻的考验总是在面对突如其来的情况时。始终将目标和听众放在首位，才能用深思熟虑的对策帮助实现目标，完善领导技能。

四、如何调动员工请点击网络

一个团队总是时刻面临着改革，但是在改革的过程中会出现各种各样的问题。我们不禁会开始担忧，比如：未来会如何、现在应该做什么、能否控制整个局面，等等。人们经常会问我未来的境况会更好吗；我今后有成功的可能性吗；我的未来和我的事业如何才可以成功；我该如何随着公司的变化而变化；在发生变化时，我有能力控制好局面之类的担忧。这些担忧会直接或间接地表现出来，但我敢肯定，这些一定是大家在午餐时所讨论的问题。"这种可以被称之为'咖啡店焦虑症'，它会造成生产效率下降，团队中的一些骨干人员离开团队。"休伊特合伙公司的资深顾问凯瑟琳·耶茨说："这属于个人问题，经理人是发现这类阻碍成功改革的'个人'问题的关键人物。"

作为一个团队的领导者，我们肩负着要时刻和员工沟通的重任，所以，出于责任他们会发布信息备忘录和用 PowerPoint 作演示以说明情况。这些方法都可以传达给员工下一阶段需要做什么和接下来的目标一类信息，但是不能重新鼓舞士气，让成员斗志昂扬地工作。有经验的改革顾问认为，为了使大家对未来工作充满热情，需要完全不同的方法。

1. 推动积极的情绪

乔恩·卡岑巴赫认为，高效公司会同其员工建立极强的情感联系。在公司改革士气，及时地鼓舞士气，积极的情感对焦虑和无助是最好的解药。团队领导将员工关注的重点和团队工作紧密连接起来。卡岑巴赫建议说，"要了解员工的情感热点，了解他们对改革会作何反应，有何想法。"

当然，不同的人关注的热点也不同：技术人员对于自己将冒风险研发很棒的东西感到兴奋；销售人员和其他竞争对手则喜欢在市场上取胜。有些公司为员工提供的基本服务是周到全面的，以此为基础，任何的基本保障都应以将团队成员向积极方面推进而努力。激发，让团队中的每个人都感觉斗志昂扬，有奋斗的动力，在这里很有干头，而不仅仅是给股东赚更多的钱。比如，学习新的技能。

2. 一对一管理

当科宁有线电视公司决定进行一项重要的公司结构重组时，CEO 桑迪·莱昂斯先同大约 50 位高级经理就此问题进行了一对一的面谈。这样做的目的是什么呢？这样使得领导可以深入了解团队，对每个问题更有发言权。即使只有 5 位直接下属而不是 50 位，也无一例外要这样做。每个员工都需要第一时间了解团队的最新计划和变化对他的生活意味着什么，也有不少人希望自己可以尽力为团队做些什么。莱昂斯说："你必须做到足够开放，调动大家来参与工作和解决问题"。

一次成功的沟通应该是双向的，不是单方面的。当科宁有线电视公司进行结构重组时，该公司董事长兼 CEO 桑迪·莱昂斯说："我们建立了企业局域网，它涉及所有同改革相关的事情。每个人都可以在这个网上提出问题。48 小时内所提出的问题就能得到解答。"团队成员的问题得到解答，他们的顾虑也就会随之消失，将一对一的管理办法尽可能的发挥作用。例如，许多公司在改革实施时会进行员工调查，而许多调查结果大都不了了之，没有下文。TowersPerrin 公司旧金山办公室主任汤姆·达文波特指出，CharlesSchwab 公司不仅将调查结果公之于众，而且要求经理人对每个答案作出分析。然后，经理人同员工坐下来进行讨论。这样做可以帮助员工找到解决问题的办法，了解员工所关心的问题，然后一起考虑应对的方法。

不要用命令式的口吻对员工说话，不要将命令压制在一个员工身上。

如果总是使用命令式的口吻，即使团队中的成员在按照你的意愿工作，但整体的效率一定会下降。特纳认为最好是邀请大家一起进行改革，然后先同大约 25％ 的较为积极的员工一起工作。

在团队中使用好的领导艺术，为了实现团队的目标，也可以将薪酬与他们工作的优异程度挂钩，使得他们更加有动力。调节其中不和谐的因素，使得每个员工都向着团队目标进发。

五、群体思维和玻璃天花板——成为有共鸣的领导者

领导者为了公司的生存而拼搏，有的时候会要求员工来承受损失。因此，过去多年来暴露出的令人吃惊的制度缺陷事例不仅让人们对领导者有了更多的要求，而且也使领导者压力陡增。哈佛大学肯尼迪管理学院公共领导艺术中心的创建者和主任罗纳德·A. 海费茨认为，这些做法都对领导维持自己的威信有害处。

这就要求领导者需要从事海费茨所谓的"适应性工作"，让他们体验你的工作重点所在。"假如你不喜欢坏消息的话，就不要做领导了，"加拿大第一位女首相、肯尼迪管理学院公共政策系讲师金·坎佩尔这样说，"作为领导人，了解到团队中存在的坏消息，并及时想出应对的解决方法就是你的责任。"

"当公司遇到危机情况，或遭到冲击时，领导者控制自我情绪的方式会直接决定公司的存亡。"《基本领导艺术》的作者之一丹尼尔·戈尔曼说。领导的情商在于控制自己并推动他人的情绪，这是成功的关键，用来提高企业运作的能力。提高情商和增强领导的适应能力会使情况完全不同。

写到这里，我们就会发现情商对于管理团队是最为重要的。戈尔曼说："情绪是可以传染的。"大量研究表明，情绪决定了 50％～70％ 的工作氛围。这种氛围反过来决定了 20％～30％ 的公司业绩。特别是在高水平高层次的竞争中，情商在区分杰出的高层次领导和低层次领导上，占了 85％ 的因素。

在前文戈尔曼以及理查德·博亚茨和安妮·麦所说的共鸣领导才能，是指这样一种能力，可以最大程度的调动员工的情绪，明确出团队所要达到的目标，这种能力有以下四种基本表现形式：

1. 自我意识——了解自己的情绪，有正确评价自己个性的能力。

2. 自我管理——控制住自己的情绪，在团队中表现得信赖、灵活和乐观。

3. 社会意识——能够了解他人所关注的事情。

4. 人际关系管理——在产生分歧时，能够激励和说服大家。

但这里还存在的问题是，在公司中你的职位越高，对自己的情商估计就会越高。这会导致许多高层领导不能及时地得到员工的意见反馈。并且还有很多高层抱怨听取员工正确的反馈也不鼓励他们去做出反馈，因为他们认为自己没有改变现状的能力。但是，强有力的证据表明情况并非如此。

大多数试图完善情商和领导技能的培训计划之所以没能成功，是因为它们以训练新"大脑皮层为目标，即大脑中负责分析及技能的部分，而不是以训练控制人的情感、冲动和期望的边缘系统为目的。边缘系统接受能力较慢，特别是当改变根深蒂固的习惯时。"戈尔曼和合著者说。但是在适当的时候，通过训练改变大脑中心控制积极和消极情感的部分，这样长期训练下去，可以完善一个人的情商，有助于自我指导的学习。

但是很多时候，比如现实可以达到的期望值和预期有着明显的差异时，即便是情商很高的领导者也难免会陷入一种褊狭心态，这是难以避免的。"领导层开始关注自身而忽略一线雇员和顾客，"管理咨询公司 Bain&CO. 的董事达雷尔·里格比说，"分歧被当做是不忠诚的表现。"对于这种群体思维倾向，解决的办法最重要的一点是确保领导可以不被其他因素所左右，确保领导层中有不同的领导风格和观点。有时候，团队中有不同性别和不同种族的领导者是唯一可以确保团队有多种选择和观点的因素。

金·坎佩尔说："目前最重要的是避免领导者均为男性的文化。"经过长期对情商的研究我们可以发现，女性比男性更具怜悯心，并具备更强的人际关系能力。"这种女性的优点是与女性先天的性格相关，或者说是她们长期以来不被赋予权力的结果。"坎佩尔说。是为了在男性占统治地位的文化中能生存下去，女性培养出这些技能。当然，男性也能表现出这些技能，就像女性可以表现出顽强和果断那样。当团队成员对领导有了足够的信任之后，性别的多样化可提高控制自己的情绪和应对团队中他人情绪的能力。

海费茨说，这是一种实际是要求人在不愿意做的事情当中进行筛选，从而采取某种策略的方法。我们每个人都需要敞开心扉去倾听别人，这有助于你成功地引导大家和公司进行改革，并且也可以最大程度的为企业减少损失。与此同时，也使你更容易遭受这种损失通常带来的反抗和敌意。

领导者对于团队的作用是激励，好的领导艺术可以让团队成员每天微笑的工作，让每个成员充满想象力和创造力。也让团队中的成员如同一家人，相互打气相互扶持，在艰难和痛苦面前一起说加油。

第八篇　未雨绸缪的变革，
打碎禁锢成功的锁链

第一章

运用基本变革领导战略

一、营造变革的气氛

在商界，要保持比竞争对手领先一步，并使经济持续向前，这是每天都必须做的事。那么不断的变革就是必不可少的环节，它意味着机遇，意味着只要企业能在行业发生转变之前最早迈出哪怕一小步，先发制人，就会有很大的机会。

自从 1971 年联邦快递（FedEx）创建以来，就处在不停地变革当中。最初 FedEx 集中于高优先级别的医疗和技术物资装运，后来增加了国际服务、低成本陆运，还有空运。

有效的变革领导者知道什么时候该放弃过时的商业模式，并采用一种全新的模式向前迈进。第一要点是要知道哪些是可以改变的，而哪些是无法改变的，并且始终能够进行鉴别。由于当时环境差异，公司的变革途径以及变革的规模会不同。彻头彻尾的变革只试用于那些财务状况不佳、战略定位不强的公司。

而有的公司可能需要增强对竞争者的防御能力，或是组织的运营远远没有发挥出其战略潜力，那么就需要提升组织能力了，需要进行组织上的变革给收入和利润的增长注入活力。即使暂时处于市场领先地位，那么也不要忽视变革的重要性，企业在这个时候完全有必要强化变革管理工具，以应对日益复杂的商业环境。

企业管理者必须花时间和精力告诉员工变革的必要性。让员工明白变革是不可避免的，它是一个机遇，并非大难临头。一旦这种思想被员工接受，那么变革的理念就很容易融入公司的文化，那么公司的发展和变革将会进行的更顺利。

当有了改变现状的计划时，高层领导首先必须选择合适的时机，甚至选择几个重要的时刻来示意变革，这样不仅能够营造一种友好的变革气氛，也能增加变革被接受的可能性。变革领导者必须准确地呈现出他的变革计划，说明公司朝哪个方向发展，以及为什么要朝这个方向发展，以便让大家接受，最终达到管理者与员工产生共鸣的结果，只有这样，他们才更有可能战胜旧的体制并进一步实施他们的新计划，这一点也是非常关键的。

同时，领导者必须首先做出表率，以身作则的向其他人证明变革是可行的，而不仅仅是命令他人执行变革。要想达到实施一项变革战略的目的，做好一线员工的工作是很必要的，这些员工包括处理顾客的投诉或直接向顾客提供服务，他们的行为直接关系到公司的形象，也是决定公司成败的重要一环。不仅加强领导人之间的协同，促进领导层对变革的持续参与及投入，同时还可以利用各种场合，包括员工大会、项目启动会、内部报刊、内网新闻等多种渠道，让领导与员工沟通变革愿景，达成组织内部对变革的共识。

很显然企业打算实施变革是因为有了好点子。但是要首先进行理性的尝试，每次只进行很小的改变，然后再向更大的变革推进。变革过程中一定要有新的标准出台，要有激励制度，还要有重要的里程碑事件，只有这样才能加大变革的力度。

最后，领导者需要看到，反对者无处不在，但必须要学会正视这种阻力。这也许正是所有变革者所面临的最大挑战。管理者在消除抵制方面并非无所作为，有一种消除变革抵制情绪的做法正日渐风行，即让相关人员"参与"变革方案的制订。在这方面，有学者曾做过系统性的研究并得出了肯定性的结论。把他们放在一个能让他们亲身感受到问题的位置，是面对反对者最有效的方法。

即使是在高层领导之间要达成一致也需要经历一定的过程，这其中也会有特别激烈的争论，也会因为一些高层领导不愿放弃已有的权力和舒适的工作环境而出现反对。对任何组织机构进行变革都不是件容易的事。对于任何一次成功的变革来说，发起者必须赢得高度的信任，并具备出色的沟通能力。沟通渠道必须保证畅通，以使得阻力更加透明，使领导者随时可以介入并进行调节。

FedEx为我们做了很好的表率。当最初进入陆运业务时，为了不让在公司从事快递业务的员工感觉受到威胁，企业曾付出了巨大的努力。当时的CEO弗雷德·史密斯在公司的闭路电视上频繁现身，向员工们发表演讲，还四处奔走，通过邮件和出版物与他们交谈，阐明变革的原因。所有的行动，让员工感到自己是变革的一部分，并且企业需要每一个人，看重每一个人。

变革家就像是灯塔，他们给我们指明方向，同时也需要让企业的每一个人都参与进来，营造变革的良好氛围，才能在变革的路上走得更好更快。在一些企业中，甚至会设置"变革作战室"，设计变革倒计时牌、悬挂变革路线图、张贴宣传板报，使每个人都强烈地感受到"变革势在必行"的氛围，事实证明，这些举措对营造变革氛围起到了良好的效果，也为最终变革的顺利开展创造了首要条件。

二、变革计划的关键——短期成功

真正的变革可能会经历漫长的过程，那么设置一些短期目标，并在取得短期成功后，进行庆祝并进行分析总结，那么变革行动的势头会得到大大的推动，并且通过对其进行经验汇总，将会对将来的变革进程有可观的指导作用。反之，如果不能看到变革在12~24个月之内带来了什么预期的结果，大部分人会放弃努力，或者干脆积极地投身抗拒变革的行列。

管理者如果认为不可能在进行重大变革的同时获得非常明显的短期成功。那么你就太过时了。这也是许多变化没有成功的原因。而实际上这两者是相得益彰的。短期绩效的行为可以证明努力进行变革所带来的效益会比那种古老的经营模式大得多。短期成功有助于消除经常伴随变革而产生的恐惧和不确定性。如果不能取得一些短期成绩，许多人是不肯踏上变革这条长征之路的。

事实是，但凡成功的变革，在发起之后一两年内，你一定会看到一些积极的变化。这种确凿有据的证据，比方说，某些质量指标开始好转、市场占有率有所攀升或者客户满意度得到了改善，是那些反对变革的人无法驳斥的。

我们需要的是积极争取取得短期成绩，而不是消极等待。管理者经常抱怨说自己迫于压力不得不追求一些短期成绩，而实际上这些压力在变革过程中便是一种积极的因素。重大变革的漫长经历，很容易使企业的紧迫感下降，而取得一些短期成绩有助于保持这种紧迫感，并迫使管理者进行细致的分析和思考，从而进一步明确或修改变革愿景。管理者需要设立一定的指标来说明业绩改善的力度，并在年度计划中设立一些目标，并且在达成目标后用表扬、升职甚至奖金来奖励那些功臣。

事实上，我们甚至不用最开始就将变革的每一项问题都细化，经过短期的成功，我们将更容易选择一项符合多项标准的产品，它应该具有以下特点：它可以在较短的时间内完成设计并投放市场；它是一个致力于实现新愿景的小团队就能处理得了的，并且这个开发团队可以独立于现有的部门结构运转，而不会遇到任何实际问题。这个产品开发成功是十拿九稳的，并具有成长的潜力，从而大大提高了变革的成功概率。

提高绩效除了要行之有效外，还必须要清楚明了，即人们很容易就能意识到绩效的真实性；要与变革计划密切相关。用例子来说明就是，通用电气公司在公司内部进行提高为顾客服务的能力的同时，照明部门与货车运输公司协作，一起来提前计划出为特殊的客户群体进行定期送货的时间，就很好地执行了这一变革计划。

其实，每个企业都可以随时随地进行短期变革，并且这些变革进行的越及时，那么它产生的效用就越大。当摩根银行缩微胶卷在面临和外面的小贩平等竞争的危害时，它的部门的经理立即制订了一个一天 24 小时不间断地满足银行股票过户部门要求的改善服务质量的计划，该计划对已有的顾客来说是很重要的，而且也比较容易迅速完成。这位没有进行改善服务质量计划的相关经验的经理，居然仅用了 5 周的时间就成功地达到了目标。这样一来，不仅她的自信心因此大增，员工们也因此对她后来所发起的一个又一个变革尝试表示了很大支持。

短期成功不会自动产生。首先，你必须做一些必要的准备工作，然后再进行策划并监督实施。比如消除公司的障碍：改革那些责任不明、资源利用不合理的机构，完善与新方法脱节的培训和业绩评估体系和没有面向市场和面对竞争现实的管理信息体系，等等。如果出现了个别反对变革的领导，还需要让他们看到变革的重要性：变革什么时候开始？应该要怎样做？这一切都必须解决好。在做完所有的准备工作之后，才有可能进入确定并产生短期成功的阶段。

值得注意的是，当取得阶段性的短期成功并不代表着企业就可以松懈下来。不少企业曾犯过类似的错误。变革进行了两三年，首个重大的项目刚刚收尾，这时候企业迫不及待地开始清退咨询顾问，然后宣布变革成功，这未免为时尚早。庆祝一场战斗的胜利本来无可厚非，但过早地宣布赢得了整场战争会带来灾难性的后果。

事实证明，这样做的话过不了多久，原本出现的有利变化又会渐渐消失得无影无踪。成功的变革领导者明白一场变革几个月内是不可能取得最终胜利的，而是需要付出 5～10 年的努力才能在公司的文化中生根开花，而在此之前，变革过程中实施的任何新举措都是脆弱的，随时可能退化。

种种问题在变革伊始就开始发生，例如紧迫感不够强烈，领导集团不够得力，愿景不够清晰，可以说，变革的开头一定是要非常的谨慎小心，注意多方面的问题，从而为将来的变革打下基础。扼杀变革势头的罪魁祸首仍然是过早地宣布胜利。一旦这样做了，意味着变革势头会减弱，那么强大的习惯势力就会卷土重来。

在成功的企业变革中，早早地宣布胜利从不是优秀变革领导人的所作所为，他们会充分利用短期成绩所树立的变革信心向更大的问题发起冲击，追求更高的目标，更远的发展。可以做的事情其实还有很多，比方说发现并改革那些在短期成功背后与变革愿景不符，但是一直没有受到撼动的制度和结构；在人力资源上倾注更大的精力，关心人员的提拔、聘用和培养；发起范围更大的流程再造新项目等等。而唯一不可以做的就是停滞不前。

三、肯定式探索：与想象同步的变革

肯定式探索是一种日益受到欢迎的组织变革方法。它搜寻人群间、组织内以及其他相关群体世界中的最好的、最美的一面，实现个人与群体、成员与组织的共同发展。借由鼓励人们去研究、讨论并建立有效用的而不是试着去修正不管用的部分。

可以说，肯定式探询是一门提问的艺术及实践，它不断强化组织系统的领会能力、预测能力以及正向潜能培育能力。肯定式探询尤为突出的地方在于，它能够鼓动成百上千的人提出"无条件的积极的问题"。

要发挥肯定式探寻的力量，领导者需要改变的就是把负面思维变成正面思维。必须牢记一个事实，那就是每个人都是不同的，而正是这种不同，往往就是值得我们欣赏与学习之处。只有从内心上接受肯定式探索，才能够与员工一起进行尽兴的讨论，从而为变革提供良好的合作氛围及前进动力。

苏珊·伍德在离开一家大的咨询公司之后，就开始潜心研究 AI。她认为 AI 能够有效地留住员工。她曾将这个方法用在解决一家医院护士流动性大的问题上，并得到了很好的效果。她并没有像惯常那样去调查护士们为什么要离开，而是运用肯定式探索的思维，研究没有离开的护士为什么会留下来。在所有提到的问题中，包括员工认同计划、辅导计划，还有一个就是新的定位方法，结果发现，原因在于她们非常忠实于她们的护理专业高尚的一面。

"这些护士感觉非常压抑，而且总是超负荷地工作，"伍德说道，"但是当我们开始让她们谈论最擅长的优点时，她们的语气立刻就变了。我们和她们交流的时候没有任何阻力，也听不见任何抱怨。她们已经在路上了。她们时不时地会说出一些很有用的观点。"

在肯定式探索里，没有否定、批评和教育，取而代之的是，知识探索、想象发挥和愿景设计。让我们通过分析肯定式探索的原则，来看看我们到底该怎么在企业变革中贯彻这一原理。

诠释原则。可以很容易接受这种信念，那就是组织的前途命运与组织成员的知识经验是交织在一起的。高效的经理人、领导者或者变革家，应该不仅自己熟知这一道理，也应该让所有的员工来认可，从而去理解、解读和分析自己的组织。

并发原则。问询和变革是同时发生的，而非是两个相对独立的时间过程。一旦问询开始，正常的发展过程即受到干涉、发展轨迹即受到影响。询问，或者更详细的说，人们谈论思考的话题、学习探索的新知以及对话展望的动因，都可以成为变革的火种，在提出问题的那一刹那就产生了。

诗歌原则。我们可以将企业比作一首诗，一个组织的"历史"总是被组织里的每一个人或是与组织相关的每一个人不断改写。该组织，就像一首诗一样，要经常地被解释或重新解释。

正面原则。我们经验发现，一个最简单不过的道理就是，若想集聚和保存变革力量，一种积极的影响力和社会亲密感是非常重要的，如希望、振奋、鼓舞、关怀、友谊、工作的紧迫感，以及完成任务后的愉悦感。我们还发现，工作中提问的方式愈加积极，我们的变革努力将愈加成功与持久。建立在正面原则基础上的询问，比如成功、喜悦、希望和鼓舞，要比分析错误以及如何改正这些错误收到更好的效果。若要产生这样的变化，就要从正向催化的角度出发，提出"无条件的积极的问题"！

一旦管理者将 AI 连续不断地发展下去，人们就会不断有惊喜，她们一直都想换个不同的环境，换一个能够使她们不但有成就感、受到鼓舞，而且还会有很高收入的环境。AI 就会帮助她们实现那样的梦想，成为实现那样梦想的一种最基本的方式。

当一个公司试图变革时，我们可以看到两种截然相反的做法。传统的做法是收集数据并分析这些数据，指出障碍，最后作出判断。或者管理者有另一个选择，就是试图找出一些有利于公司发展的正确方法，使调查产生更为积极的效果。这两者的差别就在于所问的问题有所不同。例如在致力于改善客户关系时前者会问："我们怎么做才能最大限度地平息顾客的愤怒和抱怨？"而相反，在 AI 过程中问题应该是这样的："怎样才能让顾客对我们的服务更加满意？胜利的时刻我们能学到什么？如何运用？"

接下来，除了"表达梦想外"，团队要共同设计企业变革的框架：政策、执行过程、资源分配等等，来达到变革的最终目标。采用的手段可以有很多，比方说获得并使用一项强有力的技术，或者是设计一个绩效评价体系。当然这个体系不能是用来惩罚员工的，而是用来给予员工奖励。

最后，公司的全体成员要齐心协力来使在前面的工作中所创造出的躯壳变得有血有肉，并真正让他动起来，贯彻执行下去。找到一些创造性的办法来将理想化的未来变成现实，需要靠全体员工的努力。可以创造一种全新的方式来与顾客交流，或者制订一个奖励那些为顾客提供最好的服务的先进个人的新制度。也可以是运用一种新的、发人深省的管理培训计划，或者制定一个更加流畅的决策机制。

四、支持能够保证战略实施的变革日程

"企业必须变革，否则就会死亡"，越来越多的企业家已经认同了汤姆·彼得的这句格言。变革已经成为企业必须面对和经历的必要过程。但是，变革的实施总是充满挑战，我们可能都非常熟悉这样的案例：为了拓展市场或开发新项目，企业制订了周全的变革计划，而且往往投资巨大，但是实际的运作却渐渐陷入"泥潭"中，各种来自市场和合作者的困难使企业疲于应付，并渐渐失去变革的信心，其中的问题到底出在哪里？

面对残酷的竞争、恶劣的环境，"如何将战略规划变成实际的行动"，已经成为了企业走出平凡、实现飞跃所必须面对的课题。该如何保证战略实施的变革日程？如何建立一个执行力强的团队？相信每个管理者都急切想知道这些问题的答案。

对成熟的管理者来说，制订成本改进计划已经不算难题。其中包括新的思想、战略和组织结构设计。成本控制变革任务的准备工作也能完成的不错：建立领导小组，制订日程表。那么，最后我们该如何将变革日程实施下去，支持变革的最终成功？世界著名的企业管理大师约翰·科特提出的领导变革工作的八个步骤，也许会对那些期望变革的管理者有所启发。

（1）从认识上企业需要建立变革的危机感，时时有强烈的忧患意识，才能使企业看到变革的重大商机，并在真正获得变革机会的时候，时刻保持警惕。

（2）尽快组建一个强有力的核心实施团队，形成一个强有力团队的共同的行为。

（3）制订远景规划来指导变革措施，并形成实现远景规划的策略。

（4）将新的远景规划和策略传达下去，让更多的普通员工能够参与进来。

（5）铲除变革路上的障碍。

（6）认可和奖励有功人士，取得短期成效。

（7）建立激励机制来巩固成果，推动进一步向前，迅速取胜。

（8）将转型的成果植入企业文化，并将新作法予以制度化。

在变革的日程中，管理者需要时刻保持警惕。变革的成功需要经历一个长期的过程，跳过任何一个阶段都会给变革带来影响。同样，在变革的任何阶段犯下严重错误都会延缓变革进程，甚至抹杀得来不易的成绩。

五、一致性及协作精神对变革的作用

一项统计表明，面对变革，只有 20％的员工在一开始时就全力支持，有 50％的员工持中立态度，另外 30％的人则抱以抗拒态度。或者是由于变革目标和信息的不明确，或者是具体措施不清楚，或者只是对变革的不确定性充满不安，员工产生各种顾虑一定是有其原因的。这导致组织人员不能达成一致，更不用提进行团结一致的协作，那么变革自然无法顺利进行。

组织变革专家彼得·圣吉也曾强调，一项有广泛基础的组织变革需要高度的一致性。因为只有具备高度的一致性，组织内所有的员工才能拥有共同的目标，怀着同样的愿景，并且能够理解个人的角色如何才能支持整个战略的发展。

变革意味着员工必须放弃已经熟悉的一切而去接受不熟悉的新领域，这需要一个适应期，改掉过去的习惯，建立新的方式是需要时间的。多数组织领导赞同一个观点，那就是导致变革行动失败的原因主要是在没有及时处理并解决那些与人相关的问题，而缺乏正确的过程或技术不够完备只是分量较小的因素。

实际上，一切变革归根结底无不是人的转变，人的思想、态度、行为的变化，最终导致企业绩效乃至组织的巨变。人的转变又是从何开始的呢？

丹·科恩与哈佛管理大师约翰·科特共著的《变革之心》一书中介绍道，人在接受变革时可能是通过两种方式：分析－思考－变革和目睹－感受－变革。

作者通过研究表明，相比而言，后者的方式会更有效力。也就是说如果变革行为能够帮助人们目睹真实的情况，改变他们的感受，那么人们将更加乐于参与并推动变革。

一旦拥有了这样的一致性，个人就能够赋予整个团队力量。具有一致性的组织的员工，将会努力为企业着想，并指向实现更高水平的目标。组织也会更加倾向于鼓励员工授权并发挥创新精神和冒险精神。反之若在一个缺乏一致性的组织里鼓励发挥个人的主动性，那么这些富有创新精神的冒险者们会使整个组织朝着矛盾的方向发展。

那么要实现一致性，领导者有哪些是可以做的呢？一方面，领导者必须以每位员工都能理解的方式去与他们沟通组织的高层战略目标，这可能需要领导者多方面的沟通方式，比如宣传册、业务通信、会议、介绍及培训课程、主管讲话、局域网和广告栏等。通常情况下，组织可以通过员工调查表的方式来确定员工是否认识和理解高层战略目标。另一方面，领导者还必须确保个人和团队都有他们自己的局部目标及相关奖励。各个组织还可以通过联系员工个人的目标和奖励/认知体系与组织的目标来实现战略上的一致性。

最后，管理者需要确定企业组织的一致性水平。例如运用每年一次的员工调查结果的一部分，来量化那些能够识别该组织战略要点的员工比例；抽样调查员工的感知度，通过运用测评旨在开发潜在顾客的广告活动的方式来测评员工教育项目的有效性。

如果说获得一致性是变革开展的前提的话，那么协作就是促进变革进行的催化剂。对于一个组织来说，还有什么资产比员工的集体知识能够带来更大的潜在价值呢？如今，已经有许多公司正在利用正规的知识管理体系来在整个公司内部创造知识、组织知识并传播知识。

这种新型的协作形式包括两个基本方面，那就是共享知识库和广泛普及的知识传播工具。例如，Linux 的发布是采取通用公共许可协议，免费提供源代码，用户可以出于自身需要自由修改代码。在通用电气的前任首席执行官杰克·韦尔奇的管理体制中，最基本的组成部分就是在整个组织内部打破障碍，无论是横向的还是纵向的，以便能够实现知识传播。丰田供应商则打破了公司间的传统界限，定期与横向和纵向关联企业，甚至自己的竞争对手共享流程改进经验。这些成功的企业都采用了再简单不过的信息传播技术，从而为信息的传播与共享扫清了障碍，使员工之间、企业之间的协作成为可能。

在广泛、灵活的协作下，企业成员和公司之间能够积累丰富的共享知识，形成模块式的团队合作，产生非凡的工作动力，并建立起高度的信任，同时大大降低交易成本。协作从根本上提高了公司的运营节奏和灵活性，而这些正是高绩效公司的典型特征。

第二章

清除变革道路上的路障

一、更好的重组之路是无痛的变革

企业通过变革使组织者、管理者和员工更具有环境适应性，而内外部环境的变化，企业资源的不断整合与变动，都给企业带来了机遇与挑战。重组是企业在资金、资产、劳动力、技术、管理等方面采用的变革方式，通过构建新的生产经营模式，使企业在变化中保持竞争优势的过程。

尽管每一个公司管理者都声称自己的变革运用行为科学和相关管理方法，有目的、系统地调整和革新，提高组织效能，但是大多数的变革带来的阵痛是确实存在的。

在诸多的变革方式中，很显然，更多的人愿意采用优良的重组方案，从而避免变革给企业上下带来的痛苦，而这种方式，被专家称为"无痛变革"。

重组往往涉及很多方面，包括人员、结构、文化、过程、网络，这是许多公司最通常针对的内容，在这些内容之上，采用模仿、改制、转化等多种手段。

模仿可以复制重组要素，而改制用来对某些重组要素进行调整，以使其能适用于你们公司的不同部门。如果采用转化作用，可以彻底地颠覆重组要素，以使其能发挥更大的作用。

冷战结束后，韦斯特兰直升机公司高层领导发起了一轮翻天覆地的变革计划，结果却使公司陷入一片混乱当中。最终他们决定尝试一种全新的变革方法。

他们把公司内部一个软件部门的产品开发模式运用到直升机的生产上，从而把产品设计成本减到最低限度。他们还从母公司汽车部门调来对于大量生产轿车有着相当丰富的知识和经验的员工。最后，他们还采用了已经被另一个部门长期使用的产品生产建议。结果当然是大批量地生产、大规模地改制出现了。

从韦斯特兰的例子可以看出，重组办法不仅可以单独使用，还能综合运用。这就要求管理者们在持续不断的变革过程中，重新发挥许多早已被人们所忽视的价值观，即使它们退出了历史舞台，仍然可以重新发挥其应有的作用，这就是一种典型并且优秀的模仿做法。同样，改制与转化也得到了很好的体现。

但遗憾的是，这样成功的例子并不多见。这是因为许多公司都误解或误用了创造性的重组。

运用创造性毁灭或是创造性重组并不是必须的，有时候你需要将二者相结合。无论如何，问题的关键是要知道用哪种方法的时机以及把两种方法结合使用的时机。合理地调整变革速度：使变革过程与稳定过程交替进行，因为企业除了变革带来的生机，还需要在稳定时期，经济得以恢复发展。

重组的技巧也很重要，而运用技巧的基础是目前所拥有的条件。

例如模仿的过程是如何与已有的过程相互取长补短的。还有，专家也警告别企图一次性对许多根本不同的重组要素进行改造，因为由此而形成的这个实体会变得异常复杂。一系列相对独立变革的简单罗列往往不能从整体上发挥很大的作用，带来多大的改变。

专家还建议，变革成功的另一个关键点在于，关于变革高层领导必须对公司内、外的人有不同的说法。要引用一些你们公司很有价值的重组例子，还要介绍一些管理稳定的概念，而不是管理变革的概念。

在逐渐使大家接受了变革的观念滞后，需要估计一下有形重组要素。而受雇特别是长期受雇于你们公司的老员工是你们最好的资料来源，可以与过去对比看看所建议的变革是否之前已经尝试过，分析其结果与原因对目前的现状都有很大的作用。

在流程的实施阶段不应放松警惕，专家建议在这一阶段要建立完善的计划，因为这一阶段是十分关键的。对于实施的组织结构要有清晰的认识和规划，另外还要与相关部门及员工沟通，并提供培训，而风险分析也必不可少，即失败的可能性及对策等。当然，取得领导层对计划的认可，才可真正开始实施。

当然，实施企业重组方案并不意味着终结。因为在社会发展日益加快的时代，企业总是不断面临新的挑战，因此随时准备变革，并对变革方案进行改进是每个管理者都应该有的心理准备。

混乱、改革和稳定始终在交错进行，有时候甚至混乱状态会更加有利于进行有效的创造性重组。虽然混乱会造成一定程度的破坏，但经常会产生新的力量，而新的力量往往能产生新的价值。

更好的重组使企业在无痛的变革和稳定时期的经济恢复中交替存在，并且稳步向前，无疑这是每个管理者都追求的更好方式。

二、如何克服"变革疲劳症"

想要变革，失败似乎是一件不可避免的事情，尤其是在变革的初期阶段。失败并不要紧，可能更令管理者担心的是，许多员工会因此而患上"变革疲劳症"。

某企业的高管承认："不断变革的加速已经开始对自己的团队带来不好的影响。团队成员精疲力竭，他们挣扎着想要看到黑暗尽头的光亮。"变革能够令人振奋，并会带来许多巨大的机会，但为什么它也会令这么多人精力枯竭呢？

变革疲劳的员工会对变革开始麻木不仁，甚至持有一种怀疑的态度，这在很大程度上加剧了变革的难度。

首先也许应该找出变革失败的原因。在多年的研究中，领导者试图实现变革，但最终却令员工精力枯竭其实是经常出现的情况，而后续的效应就是组织内部形成了一种消极的氛围。是这种情况，对任何企业来说都不稀罕，并且随着变革无论是作为流行趋势也好，还是企业切实需要也罢，变革的速度加快，这个问题也越频发。

"几十年来，专家们都认同企业必须进行不断的变革这种做法。"戴维·加文说道。所有的企业变革大体上都要经过最初的认识和准备阶段、真正变革的实施阶段以及加强巩固阶段。

在这三个阶段，需要有计划，同时要顾及全局，注意收集各方的看法与意见，并予以应对，执行过程中更应该灵活调整。而导致变革失败的原因，往往来自于设计方案本身以及沟通过程这两块。

设计方案应该要能体现出公司进行变革的必要性，也就是说，变革已经迫在眉睫，不得不变了。而真正实施起来的时候，一定要与残酷的现实相调整，当然变革结束之后不应该太过放松，而应该观察变革带来的新局面，针对局限性进行改进。

研究表明，70％变革的努力没有重点，缺乏创见，并且以失败而告终，而正是这些失败的变革使员工对变革产生不信任感，甚至厌恶，最终导致了所谓的变革疲劳。

毫无疑问，大部分的人都向往在变革这种充满挑战和创新的工作中得到一个英雄式领导的引领，但专家告诉我们，这种观念是需要摒弃的，成功的变革并不需要那些无所不知的领导，事实上他们才是把计划搞乱的大反派。

由于领导往往对于变革的方向也没有准确地把握，通常的情况是，随着重点的转移，领导者的方式也会改变。而市场的变化更是加剧了领导者注意力的转移幅度与频率。而造成的结果是员工被要求不断调整自己的行为格外费力；当努力带来额外的资源或安慰甚至还要承担一定的责任时，他们开始怀疑组织的前进方向，以及变革的意义，频繁思考自身作用之后，陷入了疑惑与疲劳之中。

更糟的是，领导者常常会推出多种变革举措，当项目做到一半，领导者又急于跟上市场的步伐，开始启动其他项目。不仅时间跨度大，而且波及面广。

其实单个的项目都有巨大的潜力，帮助公司发展，激发员工。然而在管理能力不够的时候，多项目并驾齐驱会给员工带来巨大的压力，在工作中感到无所适从，不堪重负，项目组成员和公司员工都因此精疲力竭。

变革需要大量工作，不排除团队中的个人偶尔稍感疲倦。但是，一点点疲倦不会导致一场大规模变革努力的失败，如何挽救变革成为更多专家希望解决的问题。

专家认为那种英雄崇拜主义的管理会使很少公司取得成功，大多数成功的变革是来源于中下层进行小规模的、循序渐进的变革；是这些小的变革措施才逐渐被高层管理者所认同。与大多数公司管得过多、过死的做法相反，有一些领导者很聪明，知道什么时候该放手。

如何提高变革的效率而避免陷阱。休斯敦的一家能源公司在这一点上表现优秀，它只紧紧抓住公司日常的操作评价系统和风险管理，其他方面采用相对轻松地管理，地区领导有很大的自主权来决定如何做事。在底层的人员中，由丰富工作经验和经过实际情况检验的变革措施先行一步，再逐步推广到高层，通过分析与决策，最终应用于大范围的工作中，无疑这是更值得推荐的方法。

变革不应只是领导者苦思冥想的事情，也许应该尽可能地调动基层员工的积极性，给予中层管理者更多的灵活权利，在变革的准备和实施阶段详细规划，并对其进行优化改善。相信这样的方法能为变革注入更多的活力，让更多的变革参与者不再"疲劳"！

三、不只是为了幸存——如何帮助员工实现变革的角色转变

当面对变革时，员工可能会出现多种多样的抵制。如生产率降低，离职人数增加，纠纷迭起，员工心情郁闷甚至消极怠工。不少高层管理者对员工的这种表现感到一筹莫展。如果问题不能被很好地解决，那么公司里将充斥着"变革幸存者"——也就是有一群知道如何从头到尾参与变革计划，实际上却不做变革的人。

这种现象应该不令人意外。毕竟，任何组织要发生变革，每个人都必须思考、感受或从事些不一样的事情。但是如果不深入探究个中原因，而简单认为是员工的不思进取，就会给企业的变革带来巨大损失。

要想帮助员工能够顺利渡过面对变革产生的波动，了解其出现的原因及相应的表现是很有必要的，从而能够用针对性的选择方案来进行疏导。有这样几种典型的情况，管理者不妨拿去对照一下。

首先，可能会存在一些利己主义者，他们抵制组织变革的一个重要原因就是，他们认为自己会因此而失去一些宝贵的东西。在这种情况下，人们关注的是自身而非整个组织的最高利益。此时抵制就常常表现为"搬弄权术"或"政治行为"。

对这种情况谈判与协商会比较有效果，甚至可以对那些活跃的或潜在的抵制者实行激励。例如，为了获得工会对工作条例变更的支持，管理层可以提高其成员的工资水平；为了让员工同意提前退休，管理层可以增加他们的养老金。

其次，员工可能没有很好地理解变革的意义，甚至对形势的评估与管理者或变革发起人不同。他们往往认为变革的成本大于收益，对组织毫无意义——不仅对他们自己，对整个公司也是如此。

这一方面可能是员工自身的问题，更多的时候，则是管理者并没有采用合适的方式向员工阐明变革的愿景。这样的误解会使员工感到自己将得不偿失。在变革发起人和员工之间缺乏信任时会更加容易出现这种情况。

事先对人们进行相关的培训，可以帮助员工逐步接受变革。培训方式可以多种多样，包括一对一的讨论、小组陈述，或者备忘录和报告。同时，管理者在愿景的设立及传播中首先应该注意聆听者的身份，选取不同的材料和形式进行讲解。同时还要时时观察，以便及时发现误解并迅速予以澄清，以

免变革行动因此遭到抵制。

人们抵制变革还有一个原因，那就是对变革的容忍度低。正如管理大师彼得·德鲁克所言，组织增长的主要障碍在于，管理者没有能力按照组织的需要，快速地改变自己的态度和行为。所有人在变革能力方面都有其局限性。有些人则格外明显，他们会害怕自己无法学会变革所要求的新技能和行为方式。而组织变革又常常会要求人们改变得过多过快。

经过分析，我们可以看到，这类员工最需要的是支持。提供新技能的培训，或在忙碌了一阵之后给员工放几天假，或者只是倾听他们的心声，为他们提供情感上的支持，都是对这类员工的很好的激励方式。

在具体的实施过程中，管理者可以通过提出促进性问题的方法，与员工一道来找出他们反对变革的真正原因，并试着去解决问题。例如可以向员工提出有关对公司现状和期望的问题，"对于公司目前的环境最满意的是什么？""随着变革的发展，你希望看到有什么不同的变化？""管理层应该怎样促进你的发展？"观点的沟通可以帮助大家认清变革的必要性和合理性。一旦员工意识到他们在团队或者是公司文化中起着十分重要的作用，他们就能够理解他们的责任并作出自我调整。

当一个团队有了解决办法之后，管理层必须得表现出他们在倾听这些想法并愿意把这些想法付诸实践。最理想的做法是，管理层需要运用促进性问题来决定如何操作。大量的研究证明，参与变革通常会激发人们全身心地投入，而不仅仅是简单的服从。有时候，全身心投入恰恰是变革取得成功的必要因素。

有变革就会有不安，这是无法避免的。把每一个人都放在一个平等的位置，确保每一个人都受到重视、都被倾听、都在被考虑范围之列，那么变革就可以成为团队或整个公司的一次有积极意义的经历。

四、接受这样一个事实：变革从来都不是直线发展的

变革是这样一个充满挑战的过程，我们无法用一个精心设计的办法，或是提前的规划来展示所有问题，并提出解决问题的办法。而要用"以一种接近理想结果的方法来打破这种平衡"，并在结果逐渐显现的过程中逐步做出必要的调整。

变革，就其本质而言，是不能平衡发展的，甚至是可怕的。一家成功的公司会抗拒变革，希望坚持按照一个已经证实了的模式发展下去，这种想法

也是可以理解的。

但最好的管理只对目前顾客的需求和竞争压力做出反应是远远不够的。公司采取行动抢先进行变革。管理者都会乐于支持那些能带来立竿见影效果的变革，而事实上理智的分析就会发现，创造一种适应变革发展的文化一定是一个漫长的过程。

无数变革成功的例子都向我们表明，变革是一种需要长时间才能完成的工作。而且如果不能阶段性的取得小的成功，还常常使人泄气。通常它需要花费几年的时间才能最终完成，它需要使公司上下各个级别的人都能接受变革的观点，并且还需要有熟练的、精湛的管理才能的领导变革者。有研究曾经对变革必定会经历的困难做了总结：一定会被人反对或不被人支持；一定会发生内部冲突与摩擦；一定需要放弃一些短期利益；一是会有很多人需要适应一阵子；一定会涉及资源的重新分配。

即便公司只是进行一个类似于引进一条生产线的小规模的变革尝试，那也是非常困难的。更不必谈变革整个公司的文化，将会带来多大的困难。当然大的变革也需要那些相对较为适度的变革尝试来作为基础，并有望使整个公司氛围因为变革而变得更加活跃。

20 世纪 90 年代中期，英荷皇家壳牌石油公司面临着市场份额减小的竞争危机，亟待变革：由于其成本费用过高，输给了一些像沃尔玛这种靠亏本销售燃料和润滑油的巨型超级市场。时任壳牌润滑油产品商业委员会的管理部主任的史蒂芬·米勒临危授命，解决了这一难题。米勒并不是把答案直接告诉壳牌运营公司的主席，而是找到一间宽敞的大房间来进行即席演说。通过这种方式帮助这些有权势的高层领导发现如何才能最好地与一线经理保持联系。

从变革理论上讲，我们也很难找到一种绝对的方式，来支持所有的变革。在《破解变革密码》一书中，作者将多部学术著作的变革计划浓缩成了两大基本类别：E 理论和 O 理论，二者分别有其各自明显的优缺点。E 理论最大的优点就在于它创造了经济价值。而 O 理论认为只有创造出持续的竞争优势才是给利益相关者带来长期效益的最好办法。

在 E 理论中，变革是自上而下的，高度集中且计划性相当强。也就是说，变革计划的各个步骤基本是由上级部门拟订并监督实施，每一步都会提前进行了精心的安排。领导者把注意力都集中在那些"可以随时进行自上而下的变革，并能迅速取得经济效益"的因素上，格外关注战略、结构和体制等这些公司的"硬件"。

经济目标在 E 理论的变革日程中占据着主要的地位。同样，变革的驱动器也常常采用经济上的激励，因此 E 理论的领导者会把管理层与员工或合作者的利益结合到一起。而且，"经常会花数百万美元来雇用大咨询公司来引进一些他们认为员工们所缺乏的知识和动力"。

而 O 理论致力于变革形成企业结构和体制的文化，而不是结构和体制本身。领导者所关注的重点不像培训组织能力那样集中在短期行为上。而是努力建立一个学习型组织，使员工们发自内心的乐于解决层出不穷的新问题。也就是说，变革是在公司内自下而上逐渐渗透的。经济刺激无法对其起到驱动作用，专家的作用也是有限的。最终的目标是要建立这样一个过程，员工需要自己分析并拟订出解决问题的办法。

美国通用电气公司的首席执行官杰克·韦尔奇就采用了把两种理论的优点进行最佳组合的方法，即采用一种自上而下的方法来使通用的每一个工厂都能达到其同行业数一数二的水平；同时也鼓励群策群力来创造一个无界限的公司。英国食品连锁店 Asdaplc 的阿奇·诺曼和阿兰·雷顿所作出的尝试也是一样，他们一方面致力于提高该连锁店股东的价值，另一方面对该连锁店的组织效率也下了大力气。

E 理论和 O 理论之间最基本的平衡很容易被人们忽视。正如《破解变革密码》一书比尔和诺瑞亚写道，问题是这些平衡太过敏感，只有到那时候，你才能找到一些能改善变革计划的方法来使每一种理论所带来的利益无限扩大，而使其缺点无限缩小。

不要忘记，变革是循环过程的一部分。人们在向解决方案不断接近的过程中，一定是要进行不断的尝试并且从新的工作方式那里得到反馈。不经过实际的操作、运行，人们很难完全领会对某个特定方法的正反两方面的争论意见。变革正是这样，时时充满了变化，企业高管应该时刻保持警醒，并时刻注意变革多层面的平衡问题，以便在实际情况转变时不至于手忙脚乱，及时采取应对措施。

五、变革审查，在变革开始前

"变革是生存的口号"，作家玛格丽特·惠特利这样说道，"它是活的体制不断自我更新的标志。"是的，变革已经成为当今企业一个惯用的字眼，但是当企业面临重大变革时，最糟糕的应对方式莫过于对当前的组织进行大刀阔斧的调整，因为在试图改弦更张的时候，恰恰有可能毁掉赖以生存的那些能力。在做出改变之前，系统地监督并管理将要做的事情显然是非常重要的，我们可以称之为变革审查。

在变革开始前，企业有几件事情是必须需要做的。比方说回顾一下公司以前对变革的反应从而得到必要的经验和教训，倾听广泛的声音从而在管理层和员工中寻求支持，仔细分析可预见的风险和可预期的收益以示目标更加明确，最后还需要一份实施计划时间表和一套绩效评估表。

重蹈覆辙是最不明智的选择。管理者首先一定要准确地理解：哪些变革是当前组织有能力应对的，哪些又是它没有能力应对的。如果能对过去的变革进行深入分析，那么将会有助于了解员工对变革所持的态度，这样会使变革过程中可能遇到的障碍以及可以采用的办法更加明朗。

企业组织的能力必须与组织面临的任务相匹配。组织面对的问题不变，其流程和价值观就不用改变，那么组织的管理也就既简单又直接。但是，当公司面对的问题发生根本改变时，原先的能力可能就会变成缺陷。那么此时就需要对组织的具体职责进行新的定义，而非一成不变。

具体到每一个员工时，人们都需要机会来表达他们对目前形势的评价，表达他们对于变革过程的希望和顾虑，表达他们对于如何进行变革所持的建议。那么企业应该给每个员工这样的机会。有些企业会从外面请来主持人对需要进行什么样的交流给出建议。他们与公司里的员工小组一同开会，可以比公司内部的主持人更能得到直言不讳的答案。同时这种为变革负责的做法可以激发高层管理者的积极性，同时也使得他们很容易在自己部门内部进行授权。事实上，高层管理人员也是争取员工的关键人物。

管理大师彼得·德鲁克也曾强调：在新成立的公司里，需要相互理解和相互对对方负责任。领导者只有在心理上完全接受了员工的建议之后，才能做到使员工参与到他一直在考虑的变革计划当中来。从而更有可能在变革的初期阶段，争取到多数人的同意来进行必要的变革，而这一点比采取什么样的行动这样的细节问题更为重要。

收益和风险在变革前也不总是十分明朗的，需要管理者下工夫去分析。经过慎重的考虑，企业完全可以避免一半以上的潜在危险，从而使企业的变革计划更加富有成效。但是，即便有些风险可以由收益来抵消，变革也会引起一些员工的恐惧甚至是挖苦，觉得变革需要付出的努力不值得。此时领导者需要做的是，表现出对变革所充满的极大的热情，并用强有力的话语，指出变革对经营的意义，然后从简单事物入手，建立信心，并表明人们可以卓有成效地共事，这样可以在平衡这些情绪方面起到关键的作用。霍尼韦尔国际公司前董事长兼首席执行官拉里·博西迪称，大多数举措在实施伊始即告失败，是因为主管们犯了一个或多个常见的错误，而所有这些错误都源自于规划和贯彻不足。

当制订出明确的变革目标以后，还需要在此基础上制定测量绩效的手段。通常情况下，这是对变革进行跟踪的最难的一个部分，因为这意味着使每个人都要负起责任来。当然，也只有让员工有足够的动机使他们发挥出全部的潜能，才能使员工对于公司发展更有价值。因此员工们的业绩需要靠他们在多大程度上是高效率的、是具有变革精神的队员这一标准来测量。宾夕法尼亚的一家仪器制造厂 Neutronics，在这种观念的指导下改变了其奖励机制，以培养大家并肩作战的感觉。"我们把高层管理人员和生产工人一起考虑进来，"首席执行官特里·海尔朋解释道，"并把他们的报酬与利润联系在一起，而利润则是员工所能控制的。我们同时也建立了管理上的激励计划，此计划建立在新产品的销售额上。"

组织面临变革时，管理者事先进行变革审查是必要的。从而确定组织是否拥有取得成功所需的资源、组织和环境，评估企业有没有在新形势下取得成功所需的流程和机制。管理者始终必须清楚：不准备好就前进，只能会半途而废。

第三章

未雨绸缪的变革永不过时

一、公司被成功（积极）的惰性禁锢了吗

"为什么公司成功了，但却犹豫不前了呢？通常情况下，不是因为某些环境的剧烈变化使公司的管理者手足无措（比如技术的变化、消费者选择的变化或是制度的变化）。"萨尔在他的新书《优秀的承诺》中这样写道。事实上，他们能够迅速作出反应，不过他们所采取的措施不当，因为他们表现出"积极惰性"，即倾向于"通过迅速采用过去曾经奏效的方法，来应对甚至是最具破坏性的环境上的变革"，萨尔这样写道。

积极惰性的概念由伦敦商学院副教授 DonaldSull 提出。积极惰性是指曾取得巨大成功的公司在遭遇困难或新的挑战的时候，会不由自主地选择重复公司过去的经验模式来应对。重复以往成功模式的结果却陷入越是积极应对，越是不能适应新环境，经营越是困难，越是更积极地应对这样一个死循环。

发生"积极的惰性"的大部分是比较成功的企业，当他们以一种新的发展模式或办法取得成功以后，客户倍增，人才蜂拥而至，投资者竞相进入，甚至连竞争同行也会发出真诚的赞美并开始模仿。所有这些，都进一步强化了管理者们的信心，使他们坚定地认为已经找到了一条最好的道路，从而更加坚定地把主要精力放到了改善和扩展已经获得成功的制度上。然而，正是这种信心和坚定，也使他们陷入了"成功"的泥潭，对制度的僵化、办法的失效缺乏足够的敏感和改变，致使企业最初获得成功的新思想、新方法被一种沉醉于现状的僵化思想所取代。当面对的市场环境发生变化时，过去的成功模式反而会使企业走向失败。

我们认为满足于现状是不对的，那样你会被成功所禁锢，而且会与那些能令其产品保持市场领先地位的革新思想和战略相脱节。

1. 克服积极惰性

这种曾经帮助公司在残酷的竞争环境中生存下来的、独具特色的成功模

式就会变得僵化，曾经是有深刻见解的战略观点也开始成为公司发展道路上的绊脚石。变革过程变成了无须动脑的例行公事，对价值观的解释也成了教条主义。公司的管理者不是去问曾经使这种模式获得成功的逻辑现在是否仍然可行，而是仍然采用这种一贯的做法来对市场瓦解作出反应，积极惰性由此产生。

现在，人们已普遍认识到在结构变革与重组中会受到积极惰性的强烈阻碍。而适应新环境的对策存在于组织结构层中。所以，在频繁质变的环境中，动态的管理组织结构已经成为被普遍接受的管理理念。

避免落入积极惰性陷阱的法宝：多元的企业文化、内省的管理层。巨大的成功会从多个方面影响一个组织的文化，成为积极惰性的诱因。成功造成组织内部对某些做法和价值观的高度认同，决策者听不到理性的反对声；成功造成管理层在社会上的声望提高，在组织内部权威加重，限制理性的思辨；成功的产品部门在组织内部获得巨大影响力，有可能将部门利益置于全局之上。在外部不确定性增加的情况下，这样的组织会不自觉地沿袭过去的做法，最终落入积极惰性的陷阱。

在组织文化上，强化突变意识或强调经验使用条件都是针对积极惰性的有效对策。一个组织中，只要能认识到积极惰性存在，其本身就是一种针对性的对策，也许是最简单的对策。在文化层上的对策空间是宽广的，比如"末日管理""危机意识"都能克制惰性。对过去方法的质疑能限制惰性的扩张，而强化创新意识与对"不守规矩"行为的宽容也可以从一个方面克服惰性。

克服变革惰性，我们也可以采用哈佛商学院的教授唐纳德·N. 萨尔称之为"转型承诺"，即增加组织坚持维持现状的成本，或是降低组织坚持维持现状的可能性的行动的方法。

转型承诺不需要有杰出的战略洞察力，也不需要一位有预见力的领导。其力量源于对全套的组织行为和组织文化所采取的可靠的、清楚的、勇敢行为的能力，即把管理者与将来的具体行为联系在一起。并不是每一个公司都需要转型承诺的，但那些发现它们核心地位受到威胁的公司，则有必要使用一些战略来使公司走出老一套、惯用的行为模式。尽管转型承诺必须来自于公司的上层或是商业部门，但是中层管理者也可以为整个计划贡献自己的一份力量。

在竞争残酷的市场中，企业要想求得生存并脱颖而出，就不能循规蹈矩、故步自封，就必须打破常规，突破惯性思维，改变心智模式，挣脱条条框框，推陈出新。企业的一次成功，并不代表次次的成功。要想每次都获取成功，必须随着环境的变化，无论是从心态上、思维模式上，还是行为方式和应对策略上，都要做出相应的调整和修正。

二、发动一场"预期的而不是有反作用的"的变革

作为一个经理人，你是否考虑过：我们为什么能成功？过去的成功因素能否保证继续获得成功？要想获得更大的成功还需要补充什么？……多少个商海中如雷贯耳的名字，现在依然挺立的还有几家？企业家精神的本质，就是持续变革与领导创新。对一个公司经理人来说，最大的挑战来自于当大家过得都还不错的时候，你要说服并带领大家和你一起变革！

定型不易，变革更难，它们都是和人固有的惯性作斗争。著名领导学家、哈佛商学院教授约翰·科特成名作的题目是"变革的力量"，他认为，"领导行为引起变革，此乃其首要职能。"现任美国总统奥巴马几年前赢得竞选的关键词就是"Change"。变革的难，有这样几种：找不到方向，是为迷茫；难以说服人改变，是为无助；无法快速行动，是为无力。

对于组织发展来讲也只有一件事是肯定的——即不断变革。几乎所有的管理者都将面对这样一种严酷的事实——无论组织设计得如何完美，在运行了一段时间以后都必须进行变革。因为世界各地许多精明的商人都乐于尝试新鲜事物，所以，大多数企业都会被要求在今后的 10 年中越来越频繁地进行变革。而如果他们坚持自己过去的做法和行为，那么很多企业将无法应对变化。

多数企业认为，企业有了问题才需要进行变革管理，更多的人则把变革管理当成是一剂扭亏为盈的特效药。事实上，变革管理的最终目的，并不仅限于扭亏为盈等短期行为，更重要的是通过变革，使企业对变化万千的外部环境作出快速的反应，以确保企业能在激烈的竞争中保持优势。因此，每个企业，不论其效益显著，或者在行业中成绩斐然，都需要持续性地作出变革的行动。这一点，正是许多著名企业成功的关键因素，例如，通用电气公司因为敢于变革，善于变革，一起保持高速增长的势头，成为全球最有价值的公司。

客观地说，不少企业是敢于进行变革管理的，但在变革管理实践中的盲目性，将使他们付出沉重的代价。变革管理大师约翰·科特根研究认为，70％的变革以失败告终，而只有 10％的变革能够大获成功。最为重要的一点是，所有真正的变革都要从新的思考方法和理解方式出发。如爱因斯坦所说："如果用我们制造问题时所用的同样的思考方法来解决问题，我们就解决不了问题。"如何做到既进行了彻底的变革，又没有遭遇直接的危机，而且又达到

让人如此羡慕的成果的呢？

我们建议采用了三项原则，这三项原则对任何一个想要努力发动一场"预期的而不是有反作用的"变革尝试的公司来说都是至关重要的：

1. 频繁地沟通，定期地培训

变革通过自上而下的命令链来传达和执行，基层员工们听从这一命令，至少从表面上看是这样的，但在现实中，中层管理和基层对"上面的命令"的阻挠，或者"聪明"地消极静坐。要使你的变革计划无懈可击，首先要反复地说明这个计划的重要性，就像是向公司以外的人解释那样。

另外，还需要通过所有可能的沟通和培训渠道把有关变革必要性方面的信息反复地传递出去。

2. 设定目标，然后去努力把它实现

显示出你是"认真的"，并表示出你一定会努力实现变革。建立激励机制和表扬机制来鼓励正确的行为。

但是科佩尔还建议说，要知道什么时候不去逼迫员工。比如，有些极力反对变革的员工却是那些唯一有相关知识和经验的人，只有他们才能够给GTECH市场上目前仍在起作用的老系统服务。公司需要这样的人，工程师也深知这一点。"目前他们是本职工作做得最好的，"科佩尔说，"所以我们决定与某种程度的反对声音和平共存。"

必要的真正变革的动力需要能力和感情力量：情感因素之前都被低估了。

激励与灵感对于变化的动力性、持久性和快速性是非常必要的。哪位领导者不试着到达员工的内心，那就哪儿都到达不了。（这种评估在"变革之父"JohnP. Kotter 的《原则紧急性》一书中也有所阐述。）

经济事件的复杂性包含了很多细节智慧：网络化智慧和网络化结构将成为新的词汇，这将要求去掉以前的等级制度和上层代表基层的体系。因为只有网络化的组织才能高速而聪明地做出反应。

3. 勇于承认错误

要彻底调查一下员工们在转型过程中可能会遭遇的各种困难。当你犯错误时，要勇于承认，并愿意改正。另外，要接受这样一个事实，那就是重大的变革都会涉及许多的不确定性。要鼓励员工说出所面临的困难，不要因他们指出了你所犯的错误而去惩罚他们。

总之，从根本上说，我们之所以看不清变革的需要，是因为我们被过去的成功蒙蔽了双眼。过去的辉煌总是很容易使我们掉以轻心，因而错失保证未来成功的变革关键点！

第四章
有效沟通助力变革

一、坚持到底——利用沟通实现变革

在最佳的变革方案中，必定包含了经常、及时地对核心问题进行重申和阐述。沟通需要自下而上、顺畅地进行，在适当的时候向员工们传达适当的信息，同时征求意见和反馈。一般来说，这可能需要通过多种渠道，进行大量甚至是重复性的沟通工作来完成。

在20世纪90年代末，美国国税局局长认为，应该将纳税人视为顾客一样对待，将为人忌惮的官僚机构转变为世界级水平的服务组织。但是，想要让超过10万名员工转变官僚作风，说来容易做来难，远不止是重新设计系统和改变流程那么简单。国税局的领导者们通过这样的方式完成了这个"不可能的任务"。

首先，他们设计并执行了一套详细的沟通计划，局长和高层管理人员每日向下属发送语音邮件、培训计划、相关内容的录像带、内部新闻信件，在市政厅召开全体大会等等，用多种方式在变革的全过程中与员工进行沟通交流。及时、持续且有效的沟通是整个计划的核心，它最终使得国税局的顾客满意度从起初在众多调查中的最低水准，提升到目前高于麦当劳和大多数航空公司的水平。

企业变革既是一个组织层面上的再造，更是一项针对员工个人的过程。员工们每周投入数十个小时工作，许多人将同事看做是第二个家庭中的一分子。个人，或是由个人组成的集体，有理由知道他们的工作将如何变革？在变革的过程中和变革结束后公司期望他们做哪些工作？如何评价衡量他们的表现？变革的成功或失败对他们及周围意味着什么？团队领导人在这些方面应该尽可能地坦诚直率，提供诸如升职、赏识、奖金这类明晰可见的回报，这将在推广变革中起到奇效，而革除顽固阻碍者，可以维护、增强组织对于变革的决心。

制订了一种多层面、多媒体的交流计划，这个计划曾经是，到目前为止也仍然不仅是传递信息的一种方式，而且也有助于促进变革的发展。由于得到公司开明的高层领导的支持，公司内部的交流组不停地制作出大量的印刷品、录像制品以及电子媒介等，来向员工提供他们所需要的信息，无论是好信息还是坏信息，以使得员工们不至于从外部获得这些方面的信息。

1. 向上和向下沟通

来自于上级的信息应该在面对面的会议上逐级传播下来，目的是使所有员工都能亲自听到来自上级的、他们都有必要知道的消息。

2. 回答员工关心的问题

领导者在和员工交流变革时，要抓住他们关心的问题，接受他们的不安情绪，取得他们的信任，让他们对愿景建立起信心。员工会提出各式各样的问题，伟大的领导者可以毫不费力地回答这些问题，但是对普通的经理人来说，在回答之前，还是要下一些功夫的。比如，经理人要记住一些信息，要学会正确应对员工的情绪，等等。

3. 诚实的沟通与交流

员工喜欢坦诚的交流，这让他们感到更安全。很多时候，即使真实的信息让他们感到不安，他们也希望管理层能真诚地对待他们。"我们尽量提供给员工他们想知道和他们需要知道的信息，"一网络电视的执行制片人萨拉·苔芝奥这样说道，"我们的工作是尽可能地进行沟通，与大家分享每一件事，并使员工真正成为我们团队中的一部分。"

4. 准确、有效地传达重要信息

员工不一定需要所有的信息，但是一定要让他们接收到需要的信息。管理者可以把信息分类，过滤掉干扰信息，让员工只接收和自己工作有关系的信息，或者是员工想要知道的信息。进行调查是绝对必要的，如果对你所做的事情不进行评价的话，就不会得到提高。管理者必须明确他们得到了哪些支持，员工们得到了哪些面对面的信息；管理者还必须明确员工是从他们这里得到的这些信息，还是从外部媒介得到的，抑或是纯粹的谣言。

使用新技术，如企业内部网、通信卫星等，来帮助人们看到未来的愿景。对内联网的使用就像野火一样迅速蔓延，而且成为我们最好的、最便宜的、最迅速的全球沟通工具。

5. 用实例来领导变革

为了促进直接的、经常性的沟通，同时也为了能够促进双向的信息共享，由实例来领导变革可有多种形式。比如，福特公司总部每年两次的会议也向全球的其他下属公司播放，然后会通过公开电话解答员工们提出的热点问题。

二、不要把沟通只限于会议和印刷品上
——来自专家的五条变革沟通建议

威廉·布里奇斯是《管理转型：最大限度地利用变革》一书的作者，他发现通常情况下，一项变革计划原来旨在增强公司的实力，但事实上当管理层确实需要员工配合变革时，他们却因为拒绝变革或痛恨变革而离开了公司。常见的情况有：

1. 情绪容易波动

员工面对变革时，产生恐惧、焦虑和喜怒无常等不良心理现象。由于不可控、不确定性带来的不安全感，员工的情绪低落、悲观失望，注意力和记忆力下降。

2. 行为上缺乏主动性

员工很容易处于满足现状的状态，认为大家都一样。企业自从宣布将进行变革后，员工对组织中无论什么事都抱着一种无所谓的态度，对待工作没有主动性和积极性。

3. 要求离职调动的人数增加

如今，企业用工自主，员工均是合同制，没有职业安全感。当组织实施变革时，员工认为变革存在较高的风险以及对知识更新提出了更高的要求，而自己的水平有限，感受到的压力很明显，担心变革后被解雇，就考虑着要离开组织。

为了杜绝这种情况的发生，管理者需要尽全力在整个变革的过程中与他们进行有效的沟通。

在变革前期，领导者要使员工对此次变革有清晰的认识，只有在充分理解变革的基础上，员工才会更多地采取合作态度。因此，领导者在变革全程中要与员工进行沟通，激发员工的主动性。

（1）传播变革愿景。一家名为博申邦·格雷茨的沟通公司董事长兼首席执行官加里·格雷茨说，口号、主题或几条短语都无法明确表示出变革到底要达到什么目标。相反，要传递一些关于变革的具体信息，比如要怎样变革才能满足顾客的需求，怎样变革才能提高产品质量、增加市场占有率、提高销售额或是生产力。一项正确的愿景，即使只为少数关键人物所理解，也能发挥作用。但只有当企业任务所涉及的大多数人对愿景的目标和方向有相同的理解的情况下，愿景的真正力量才会得以释放。

（2）即使是坏消息，也要让员工们知道变革涉及的范围。有些变革也许会影响公司一小部分人的利益，然而有些变革也许会影响到所有人的利益。无论是哪种情况，都要经过慎重考虑。约瑟夫·吉本斯是美世咨询公司纽约办事处的一名顾问，他建议道："如果有人要下岗，那就说出来。如果公司要廉价出售一个部门，那就要让员工们知道。"

（3）通过面谈机制让员工认识变革有益于自己的发展。如果最初宣布变革时并没有人提出什么问题，也千万不要认为员工已经接受了变革的计划，那仅仅意味着这种宣布来得太过突然，《变革的四种层面》一书的合著者之一理查德·沃思这么说。一旦员工们回到办公桌前，他们的顾虑就来了，这时候就要充分发挥沟通的作用了。开完第一次会就紧接着开第二次会，然后就是第三次会，以此类推，用这种方式来与员工保持持续的对话。通过评估面谈机制，减少未来和职业潜力的不确定性对员工造成的压力，传递组织对员工的关注并让员工明确组织变革给职业发展带来的机会以及员工未来可能的定位。这样的沟通不仅减轻了员工的心理压力，更重要的是留住核心员工不因组织变革而流失。

（4）用新知识来支持变革。企业的变革常常伴随着技术变革和人员变革。每一次变革都对企业内的员工提出了更高的要求。先进生产线的引进、办公自动化的建立、新技术的应用都要求员工不断的提高自己的知识和能力。当进行变革时，他们害怕自己不能掌握或适应新技术岗位的需要，这样的话他们就认为技术的改变和进步会使自己被淘汰或地位遭到挑战，甚至会导致他们失业。

（5）不要把沟通只限于会议和印刷品上。因为电子邮件已经取代了纸张而成为公司内部沟通的主要方式，所以有些管理者和员工甚至都不必看纸制的便函或是报告。用电子邮件发出的紧急信息增加了阅读的可能性。

三、员工是否也做好了顶线收益增长的准备

作为经理人，为了实现顶线增长（销售额增长），你已经开始进行企业转型准备了，员工呢？当首席执行官宣布要进行战术上的转变时，比如重新关注增长，领导们就必须得注意，这实际上就等于让员工告别他们所熟悉的领

域。虽然这不像宣布下岗那么痛苦，但这种变革仍然需要心理上很大程度的转变，甚至会因此而遭遇阻力。转型的起点不是最终的结果，而是结束过去，即你和员工必须尽全力与旧环境断绝一切关系。

经理人要熟悉企业业务，了解企业员工，要具有战略眼光和变革思维，要敢于变化。可以肯定的是，经理人首先必须推动全员的思维变革，进而配合企业业务转型参与制定相应的培训、绩效、薪酬、目标等操作层面的制度。

1. 启动沟通机器：安抚人心

新经济时代世界在变小、速度在加快、社会在飞奔前进……创新和应变成为企业生存、发展的不二法则。转型期管理成为企业管理中的一个非常重要的话题，业务转型、新增业务、战略转变、管理体制变化等贯穿企业发展的始终。企业转型随之而来的是从业务到管理上的挑战，甚至因转型而产生了一系列不安定因素，如人员变动、职位调配、团队关系等也必将给内部管理带来诸多压力。

转型成功建立在团队的稳定之上，安抚人心恐怕是任何变革或转型中最为重要的问题，改变的同时也要保持稳定。经理人需要策划周密的"沟通运动"，通常可以采取以下一些做法：

在转型初期，保证信息的透明和畅通是保持团队稳定最有效的手段。

第一，准确解读管理层厘定的方向和目标，让所有员工了解方向和定位。有了方向感之后，可以减少员工茫然和摸索。

第二，保持与员工沟通渠道的顺畅，发布所有转型信息，通过座谈会、一对一沟通等方式保持与关键岗位员工沟通。尤其在转型初期，保证信息的透明、顺畅是保持团队稳定最有效的手段。在这一阶段，领导者要做许多重要的沟通工作。首先，要把问题摆出来：尽可能通过各种形式的讨论会来讨论变革的原因以及若不解决这一问题所要付出的代价。很重要的一点就是：要整理一个一分钟的演讲来说明变革是关于什么的以及为什么有必要进行变革。这样不仅可以使问题在你的头脑中变得更加清晰，而且当一次又一次地重复这样的演讲时，能够保证其前后的一致性。

第三，当员工被分配角色之后，通过沟通帮助员工了解岗位职责要求、能力要求等，帮助员工顺利过渡到新的岗位。尽量让员工了解他的职责角色的定位；未来职业路线将怎样发展；转型将会对他们产生哪些影响，这些将怎样影响组织和个人的关系。领导者还必须使员工明确该放弃什么。如果不能做到这一点的话，那事后他就会发现，员工们并没有真正地摆脱过去的影子，而且会发现员工们早就应该重新开始了，但却因为陷在了转型过程的泥潭中而无法前进。

第四，关注转型或变革进展，寻找成功人物或事件，并尽快将这些成功经验与大家分享，起到典型示范和鼓舞士气的作用。在这一阶段，领导者应该更多地用实际行动进行沟通，而不只是通过语言来沟通。通过沟通渠道各种信息发布，管理层和员工的沟通保持畅通，上下基本同步，员工能知道公司到底遇到了什么情况，管理层都做了哪些事情。顺畅的、及时的沟通保证了员工对整个转型计划、实施细则、未来发展，以及个人职业发展的知情，这不仅帮助员工顺利就位也极大地稳定了人心。

2. 改变沟通习惯：助推转型

通过短期的思想和宣传工作，可以保持基本的人心稳定，但在文化、思维方面的改变是任何转型、变革中最花费时间的。转型对企业来讲是个漫长的过程，无论对人、对企业本身都是极大的考验，如何持续影响干部员工的思维习惯和行为方式非常重要。

在变革期的企业当中，一个强有力的领导者非常关键，不仅需要厘定基本方向和目标，而且需要表现出"疯狂"的推动力，控制部下的跟进速度和节奏，关注所有事情的每一步进展。并调动人力资源、培训等资源支持转型。

任何转型，尤其是在转型初期，大规模的人员调配都必然影响人心。更重要的是，员工如何配合调整实现顺利转型？新职位如何快速顺利匹配？如何保持关键人才不流失？那些在原先职位上成功的员工，如何让他们接受新岗位、新要求？他们又如何随同不断的转型始终保持职业成长？

所有这些都涉及沟通习惯、思维模式的转变，经理人需要做的是通过宣传渠道向企业员工传达正面信息，改变转型、变革带给大家的怀疑、猜忌、不安、无所适从等情绪。

对于领导者来说，如果他们表现出很愿意尝试一些冒险行为，并经常问他们自己和员工："有没有别的什么办法可以把事情做好呢？"那公司的完美转型就不是梦！

四、反思变革思维的战略

现在，假设在公司的变革中，你想让大家接受一种新思想，但碰巧听众是那种非常固执的人，他很难接受别人的建议，不管那种建议是如何好，他就是认为自己的思想是最有价值的。你怎样才能使这种人改变原有的思想观念接受你的新思想呢？

1. 你可以让他认为这种新想法完全是他自己想出来的

密苏里州一家大的电子产品制造公司的副经理凯利·瑞安说："我发现让一个人改变他的工作方法或者工作程序的最好方法，是让这个人认为这一切都是他自己想出来的。我让他对这种改变负有全部责任，我表彰他的主观能动性和预见性，他也相信那全都是他第一个想到的。这样对我们双方都有好处，他会感到自己的工作更重要、更安全，而生产效率也得到提高，这是我所期望的。每次我都如愿以偿。雇员由于提出了新的方法受到嘉奖，这样，我们双方都感到很幸福。"

对于这种方法只有一个特殊的要求：时间和耐性。要慢慢地去做，切勿急躁。经那个人花费一定的时间去理解和消化你的思想，让它一点一点变成他自己的思想。切记：你的工作是播种，让他去收割，给它生根发芽的机会。当你这样做了以后，你会得到巨大的好处。

2. 经常用多种方式说出想法

《变革思维》一书的作者加德纳说："许多人都错误地认为只把他们的信息传递一次就会使观点更有说服力，然而，无论你的想法有多好，无论你所传递的信息多么的有说服力，你都需要反复多次地表达你的想法，以此来强化其在听众头脑中的印象。"

在《变革思维》中，霍华德·加德纳提出了说服别人接受新思想的 7 种方法：

（1）理由：把与新想法有关的、可考虑的因素、优缺点都摆出来。

（2）共鸣：基于对听众详细的了解，你的想法就会有说服力。

（3）表象式重新描述：通过故事、统计资料以及图表等各种各样的形式来传递信息。

（4）资源和鼓励：利用各种资源向大家展示你的想法的价值所在，并鼓励他们接受你的新想法。

（5）阻力：要投入相当大的精力来确定反对你想法的最大阻力是什么，并努力直接或含蓄地缓和这些阻力。

（6）调查：提供与你的想法有关的各种详细信息、数据、资料。

（7）时事：留心时事，只要可能，利用这些事件来支持你的想法。

不要简单地把统计信息、材料和其他各种形式的会议资料草草地拼凑在一起。相反，要用中性的叙述把这些混杂在一起的进行整理，帮助听众客观、轻松地评价一个合理的、熟悉的问题。

3. 感情注入

任何一种转型，细化到操作层都表现为工作流程、汇报制度、管理责任等的改变。因为员工熟知工作流程以及谁会受到变革的影响，所以要挑选一些员工（尤其是承担一些管理责任的员工，如班组长）来参与制订变革时间表及过渡计划。例如，许多组织主动让第一线的主管和员工参与到使计划的制订过程细化到操作层面的工作中来。这个过程为员工提供了一个在新组织的重建中发表自己见解的机会。

管理者要承认员工感情上的担忧并且关注这些担忧。对于管理者而言，抵触情绪至少是一种信号，它标志着改变已得到了员工的注意，标志着人们企图保持一些对他们重要的东西，所以要认真听取员工因潜在的担忧而产生的反对意见。仔细倾听一些流言和猜疑，努力传达关于变革的真相，哪怕是最小的细节。

4. 利用资源

并不是每个人都适合或擅长各种形式进行沟通。如果你在哪种形式上较弱，就要寻求相关帮助。经理人要做的就是利用各种各样的形式把极有希望实现的想法不断地讲出来，使别人能够理解它、记住它，最重要的是要让人们接受它。

五、变革之舞——将沟通作为变革的舞鞋

现在许多公司的经营战略面临竞争环境不断改变的挑战，或者说有些企业在竞争日益激烈的情况下不得不进行变革。在企业变革时期，企业的沟通能力也应作相应地调整，否则，企业战略方向的转变将不会取得持续有效的成功。

1. 亲自示范变革

管理者要利用可以利用的一切方法，在最短的时间内让员工完全了解变革的必要性，不仅要告诉人们问题所在，而且要使他们从不同的角度来看清问题。如果员工能够参与现有问题的确认以及解决方案的制定，他们会更好地理解变革的必要性。

2. 使信息更加显而易见

员工必须能够毫无阻碍地获取有关信息。沟通必须做到明确、及时、可

信、全面，并且以数据和事实为依据。向员工提供尽可能多的有关组织前景的信息，当员工清楚地知道事情的进展以及可能的结果时，他们会成为变革的合作者和支持者，而不是抵制者。让员工把工作重心放在关键任务上，能在一定程度上缓解他们因改革而产生的焦虑和不安的情绪。作为一个整体战略，领导者应尽可能快地向员工说明：新的行动计划是什么；我们应采取什么行动步骤；我们现在应该完成的工作是什么；通过变革我们能从中获得什么。记住：人们对于自身将来的关注总多于对于公司改革计划的关注。

保证双向沟通，增强员工参与度，提高员工的控制感。人们对某项事情的参与程度越大，就越勇于承担责任，并把它作为自己的事情来做。有研究表明，对环境有高的控制感的员工对工作满意度和心理健康均有有益的影响，那么组织应采取一些方法让员工参与到组织变革中来，提高员工对变革及对环境的控制感。变革只发生在感性层面而不是理性层面，由员工参加的非正式会议，会使员工无论是在心理上还是在思想上，都有可能将变革最大限度地进行下去。

3. 建立关于变革的信息流，并使之制度化

马克·奇尔德斯是冠军国际公司的组织发展与人力资源部的高级副董事长，同时也是《揭秘：冠军国际十年变革》一书的合著者之一。该公司准备用系统的方法来应对变革的挑战，为此成立了一个跨部门小组，对信息如何在公司内部流动进行了研究。这样，在为了能够达到信息共享而召开几次会议之后，真正意义上的沟通开始了，尤其是当给最好的践行者提供笔记本电脑时，情况变得异常火爆。"由于人们争相交流工作上的经验、想法和疑问，结果居然把网络堵塞了。"当公司对网络增容后，员工相互学习的机会大大增加了，最大程度地进行实践行为已成为公司制造业一个持续发展的目标。

4. 管理型团队的组建

建立转型管理团队，以便能够保持沟通渠道的畅通，并能够使人们从一个全新的视角来对待当公司走出调整阶段、面临重新定位时所遇到的问题。

当人们在类似于转型管理团队这样的组织里发挥一定的作用时，他们就至少会默默地参与到结果当中，即意味着他们接受了变革，并为变革贡献出了自己的一份力量，在多数情况下，成功的结果在于七分投入，三分战略。

5. 了解听众的智能

信息的传送要用员工理解的语言，虽然许多变革是出自经济上的动机，但在向各层次员工解释组织变革时，仅仅用资产负债表、损益表以及银行信贷这些是不够的。必须针对不同接受者使用不同的方式，使他们对同样的信

息能从自己的角度理解和认识。为了选择正确的方法，你要努力辨别目标听众的智力类型，这需要用心观察。

6. 要反复宣传，重复解释

正如实施变革所需时间往往超过预期，发布有关变革目标、变革原因和怎样变革的信息不是一项一次奏效的活动，并且每次宣传、解释都必须用规范的措辞和描述。

第九篇　设计成长战略，打通
企业持续发展的隧道

第一章
成长理论浸润心灵

一、"卒、将、帅、王"——管理者的成长史

在人类历史还没有进入资本主义社会时，"管理"这个词其实是起源于统治阶级上对下的治理，比如纪律森严的军队。尤其是冷兵器时代军队作战就是靠人，对人的管理非常重要，基本上每一场战役都是兵与将的配合。将这一点放入现代创业者的成长历程来说，和在军队里一个好士兵的成长过程颇为相似。

虽然拿破仑曾说过：不想当将军的士兵不是好士兵。但是从最低等级的卒开始，做好一点一滴，先服从别人的管理和管理好自己，成长到管理他人的将才，再成长为借助他人管理的帅才，最终做到成为实施全面管理的王者，这也是一个漫长艰辛的过程，我们借由这个概念来看看管理者是如何成长的吧。

1. 第一步：士兵

古时士兵叫"卒"，5名士兵形成一个基本单位"伍"，负责人叫伍长，从卒升职成伍长就需要一定的经验，之后随着所管理人数的增加，会有各级的长官——百夫长、千夫长。

大多数创业者都是从最低级的士兵开始的，成功的创业者在一开始在基层做"卒"的时候，往往都是"好卒"。根据统计结果显示，很多创业者在基层的时候都做过销售。据美国专业调查局的一项统计，在大中型企业里超过50％的CEO都出身于销售员。

人人都知道积累经验的重要性，但很多人却忽视基层的经验其实比起来来的种种经验更有价值，首先从最基层做起的好处是什么呢？其一，基层员工在工作当中都会把最基本的工作干上几种，充分理解了每个岗位的酸甜苦辣。比如，当你的员工提意见希望减小工作强度，提高工资待遇。你如果没

做过基层，是很难切身考虑劳动强度的，更不要说理解一个基层员工月收入增加 50、100 元给他带来的那种鼓励和兴奋，在这个问题上，你很可能就会因为缺乏自身经验而导致处置不当。其二，唯有你自己是从基层做起的，你才能知道什么样的"卒"能一步步培养成百夫长、千夫长，这对你将来的用人有相当大的帮助。

2. 第二步：将

做到将军的人，一般来说已经经过各中间级别的锻炼，能带领和管理足够多的人了，在企业中属于中层管理的位置。

在军队里，将军的职责是什么呢？首先是身先士卒，冲锋陷阵；平时则是训练下层各级官兵，成为合格的士兵、士官；关键时刻则能带领手下，实现上级确定的目标。这三种都是将军的职责。这三种职责对于期望成为 CEO 的中层来说，要学会在创业初期做中层管理者的工作：培养人员成为合格的员工、带领关键部门、实现关键目标。同将军需要上战场杀敌一样，中层领导的业绩依然是非常重要的一件事，但此时和单枪匹马的基层不同，中层领导的业绩是要依靠团队的实力来实现的，所以如何带领团队，是中层最需要注意的事情。

3. 第三步：帅

一场战争的总指挥古时候叫上将军，也就是元帅了。当你成为元帅时，不再上战场勇冠三军、浴血拼杀了，你要做的是运筹帷幄之中，保证兵士们决胜千里之外。

自然而然的，元帅的工作核心是：根据国家的战略需要，全面策划实施相关战役；选择大将；决定兵马布局与战法；选择决战时机；处理政策干预，不是有句老话说"将（元帅）在外，君命有所不受"。元帅完全在战场替代最高决策者。

这个阶段的创业者，工作核心转移到根据公司的战略，设定目标、策划方案、调动人员、锤炼产品、组织实施、检查督促了。从直面市场的工作职责中进入一个转变期，管理者要学会从做将军时候的自己带动公司发展，转移到做元帅时靠其他人带动公司成长了，需要用别人的力量来完成自己设定的目标，但是在这个阶段，往往是创业者的最大难题，尤其是个人能力越强的创业者，越难以把个人能力转化为组织能力。而在不直面市场之后，如何从宏观上把握公司的发展规划，是这个阶段创业者需要注意的事情。

4. 第四步：王

无论兵士们如何勇敢，将帅们如何英勇，但是归根结底最终决定战场胜败的，是国家的战略选择、选帅用人、国力建设、民心向背、外交支援等等的综合结果，而不是一两场战役的胜负了。所以，这就是比拼王的实力的时候了。

对于企业的领导者而言也是，当企业发展到一定阶段，关键的已经不光是几项业务发展与某些部门的成长，更多的是把视线从公司内部转到公司整体环境。从宏观上把握公司的发展命脉、制定战略规划是这个时期的创业者所需要思考的。

领导者的工作核心已经不再是某些业务了，而转到企业能否做强做大的全局问题上，他必须要将自己的视线从一些细节上转换过来，改为关注比如政策导向、行业趋势、企业形象、投资融资、人才选拔、制度建设等等，其中最核心的人物是负责好企业三大关键：用对人、管好钱、选对战略。

创业者一路从卒到将，从将到帅，表面上看来是从一线战场退到二线战场的过程，但实际上，这样要求一切操作现实转到更注重理念和宏观因素，唯有处理好这样的关系，才能真正成为创业成功的王者。当创业者自身经过一轮"卒、将、帅、王"的成长以后，企业的发展才会走向欣欣向荣的局面。

二、企业持续成长的战略思考

对于每个企业家而言，企业的"持续成长"都是非常重要的事，尤其是经过了原始的资本积累之后，更加需要组织和系统的支持。一般做情景规划和战略设计时，企业需要考虑5年以后实现持续的成长，真正思考的问题是，如何在组织和战略层面打造出一个能够刺激和支撑企业发展的系统结构。而这个系统结构可以使企业成长具有可预见性和可持续性，而不是一次偶然性的成长。这才是企业家对持续成长进行战略思考的关键点所在。

企业家在战略思考方面要有创新力，而且往往需要借鉴行业之外一些游戏规则。我们在管理企业时常犯的错误是，在一个行业里面待的时间太长，这样的惯性思维会让我们对行业有一个非常固定的认识。实际上很多非常创新的商业模型都是在我们熟悉的行业之外的，而不是在行业之内产生的。好比说，某企业家经营房地产行业，只盯着房地产看，就很难实现一些模式的创新，无论他在行业内如何扑腾，颠来倒去都不过是老一套。从行业外寻找可借鉴的经验，这一点发展成规模的美国企业中很常见。

现代企业追求可持续成长，不是理论上应该不应该的问题，而是现代企业组织的内在客观要求。

我们从企业发展的角度看，一般的企业发展到今天，都经历了几个典型的阶段，即原始企业阶段、传统或古典企业阶段、现代单体企业阶段和现代集团企业阶段。

相对于农业经济的自给自足的状态，原始企业所带来的本质变化是市场的出现，在这时候生产者制造的产品或服务是提供给消费者的不是留给自己用的，而是更广泛的影响市场，生产者与消费者之间的关系就是市场关系。到了传统企业阶段，由于生产者分化成了资本家和劳动者，资本家只管投资与管理，而将日常的生产劳动交给专职的劳动者去完成，于是出现了雇用和被雇用。到现代企业阶段，这样从属于阶级的分化进一步加深，资本家又分化为投资者和经营者，所有权与经营权的分离使企业中产生了一种新的关系——代理关系。其实一步步走来，企业的发展经历了这么多阶段，都是向前可持续的，这说明企业发展的势头是不可抵挡的，如果哪家企业在前进道路上顽固不化，不接受市场的影响，那么注定会失败。

进入现代管理体制之后企业的进一步发展，又出现了专职的代理者阶层，如投资公司、管理公司、投资基金会等。在 20 世纪的北美和欧洲，这样的趋势就很明显。

在这些企业的进化、发展的自然进程中，不仅是职能在分化、规模在扩张，更重要的是其中的质变——经营主体的换位及经营目标的演变——这一点才是现代企业在发展中遇到的问题所在。

当然，我们不可否认的是从法律意义上讲，企业"最终"仍是由所有者支配的。这种最终表现在每年一到两次的董事会决议，最典型的是表现在企业破产、清算、停业等完成使命的时刻。但是企业本质上是个连续运动着的有机体，其日常运营的支配才是最重要的支配。这种观念已经为社会所广泛接受，所以日积月累的质变会对企业的发展造成重大影响。

一般说来，在原始企业生产者追求的是家庭生计目标；在传统企业，资本家追求的是利润最大化目标；现代单体企业追求的是资产增值和可持续成长目标；现代集团企业追求的是资源配置与可持续成长目标。根据这些发展目标的不同，对于企业可持续成长来讲，"质"的变革或创新可以说是最为核心的内容。量的扩张只是成长的结果，可持续强调的是成长的过程。只有保证了一个良好的成长过程，才能有不断的成长结果。

同时，"质"的变革或创新还包括硬件创新和软件创新。硬件创新如技术、材料、设备、能源、产品等的创新。由于技术、产品等都有寿命周期，只有通过创新才能使企业超过现有技术和产品的寿命周期，获得新的持续的成长。软件创新如观念创新、制度创新、组织创新以及员工素质的提高、企业形象改善、信誉提高、员工的积极性和创造力提高等，我们一般把软件的创新称为知识创新，知识创新尤其可以使企业获得持续成长的原动力。

在现代企业中，如何实现持续发展呢？主要是以下三点：

第一，企业运营能力的成长不能低于企业所从事的事业规模（或复杂性）的成长，企业才有可持续成长的潜在力。

第二，知识资本（含人力资本）的增值大于财务资本（含物质资本）的增值，才能保证企业有持续成长的可能性。

第三，生生不息的企业文化是企业实现可持续成长的重要保证。

第二章
高成长的达·芬奇密码

一、价值创新：高增长的战略逻辑

即便是同时起步，又在行业内拥有同等价值的企业，在经过一段时间的发展之后，往往也会有发展落差。这就要归结到为什么有的公司能够实现持续的高增长，而其他公司则不能？为了解答很多创业者关于这个问题的疑惑，在全球颇具影响力的号称世界最大的欧洲工商管理学院的 W. ChanKim 和勒妮·莫博涅两位教授花费了 5 年的时间，对世界各地的 30 多家知名企业和公司进行了研究。他们在调查中发现，业绩较为逊色的公司在战略思维上往往被一种思想所支配，这种思想就是在每一个发展阶段中都注重的是，如何在竞争中保持领先地位。但是出乎人们意料的是，与此形成鲜明对比的高增长的公司对于赶超或打败对手并不感兴趣。相反，它们通过利用被作者称为"价值创新"的一种战略逻辑，让竞争对手变得无关紧要，换而言之，他们在发展过程中，重视的是自身的发展和壮大。

我们都以为，在企业发展当中，竞争意识是不断推动企业成长的，但是我们往往忽略了传统战略逻辑和价值创新逻辑在战略的基本层面上有所不同。

我们平日里所强调的竞争发展，其实是陷在一定的思维局限性当中的。许多公司认为自己所处行业的条件是既定的，并据此制定相应的战略，但殊不知这只是竞争当中的一部分而已，他们所忽略的才是最终导致他们输掉的原因。价值创新者寻求价值上的重大飞跃。许多组织的战略思维被竞争对手牵着鼻子走，而价值创新者则不把竞争对手当做比较基准，而注重的是自身的发展和市场的需求。

在这一点上，价值创新者不关注客户之间的差别，而是从客户所看重的一些东西中寻找共同点，在客户的需求中寻找自己的发展关键，这一点是很多公司所缺乏的明智精神。许多公司根据自己的现有资产和能力去看待商机，它们会问自己："以我们现在的条件，我们所能做得最好的事情是什么？"仅仅这样其实是不够的，我们来看看与此相反的注重价值创新的企业会怎样根据调查报告显示，这些企业管理者在做出新的管理策略时会这样问自己："如果我们一切重新开始，情况会怎样？"

这就是两者在商场竞争上巨大的不同。传统的竞争发生在明确的界限之内，但价值创新者常常跨越这些界限。这一种跨越往往会带来意想不到的成果。

有一些研究了这些企业的专家以数家公司为例，说明了价值创新者是如何创造新的价值曲线的。例如法国知名酒店雅高要求管理者把自己所熟知的所有的行业现有规则、做法和传统抛在脑后，并回答这样一个问题：如果雅高从头开始，他们会如何做？在这种从头开始的基础上，他们才能抛开已有观念和束缚，找出了所有经济型酒店顾客的共同需求：花不多的钱，睡一夜好觉。正是这样的观念导致雅高发生翻天覆地的变化。于是，雅高提出了一种全新的以客户需求作为出发点的关于酒店的新概念。雅高的价值创新赢得了顾客的回报，他们不但争取到了法国经济型酒店的大批顾客，而且扩展了市场规模。这样的成功例子在欧美很多历史悠久的企业中还有很多。

我们知道在许多行业，价值创新者在多年内都不会遇到真正的挑战，但在另一些行业，竞争对手很快就会冒出来，例如近年来发展势头最盛的电子科技业。但是无论如何，我们都会看到，最终，价值创新者的增长和利润必定会受到冲击。价值创新者要避免落入传统战略逻辑的陷阱，即要避免自己苦于斗争卷入以击败对手为目的的一场竞争，应该不断地进行价值创新，唯有如此，才能很快找到属于自己的市场立足点。

在相关专家所研究的公司中，那些在反复进行价值创新方面最为成功的公司，都是充分利用了价值创新赖以产生的所有3个平台：产品、服务和交货。这三个领域如果有所创新，带来的利益将是显著的。一些试图但是又不彻底进行价值创新的管理者们往往只注重产品平台，而忽略其他两个因素，这个不够全面的做法久而久之会对企业的发展造成制约，因为这种方法不太可能为反复进行价值创新创造很多机会。因为市场是不断变化的，而且随着客户和技术发生变化，每一平台都可能展现新的潜力，如何抓住这种潜力，也是管理者所需要思考的问题。这点恰好正如好农夫在种庄稼时总是采取轮种的方法，优秀的价值创新者也会轮流选取它们的价值平台。

二、增长的相对价值

在现代商业社会中，公司为了促进自身发展究竟是选择增长战略还是提高利润率战略，并不是靠一个人一个简单的推测轻易就能确定的，做出这样的选择在很大程度上还要考虑它们所处的行业及其自身的特定情况。有些传统的公司本着习以为常的想法，低估增长的价值，结果却导致公司面临业绩和可持续经营能力下降的风险；而另一些公司恰恰在提高利润率和现金流最能提升股东价值的情况下，大力发挥增长杠杆的作用，让公司的境况全面走向胜景；还有一些公司固执地坚持原先的规则一条道走到黑——无视经营环境的变化，自始至终采用一个战略，这样的固执美其名曰"坚持传统"，实际上却对公司的发展有着巨大的损害。

作为具有决策权的公司的管理人员，如果想在增长项目和提高利润的措施之间合理地分配资源和力量，就必须对增长的相对价值有一个更深入的了解，因为只有充分了解了公司增长的相对价值，才能妥善并全面的为公司确定合适的目标，并为实现这些目标培养相应的组织能力、建设与此匹配的组织架构和资源配备。

大多数企业经营者并不明白这个增长的相对价值的概念，他们也许都认为，将增长率提高一个百分点，与将经营利润率提高一个百分点对于如何向董事会交代和创造股东价值来说作用是一样的，只不过在此基础上利润率的提高马上就能在财务报表上显现，而增长所带来的复合效应还需假以时日，甚至是一个漫长的过程。然而他们忽略掉的事实是，增长率的提高与经营利润率的提高对股东价值所作的贡献至少是不同的，这一点尤其体现在对公司长期发展的影响上。

通过增长率提高所带来的价值，经常是远远超出经营者的想象，即使是一些计算精密的投资人也很难全面预估。对一些公司来说，让市场相信它们能将增长率提高一个百分点，可能与将利润率提高十个百分点创造同样的价值，是不是觉得难以置信？

有相关专家专门为此提供了一个新的战略性衡量指标，这个指标称之为"增长的相对价值"（RVG），企业经营者们在面临以上问题的时候，通过公式计算并分析这一指标，企业经营者就能够清晰地看出增长投资项目和利润提高举措对股东价值将起到何种影响，所以你所需要考虑和担心的问题通过这个指标就能清晰地呈现出来。

这项计算并不复杂，只要经营者们掌握企业普通的资产负债表和损益表，就能算出自己企业和竞争对手的 RVG 数值。根据这一数值的大小和变化，管理者们能够清楚的洞悉他们所采取的哪一种公司战略正在为企业创造价值，甚至还能够进一步了解公司是否利用了对于创造价值最为有效的杠杆因素。

专家专门调查了宝洁、埃克森美孚、EDS 和家乐氏等若干知名企业，对它们的案例进行了深入细致的分析解剖，这些企业都通过各种各样的手段使自身获得了增长，这些企业根据 RVG 值来制定他们短期和长期内的发展战略，获得了巨大的成功。通过这些知名企业的案例，我们可以发现从长远来看，提高增长率和提高利润率是水火不容的，企业家切莫心怀侥幸，认为可以避免其中的矛盾。但是，并不是两者不可以并存，只要方法得当，注意分寸，有相当多的公司是能够成功地做到鱼与熊掌兼得的，在欧美的成功企业中这样的例子也不罕见。

经理们应该如何利用 RVG 框架来制定出更加宏伟的、能同时兼顾增长和利润这两个目标的战略呢？如何运用这个框架在成本控制与增加营业收入之间实现合理的平衡？达到这个目的，增长的相对价值就再也难不倒决策者了。所以企业的每个高层管理人员都应将 RVG 框架作为自己的一种战略分析工具，通过这一种工具，他们可以帮助自己做出决策，而且通过 RVG 分析，管理人员可以充分了解股东期望他们重点关注的问题，同时获得一份关于自己业绩的"成绩单"，这对每一个职场经理人的职业发展都是具有深远影响的。

在这里，尤其重要的是，企业的管理人员应尽力避免陷入误区，低估增长作为价值潜在源泉的作用，这对整个公司的决策来说都是不好的。虽然与提高公司的利润率相比，将公司的可持续增长率提高一个百分点难度更大，但正如许多公司所发现的那样，最快速的增长通常能够带来最丰厚的利润，如何在交出一份漂亮的成绩单时兼顾长期发展，是企业管理者们好好学习的一课。

三、闭环式管理：从战略到运营

我们曾说过，管理是一个外向也是一个内向的构架，需要内部的支撑，也需要在外部扩展更多更好的资源。但是在很多发展到一定规模便陷入瓶颈的公司，管理者陷入了这样一个误区：为了完成短期的业绩指标，他们花大量的时间讨论解决运营问题，因为不解决短期问题，公司就无法生存，但是却因为时间有限，他们偏偏忽略了对公司长期战略至关重要的事项，例如对公司进行长期的情景规划和战略制定。结果，这些公司的战略往往是和实际运营脱钩的，这样结果直接导致每个季度的实际业绩总是与预期目标相差那么一截。

平衡计分卡创始人罗伯特·卡普兰和戴维·诺顿认为，这些公司业绩低于预期的原因并不是管理人员能力不足或不够努力，而是公司管理体系的崩溃。公司的管理体系，是指公司用于制定战略并将战略转化为具体运营措施的一整套综合流程。这个流程的崩溃意味着公司在管理上的内部架构以及对公司项目进行的前期规划和预测都是失败的。这两位专家提议要在公司内部建立一个闭环式的管理体系，英文名称是 closed－loopmanagementsystem，这个体系可以将战略和运营更紧密地结合起来。专家们还为这个管理体系的每个阶段提供了各种工具，例如战略图和平衡计分卡等工具，这些工具都能够从实际上为战略的有效执行做出了更全面的指南。管理者们可以借助这个指南整改调整自己的管理价格，而这个循环往复的闭环系统由五个阶段组成。

第一阶段：管理者在制定公司战略前，首先应当要对公司的使命、愿景和价值观达成共识，在此基础上关于对公司的发展树立正确的思维模式，接着，管理者应当利用对公司熟悉的经验，对公司自身的优势和劣势有清楚的认识，在此基础上仔细分析外部环境和竞争对手的情况，在以后的发展途径上以寻求机遇、应对威胁（即 SWOT 分析）。在摸清了公司内外的状况后，公司的管理者可选择是发挥现有竞争优势或内部能力（迈克尔·波特的低成本与差异化战略选择，资源基础型战略），还是选择寻求全新的竞争定位（蓝海战略、颠覆性战略），根据公司的实际情况选取的战略实际上是公司发展的根据基础所在。

第二阶段：无论管理者选择的是什么战略，但是转化战略一旦制定好战略，管理人员就需要将战略转化为可以明确传达给所有部门和员工的目标和措施，这一点尤为重要，但凡没有落到实处的战略实际上都毫无意义。上文提到的两位专家始创的战略图和平衡计分卡在这一阶段非常有用。我们具体来看一下，战略图将战略目标按主题划分，而平衡计分卡则将战略目标和绩效衡量指标紧密地联系在一起，这两者的结合实际上都为管理者如何将目前这一阶段的人物进展得更好指引了方向。在这一阶段，对于将用在实施一系列战略举措的资源，公司还要确定和审批，并为每个战略主题指派一名高管负责到底，采取责任制的管理方式，能够促进战略进行的更彻底、有效。

第三阶段：规划运营在确定了战略目标、衡量指标和各项战略举措后，公司的高官们需要为接下来的执行步骤制订运营计划，这个计划当中会具体列出为实现战略目标而将采取的一些行动，这些行动的可行性相当的重要，具体来说这一阶段从确定流程改进项目的优先顺序开始，然后是制订详细的销售计划、资源能力计划，以及运营和资本预算（当然这是大体而言，实际情况可以根据公司具体情况而定）。公司的管理者在这个阶段可以运用和凭借的工具和流程非常多，如资源能力规划、动态预算和质量和流程管理、作业成本核算等等不胜枚举。善用这些工具对于管理者会起到事半功倍的效果。

第四阶段：接下来，我们就进入到了监督和学习在实施战略和运营计划的过程中，公司的管理者在此时要定期回顾运营数据以及外部环境和竞争对手的有关数据，评估取得的进展，并确定战略实施存在哪些障碍，一旦战略出现偏差或者遇到障碍，就需要结合公司的实际当下清除。这时候最需要注意的是运营回顾会议和战略回顾会议要分开举行，尽管这两类会议的与会人员可能相同，但由于议题的不同，还是分开进行才会更有效果，这一点在很多大型欧美企业的实例中我们已经屡见不鲜了。如果这两类会议安排在同一天举行，那么为了避免类同效果或者效率不高，准备会议的人则要制定完全不同的议程，确保战略讨论的时间不被运营讨论所挤占。

第五阶段：最后阶段的任务是检验和调整战略，在此时切不可因为要收尾了而掉以轻心，公司的管理者要对现有产品和客户的成本与收益进行分析、研究战略和业绩之间的相关性，考虑战略所依据的假设是否已经过时或者存在问题，必要时及时调整战略，从而开始新一轮的系统循环。这个系统是一个循环往复的过程，通过这个过程当中不断的自检和被市场检验，可以充分的保证可行性和切实性。

这样一个闭合式的管理体系是一个流程完整、构架清晰、目标明确的管理体系，它能帮助公司管理者同时管理好战略和运营。所以管理者需要在制定明确的战略目标后，根据目标分配资源，并明确运营措施的优先顺序，这样才能迅速确定这些决策对运营和战略的影响，能够在具体流程实施时以及在必要时更新他们的战略目标。

第三章
成长战略的快速实施

一、把东西卖给富起来的大众

美国的西北大学一位经济学家经过长期对市场经济的调研最终得出结论发表了一篇论文，他在文中写道："有两种良性循环存在于大众消费之中。一种是'下滴效应'——商品价格下降会导致需求上涨、消费门槛不断下降，低收入人群因此可以享受更多的实惠。还有一种'上滴效应'——随着商品的价格下跌，以前要花更多钱才能购买基本日用品的消费者可以把省下来的钱花在别的地方，比如购买更高价位的商品——高档商品或者所谓的奢侈品。"这两种效应都普遍存在于人们的日常生活中，甚至是可以互相转化的——而这一点和经济发展规律密切相关。

在北美和欧洲的经济现状当中，中产阶级占据大多数人群，而在这种橄榄型社会，在过去的收入分配情况下，市场上往往只存在两种产品：中等收入人群能负担得起的主流产品，以及只有一小部分高收入阶层可以享受的价格昂贵的奢侈品或专业服务。但是这种格局慢慢在发生变化，尤其是到了经济全面蓬勃发展的今天，在中等收入和高收入群体之间出现了数量足够多的、收入不断增长的富裕大众，这一种人群是介于这两者之间的，所以他们的消费模式也是在这两种产品中，于是很多公司对介于这二者之间的消费者进行针对性的市场定位是完全合情合理的，甚至是必需的。所以，如果一家公司直到今天仍认为在美国乃至西方发达国家富有者与大众人群是两个截然不同的市场，那么，毫无疑问它会失去赚钱的大好机会，慢慢地被残酷的市场排挤开。

就以日用产品为例，著名日化公司宝洁公司旗下的佳洁士净白牙贴、佳洁士电动牙刷以及"速易洁"静电除尘器这三种产品，都是针对不同人群设计的。虽然这些产品并非新的产品类别，却能够在旧领域开创几十亿美元的新业务，长期霸占着一定份额的市场需求，与此同时，它们的价位都比货架上同类产品高出好几倍，所以他们的利润来源并不是因为廉价市场的需求。但是他们的高价是相对的。尤其是相对于代价更昂贵的高端解决方案（比如：牙齿美白手术）又低了好多倍，这样的市场定位准确又精细。而且，这些新品的利润都令人艳羡——比那些被它们超越的市场领导品牌要高出 3～5 倍。这些就应该归功于这些产品从一开始就进行的准确规划。

日化产品只不过是我们谈到的这种消费趋势的一种势头的开始，只要你留心你就会发现，由于美国的家庭收入分配发生了重大变化，一个富裕的大众阶层浮出水面，这种消费方式的改变，在生活各处都可以发现。于是，在以往的大众产品和高端品牌之间出现了一大片有待填补的空缺，如果企业管理者足够敏锐，便可以抓住机会，因为对许多公司而言，占领这个中间地带是实现利润性增长的最有希望的途径。

2002 年，曾有专家对 3500 名消费者进行了消费广泛调查。这些消费者说，他们在购物时经常处于两难的局面：一方面，某些商品的定价远远低于他们愿意支付的水平，而且满足不了他们的需求；另一方面，能够满足他们需求的产品又定价过高。其实，市场是最能验证企业制定的方针和战略是否切合实际的地方，根据这项调查中的这些消费者的说法，有力地证明了中间地带的存在。

那么既然我们已经看到了好造业的存在，企业应当如何针对富裕大众的需求，开发这一中间地带从而实现真正意义上的成长呢？为此，有经济学家提出了三点原则，可以供有志于打开市场的企业家们遵循：

第一点，也是最重要的，企业管理者要考虑重新定位的问题。既然市场出现了新的空缺，那么如何在自己的产品类别中找到新的中间地带？首先，企业管理者需要做的明确你现有产品的所有利益点。当你想清楚企业的利益来源之后，想一想市场上所有与你的产品功能相近但价格昂贵的高端产品，以及他们定位和你们产品的区别。这能够扩展你的产品定位图。然后，找出你这一类产品的平均价格，确定一个高于该平均价格但低于高端产品价格的价位。——但是实际功效也恰恰和高端产品类似。

第二点，在找准市场地位之后，你需要考虑重新产品设计的问题。一旦你清楚在某一产品类别中存在新的中间地带，关键挑战就是针对富裕大众的消费兴趣，设计新产品或者重新设计现有产品。在这里，你不能指望人们司空见惯的商品还能够以大同小异的形象来促使他们消费，你必须从包装和设计上就让你的目标客户群感受到你的市场定位。

第三点，你既然找到了新崛起的这一类人群，那么你要考虑如何带着你的产品进入富裕大众市场。一般来说，有零售渠道和促销手段两个渠道，你需要考虑的是怎样对富裕起来的大众构成更直接的吸引力，比如美国知名的 Target 百货公司推出的"高档折扣"商品就是一种有效方式。

总之，一个新兴消费市场的出现——这一点我们任何人都无法忽视，而且这个市场具有既属于"大众"群体，又属于富裕阶层的不同特性。有数据显示，截止到目前为止，掌握美国总收入 49％ 的人口在消费支出上只占全美消费总额的 37％。这说明消费支出远远落后于收入增长，这一事实不仅说明了消费空间非常巨大，而且还从根本上暴露了营销人员的失败，说明他们没有能够很好地正视和刺激这些家庭的消费需求和欲望。现在，应该是让营销人员大显身手，从富裕大众的口袋里掏钱的时候了，只要你找到他们并且找到自己。

二、搭建一个新增长平台

根据事物发展的规律，我们大家都知道或早或晚，大部分高成长公司都会陷入这样一种境地：公司内部的增长能力远远落后于董事会及 CEO 所期待、投资者所要求的增长率——这一种现象几乎是每个公司都无法避免的，而且从某种程度上说，这些公司是自身光辉业绩的牺牲品，正因为过去的辉煌导致现在的成长速度的放慢，它在此过程中自己给自己造成了许多其他新兴公司和小公司们感受不到的压力。这些公司能够在较长的时间内保持高增长率，可以说也是借了行业一直在高速增长的光。一旦整个行业增速趋缓，它们就再也无法创造出投资者已经习以为常的高收益了。这个瓶颈或者说是难题真的是无法突破的吗？

很多企业家都会面对这种情形，这时候通常的做法是公司往往会选择借助并购来推动自身增长。可是，据有关统计显示，商业史上 65％ 的并购都是破坏的价值高于它们所创造的价值，可见这一惯常的做法对于解决这种困境是行不通的。

那么真正的增长究竟从何而来呢？我们应该如何找到刺激它的点呢？

有关专家经过了十几年的研究，他们找了 24 家成绩突出的公司，采访了它们的 CEO、首席战略师、研发主管、首席财务官和高层经理，在问到他们上述问题时，得到了同一个答案——公司是靠搭建一个新增长平台来实现增长的。和借助他们方法刺激公司增长不同，这些成功的职业人士给出的标准答案竟然是——搭建并依靠全新的平台。

而他们所说的新增长平台，是指当一个行业发生变化时，那些尚未得到满足或潜在的顾客需求在市场上孕育出一些机会，并不见得是全然抛弃过去的核心业务，正确的做法是公司可以借此开创出一个平台来发展新产品以及新服务。

和所有平台在刚开始时一样，新的增长平台也存在于大环境的变化、未满足的顾客需求和公司实际或潜在能力三者之间相交的区域之中。聪明的公司往往会在这个平台上可以建立起一系列的产品、服务和业务，将自己经过漫长的市场经验累积而出的能力和业务流程延伸到多种新领域中，为新平台的增长鼓舞。

这个新增长平台还能够为公司提供了一个框架，在此框架下，收购的主要目的不仅是为了直接推动公司增长，而更多的是要获取特定的能力、资产和市场经验——这样的收购和并购才是真正能推动公司发展而不是具有根本摧毁力的。而且这样的收购绝不会发生在羽翼未丰的小企业中，不能靠公司的个别部门或某个热心于此的高管去实现，而是必须依托于整个公司的发展战略，这个新建平台的规模对于整个公司具有重要的战略意义。

这个新增长平台应该如何建立呢？

首先要创建新增长平台，公司管理者就必须挑战传统观念，必须认识到平台创新与传统的产品、服务创新是两码事，这个误区不避开，那么这个平台也只不过是过去一些服务的另类包装，不能从根本上开拓全新的市场。经济学家们所研究的那些成功公司不约而同地在组织高层建立了一个独立的部门，负责长期监控新增长平台的开创，并且给予这个部门足够的资源和权限。与此同时，公司 CEO 也会把一半的时间都花在这个部门的工作上，公司会制定相关战略，全面重视这个新平台的发展。

其次，开创新增长平台并不能只靠公司的竭力挖掘，其中有一些能力有一部分来自公司现有技术和人才的重新部署，这通过内部整合就足以完成，但是还有一部分通过外部合作——如技术转让协议和战略合作伙伴来获取，这就需要公司对外扩展或者兼容并蓄了。总之，为了开创新增长平台，总体的指导思想是，公司要以企业能力、业务流程、经营体系和企业资产的最佳组合，来提供顾客所需要的产品和服务。唯有如此，新增长平台才能发挥真正效用。

根据这样内外优势整合之后的做法收效是显著和持久的，它能够带着走入瓶颈的公司摆脱增长停滞的困境，甚至找到新的辉煌和发展方向，例如美国 UPS，他的基本业务是包裹快递，而如今它在经历了一段时间的整顿之后，又在经营物流管理业务。目前，它的新增长平台每年能为公司带来 60 亿美元的潜在收入，而且这个市场前景是无比巨大的。

三、成长动态战略，持续掌控

现代管理学是随着现代企业发展起来的，尤其是在 20 世纪 70 年代之后，电子业的全面兴起带动了全球经济的扩展。可是与此同时，应当具有指导性意义的管理学理论却没有同步发展起来。导致过去几十年来，所有的管理者们逐渐接受了这样一个观点：战略是一个分析性问题，它只涉及人的左脑运动。

正是这样的观念耽误了很多企业的发展空间。

在大多数人看来，一旦精心策划的战略进入实施阶段，战略家的任务似乎就算完成了。实则不然。就好比在日常工作中，如何进行的想法已经成熟，下一步工作也已确定，问题算是解决了吗？

结合战略的具体目的来看，战略家的工作应当是没有尽头的。如果一家公司追求的是长期繁荣，那么不管前期的战略制定有多吸引人、多清晰，都不足以指引公司前进，因为它是静止的，甚至随着公司的发展来看，这样的战略慢慢会变成过时的，所以考虑再周全的战略也不可能具体到所有细节，而在发展当中公司总会碰到一些模棱两可的问题，总会遇到大量无法预料的突发情况，如果坚守着原先的战略不变的话，这样的战略反而会导致公司的制约。事实上，战略应该成为指引公司长期发展的动态工具。

作为制定公司发展战略的战略家而言，他们工作的终极目标并不是建立长期可持续竞争优势，而在于创造价值——尤其是为公司的长期发展创造可观的可持续的价值。作为公司的首席战略家，CEO 必须一只眼睛盯着公司当前增加价值的方式，另一只眼睛关注公司内外发生的变化，这些变化是时时刻刻都在发生的，从销售额、技术演变等层面几乎不停歇的在改变着公司乃至整个行业。在这些变化当中，有一些可能会威胁公司的地位，有的则可能带来新的增加价值的机会，这些因素都必须考虑到公司发展的战略当中去。而作为战略家的 CEO 的最高职责，不能指望通过一个战略一劳永逸地解决战略难题，而是为这个永无止境的过程指明方向，为公司的行动提供全局观，并为公司的发展确定最终使命，所以战略也是会随着公司发展改变而发生变化向前推进和公司发展方向一致的。

那么这个战略的制定和演进有什么值得注意的因素呢？首先，使命应成为战略的核心。它应该为公司所有部门指明方向，并准确界定要完成的工作的性质。这个使命是战略之所以能成功的方向，如果离开了这个使命，那么这个战略是毫无意义的。如果你能够真正理解了公司使命，它就能起到双重作用，既制约公司的活动，又为公司行为指明方向。正如著名的经济学家迈克尔·波特所说的，有效的战略不仅指出了公司会做哪些事，也暗示了公司不会做哪些事。如果你的战略方针起到了这样的作用，那么你才是真正找到了战略的根本。

制定清晰有力的组织使命，这个意义就像是在寻找公司灵魂，它能左右公司的发展。这的确需要战略家们具有 MBA 教育多年来培养的缜密分析和左脑思维能力。但要完成这一任务，同样需要发挥右脑的潜能，执行力如果不能跟上的话，左脑再强大也无济于事，而在这方面管理者接受的训练普遍不足，这也是我们经常在市场上见到那些企业失败的原因。对于那些仅凭分析无法解决的问题，判断力很关键，创造力和洞见力同样也关键。这些能力都应该结合起来为企业的战略服务。

面对市场上的种种挑战，作为战略家的 CEO 必须认识到各种问题和机遇的战略意义。当属下各部门负责人都从各自的立场来看待这些问题时，CEO 一定要从全局角度来应对挑战，因为战略是站在一个具有宏观指导意义的角度去看待任何问题和契机的。在将使命不折不扣地转化为实践的过程中，CEO 还要保持开放的心态，认识到使命本身也可能需要改变。在转折时刻做出的决断，将决定一个领导者甚至一家公司的成败。这需要 CEO 们对于公司的整体方向有着强有力的把控，归根结底，还是对战略目标的理解和贯彻。

CEO 作为公司的战略家，他能够决定公司的身份，他必须肩负着对各种机遇做出取舍的责任。从这个意义上说，他们对公司而言是重要的组织使命的守护者、公司的守望者，以及公司航向的指引者，他们一次次地将公司带回到中心航道，尽管这个航道本身也在不断变化。这就是为什么战略家的工作绝不能外包，为什么他们的工作永无止境，为什么 CEO 必须时刻保持警惕。一劳永逸这种事情，是绝对不可能发生在任何一个行业内的，正因为市场的进步是毫无止境的，所以身为战略家们的使命也是毫无止境的。

四、破解企业成长的内在动力

对于新兴的企业而言，通过一段时间的努力发展最终达到了 1 亿、10 亿规模，都是一件欢欣鼓舞的事情。尤其对中小企业来说，这简直是一个发展的里程碑，但是，在达到这个规模之后，企业该如何发展呢？很多企业家对此都感到迷惑。因为在此之前、之后的规模，对组织、产品、技术、市场反应能力、资金等的要求都有本质不同，很多企业却在一时的辉煌之后走向了瓶颈。著名的商业杂志《世界经理人》的调查显示，中小企业存在四大发展瓶颈：57.2%的中小企业难以吸引高层次人才；38.9%的中小企业缺乏清晰的公司战略；38.6%的中小企业技术创新和研发水平低，产品缺乏足够的市场竞争力；34.1%的投票者认为瓶颈在于企业融资渠道不畅。

那么，这份调查报告准确吗？人才、技术、资金和战略这四大瓶颈是制约中小企业快速增长的关键因素吗？中小企业实现持续增长的驱动力到底来自于哪里？

我们根据这个调查报告的总结来看看最关键的问题吧。

首先，我们来看看中小企业应该如何发挥领导者和企业自身的优势，来吸引中高层人才？

在跳槽频繁的人才市场上，我们看到一些外企经理人放弃高现金的薪酬，投奔民企老板，出现这种情况的原因，一是看中老板本人的人格魅力，另外一个就是中小企业提供给他们的事业的平台、发挥的平台，这个平台是发展到一定规模、人口众多的大企业所没有的。

中小企业的创始人或大股东对事业有远见，可以提供有效的事业平台和空间吸引职业经理人加盟，这是很多中小企业在人才竞争当中足以比拼大型企业的原因，根据专家的研究发现，中小企业给经理人的现金薪酬并不是最高的，但是中小企业一般都是创始人为大股东，他们可以对职业经理人进行股权激励，再加上企业未来的增长，都可以成功吸引经理人成为其公司高管，而具有了一定社会经验和行业经验累积的高级人才而言，他们会根据自身经验去评估两者之间的得失。

但是，这种情况也有一个危机，在加盟中小企业之后，经过一段时间的努力，当公司登陆创业板一年后，众多高管套现离职，仅仅是因为股权的刺激才让他们做出这个决定的吗？持有这个看法的企业家指出股权激励不当加速了企业失去优秀管理人才，建议实施红利股激励，按企业年利润率的一定比例给予高管奖励，这样似乎可以暂时的稳住优秀管理人才，能够刺激他们为公司继续谋取福利，那么在激励制度和薪酬的设计上，中小企业怎样做会更有利于持续发展？

实际上，这是一个思维的误区，屡屡出现的高管套现的现象，并不是股权激励的错误，问题出在中小企业在上市之前，在设计股权激励的时候可能存在制度性的缺陷——这才是制约了中小企业留住人才的根本原因。

股权激励需要设定一个锁定期和生效日期的限制，从而达到延长股票可套现期限的效果，保证了公司的利益。此外，对高管实施多大力度的激励力度是比较合适的，需要企业仔细考虑，因为从公司的发展角度来说，终究是堵不如疏。

上文提到的股权激励，并非不可行，但是在具体实施当中，企业管理者需要考虑三个因素：首先要考虑企业所处的发展阶段，股权激励是否有市场竞争力，如果竞争力并不足，过度的激励是不必要的，甚至是得不偿失的。第二个因素是激励的时间跨度，是否在用股权激励的时候能够适当的保证时间跨度？第三个因素，考虑未来企业的规划和未来高管的发展规划，很多企业的创始人或者大股东可以帮助公司上市，但不能帮助企业走到下一个阶段，在上市之前的股权激励也要考虑到未来高管梯队的建设问题，所以在一开始引进人才进行股权激励时，中小企业的创始人就应该考虑到将来公司的整体架构问题。这样的深思熟虑对公司是百益而无一害的。

有一个做煤炭供应链的客户，经过几年成功的市场拓展，这家企业做到40亿的销售收入，这在当时的市场中，是相当成功的，凭借着自身的优势，它成功地吸引了大批职业经理人，这个人才竞争的成功取决于两个方面：企业领导者非常注重经理人是否能认同企业的文化和价值观，引入之前他和职业经理人充分沟通公司的价值观，唯有价值观符合了，才能保证公司长期的发展稳定；企业吸引职业经理人，要依靠提供事业的平台和发展规划，而不是只靠金钱沟通薪酬，企业领导者清晰地表述股权激励的理念和目的，可持续地股权激励，而非一次沟通说你要多少股票期权，我可以给多少，而是上市前一年给多少，上市后每一年是否要给同样的激励，有长期的规划。考核的标准包括公司业绩、高管个人业绩。而真正成熟的经理人是能够通过扶植公司的成长从而获得除却自身同步成长的利益之外的经济效益的。

于是，专家纷纷建议企业的股权激励要与公司未来3～5年，甚至10年的长期发展规划结合在一起，这样对于劳资双方都是有保障而且具有吸引力的投资方式。

第四章

企业蝶变的魅惑

一、突破成长瓶颈

在经济危机的阴影褪去之后，随着经济形势的逐渐好转，所有行业内的各大公司都想抓住增长的机遇，但是许多公司面临着增长的危机，不管它们是否意识到这一点，实际上他们的发展已经到达了一个关口，如果不突破，甚至会面临更大的危机。即使在经济繁荣的过去10年，也只有少数的公司持续地获得了两位数的收入增长率，再经过经济危机的冷冻，他们的收入增长就愈加缓慢。再进一步推敲他们增长的方式，我们会发现这些公司是通过短期的措施，如兼并或提高价格来实现增长的，这些措施并没有为长期的增长打下基础，也就是说看似可能是恢复繁荣的发展，实际上却潜伏着青黄不接的危机。然而，有一条路可以走出这个困境——那就是隐形资产。

对这个问题有着透彻研究的作者认为，通过利用"隐形资产"——大多数成熟公司已经拥有的、没有得到利用的、无形的能力和优势——企业可以获得持续的增长。而且这样的隐形资产基本上是每个企业都具有的。迄今为止，对无形资产的大量研究都是围绕着知识产权和品牌认知度而进行的。但是，专家发现了许多有助于刺激增长的其他资产。而这些具有重大价值的隐形资产可以分为4类：客户关系、战略不动产、网络以及信息。这些资产都会影响着企业进一步的发展。

15年以前的美国金融市场上，支票印刷是一项秩序井然的小业务，进入门槛很高。在当时整个保守主义文化背景下，支票印刷的消费者们和银行其实并不关心支票的成本，这个行业是相对稳定的：几乎没有竞争压力，而且边际利润相对较高。于是在这个井然有序的领域中，克拉克美国公司先后进行了一系列并购，成为了美国第三大支票印刷商，并以其产品和服务的高质量而闻名，就和其他企业一样，所有的舒适和高度背后都有可能带来巨大的危机，因为市场始终是一个变化莫测的帝王。

从 20 世纪 80 年代中期开始，金融服务业一直在进行合并。社区银行和发卡银行不再占据主导地位。同时，随着地方银行不断相互合并，首先形成州银行，然后变成地区银行，还有许多发展成为全国性银行。这些大企业建立了中心采购部门来履行外购职能，比如支票印刷。随着支票产品的提供趋于成熟，采购经理越来越注意到价格和成本问题，支票提供商赖以生存的高利润开始面临压力和挑战。同时，随着网上银行的出现和电话支付、借记卡和贷记卡的普及，银行客户所开出的支票数额也停止了增长，最后甚至开始下降。在这种艰难的环境下，克拉克美国公司必须努力降低成本、削减不必要的开支，才能阻止其利润的减少。

所有这些，都使支票印刷业被迫走向普及化。克拉克美国公司已经意识到了这个危机。它与竞争对手一样，第一反应就是裁减成本和缩减厂房，但这只能够减缓利润下降的趋势，却无法扭转不利局面。

面对这场利润危机，由当时新的 CEO 查尔斯·科贝尔所领导的克拉克美国公司管理团队，开始重视全面质量管理，强调筹划长期战略，科贝尔和他的团队认识到，要在一个逐渐萧条的市场中扭转利润下滑趋势并扩大市场份额，他们需要找到与银行业伙伴们合作的新途径。他们在盘查了公司的隐形资产后，做出了一个关键性的决定："要找到一条新的增长途径，首先必须了解金融服务业正在发生怎样的变化。"于是，他们做出了下面几个步骤对公司进行整改。

第一，重组克拉克美国公司的销售队伍，将其从传统的地理结构形式转变为客户细分导向结构，将销售人员投入到大的关键客户、社区银行或信贷协会。

第二，建立新的伙伴关系，这种关系形式更广泛、更深刻，并设置负责客户营销的高级管理和执行官。如果有必要，克拉克美国公司还会引进新技术来建立这种关系，其最终目标是参与到金融机构战略筹划过程中。

第三，改变销售队伍的激励方式，从奖励获得新业务的员工（无论订单多么小或利润多么微薄），变为奖励善于维护客户关系、提高客户满意度的员工。

克拉克美国公司与其战略伙伴所进行的高层对话很快表明，银行业目前面临的最重要的新需求是，在竞争逐渐加剧的环境中，保持并加深与客户之间的关系。这使克拉克美国公司发现了一个重要的战略机遇：在银行兼并过程中，业务与客户关系的转换带来的新需求。

克拉克美国公司抓住了这次机遇，创建了一个全面的管理项目来为银行处理所有的核算账户转换工作，包括就转换问题与终端客户进行交流。

多年来，面对企业发展的瓶颈，经理们一直在学习利用产品、设备和流动资金来获得增长。其实，他们应该集中力量，利用隐形资产来满足客户更深层次的需求。

二、老企业如何创建突破性业务

我们在前面讨论过了企业都会走到一个瓶颈期，很多企业家都在此时会选择推出一项重大的新任务来刺激企业增长。许多公司认为，一旦自己推出一项重大的新业务，增长将会随后而至。然而，情况并没有这么简单，建立一项突破性任务是相当有难度的事情。

从一个新业务的构想到它落地开花，是需要很长时间的筹备。为了弄清究竟怎么做才能将创新构想变成现实，有专家特意为此花了 5 年的时间，研究了许多组织的创新行动，其中包括纽约时报公司、模拟器件公司、康宁公司、孩之宝公司、思科公司、联合利华公司、柯达公司和强生公司。专家在调查中发现，一项具备高成长潜力的新业务，很少同公司中的原有业务和谐地共存，他们总是会互相冲击、互相影响，甚至在前期的市场上都会发生冲撞。因为二者这种别扭的组合，会给新企带来三种特别的挑战：忘记、借用和学习。要生存下去并获得成长，先要开拓新业务的企业就必须建立强有力的团队，做好一切打算，勇敢地闯过这三大难关。

首先，企业在面临瓶颈试图开拓新市场的时候，就必须忘记某些使原企获得成功的东西——也就是说当原来的核心业务已经无法推动企业发展的时候，企业必须抛弃它大胆进行改革。企业的新业务与企业原有核心业务有本质上的差异，因此新企必须忘记原企关于什么技能和能力最有价值的观念，因为如若抱着原有观念不放，其实很容易造成新业务发展的阻碍。

其次，通常新企会在能给自己带来关键竞争优势的一两个领域借用原企的资源。不过，如果借用此类资源只是为了降低成本的话，那么这个理由是不够充分的。有专家指出，在新业务与核心业务之间建立联系时应该小心谨慎，要防止新业务与原有核心业务之间发生冲突，否则，两者之间的合作关系很容易破裂。

最后，核心业务不能因为新业务的出世而彻底被放弃，还必须做好从头学习一些东西的准备。创建新业务是一项战略性试验，这项试验虽然可能回报很高，但风险也很大，具有很大不确定性，新业务将会遇到一些关乎存亡的未知因素。新业务需要弄清的是这些未知因素，弄清楚的速度越快——也就是它学习得越快，就能越快地找到一种制胜的商业模式并走出无望的境地，在此之前，为了稳定发展考虑，核心业务的发展也是不可以放松的。新业务的领导者可以通过专心完成一项特别的任务，来最快地解决关键的不确定性问题，例如对市场的调查或者技术评测，这项任务就是学会预测新企的业绩，在有了预测的数据之后，公司才好及时调整宏观的战略模式。这样的预测在最开始时，可能不准确，但是随着新业务的开展，会对企业发展产生越来越大的影响。事实上，对于新业务而言，至关紧要的学习过程就是对预测与实际结果之间的差异进行分析。

新业务的发展，对于公司突破瓶颈会是一个很好的际遇，但是能不能抓住这个际遇，那就要看企业管理者们的能力和对市场潜力的挖掘了。

三、打破产品生命周期的宿命

就像我们知道的，企业的发展势必会进入到一个瓶颈当中，而产品也是一样，所有的产品，无论是电子科技业还是日化类，产品都会有他的生命周期。在 1965 年，著名经济学家西奥多·莱维特首先提出了产品生命周期这个概念，并介绍了如何用它来赢得竞争优势。这个概念在当时引起了轩然大波，被很多媒体和企业争相引用。

产品生命周期，简称 PLC，是指产品的市场寿命。一种产品进入市场后，它的销售量和利润都会随时间推移而改变，呈现一个由少到多、由多到少的过程，就如同人的生命一样，由诞生、成长到成熟，最终走向衰亡，这就是产品的生命周期现象。所谓产品生命周期，是指产品从进入市场开始，直到最终退出市场为止所经历的市场生命循环过程。产品只有经过研究开发、试销，然后进入市场，它的市场生命周期才算开始。产品退出市场，则标志着生命周期的结束。

对产品生命周期很好奇的经济专家们，跟踪研究了几十家成功打破产品生命周期"规律"，使得让按照这个原理似乎早该退出市场的产品持续在市场上热卖，这样的企业他们的战略有这样一个共同点：以出人意料的方式对自己的产品进行定位——更准确地说，常常是重新定位——以此改变消费者在心目中对它们的分类。通过给产品的重新定位，他们将产品从成熟期的泥潭中解救出来，使其重返成长期。这样的重新定位，对于企业来说，其实比开发新产品更加有效。对于新产品，则可以使其跃过可能延缓消费者接受它的种种障碍，迅速进入成长期，所以这样的定位模式帮助了这些产品突破重围。

　　这种逆向定位战略剥离那些"神圣的"产品属性——也就是摆脱产品身上那些根深蒂固的观念，同时增加一些新的产品属性。跟信奉产品生命周期的企业不同，采取这种战略的企业不会走上不断增加产品属性这条老路，而是另辟蹊径，舍弃一些被同行视若珍宝的产品属性，并把一两项只有增强型产品才拥有的属性融入其中，这样对旧有产品创意开发，实际上就是将产品从市场需要中提炼出来全新的意义。这种打破常规的属性组合，能够改变产品在同一个类别中的竞争地位，并促使产品从生命周期的成熟期重返成长期。

　　分离定位的战略和上述逆向定位更不同，它有意使产品与不同的类别建立关联，在横向属性上有所扩展，使其脱离原属类别，例如老爷车，已经从实用的代步工具变成一种收藏品的象征。这样的分离定位从而改变产品的消费方式和企业的竞争对手。与逆向定位一样，分离定位也能促使产品从成熟期重返成长期，摆脱走向衰落的命运，颠覆掉所谓生命周期不可突破的特性，使得产品重新迸发出勃勃生机。另外，它还能对原属类别和新类别产生积极的破坏性作用——这就是所谓的破旧立新。

　　与上述两种战略毫不掩饰自己的真实意图不同，还有一种从操作方式上来说更含蓄的隐匿定位战略，这种战略会采取一种较为隐蔽的策略，刻意掩饰产品的真实属性，把它乔装打扮成另一种产品，以让多疑的消费者更加容易接受它，这种战略目前在市场上非常有效，例如同样是乳品，但有些厂家就会选择其他的卖点，比如环保之类的，突破了本来属性的同时让市场记住它的新鲜属性，这种战略尤其是当某类产品存在一些不利因素的时候，采用隐匿定位战略会十分有效，它可以巧妙地将产品推入市场，并为消费者所接受。但是这种定位绝对不能等同于欺骗，只是厂家在宣传包装上玩的一点合法包装而已，如果用欺骗的手段获得市场，久而久之也会被市场抛弃的。

　　这三种战略都是在北美和欧洲被企业家们所推崇的，能够真正帮助企业抓住种种市场机会，突破产品传统周期。尤其是条件成熟时，企业可以利用它们发动攻势，打破产品类别的传统界限，从而改造这个类别。这样的改造可以使得自己的产品始终立于不败之地。

第十篇　了解时间管理，远离时间陷阱

第一章

创造性管理时间的基本策略

一、像每天照镜子似的频繁对照，确信你把时间用在正确的地方

天生的领导者知道怎样有效地管理时间，一个人、一个团队能否在自己的事业生涯中取得成功，秘诀就在于搞好时间管理。美国的托马斯·爱迪生说过，世界上最重要的东西是"时间"。美国著名的管理大师杜拉克说道："不能管理时间，便什么也不能管理；时间是世界上最短缺的资源，除非严加管理，否则就会一事无成。"

1. 对付"时间窃贼"的妙招

（1）审查自己的时间，区分轻重缓急

区分轻重缓急是时间管理最关键的技巧。许多人在处理日常事务时，完全不考虑完成某个任务之后他们会得到什么好处。"最后一次坚持写时间日志的时候，我吃惊地发现，在办公室里，我有几乎一半的时间是用在电话上，或者是接电话，或者给别人打电话。"伊莱恩·比赤在《咨询师的快速指南》中这样说。

这些人以为每个任务都是一样的，只要时间被工作填得满满的，他们就会很高兴。或者，他们愿意做表面看来有趣的事情，而不理会不那么有趣的事情。他们完全不知道怎样把人生的任务和责任按重要性排队，确定主次。在确定每一天具体做什么之前，要问自己三个问题：

①我需要做什么？——明确那些非做不可，又必须自己亲自做的事情。

②什么能给我最高回报？人们应该把时间和精力集中在能给自己最高回报的事情上，即所谓"扬己所长"。

③什么能给我们最大的满足感？在能给自己带来最高回报的事情中，优先安排能给自己带来满足感和快乐的事情。把重要事情摆在第一位。

（2）做好协调，工作分流

在处理重要而耗时的事务中感到厌倦时，改而处理其他杂务，既可节省时间，又能转换心情。

（3）实际时间规划

为每个任务设定时间参数，行动列表是很有用的。建立行动列表，认真估计每项任务所需要的时间，然后在日历上框出来，这个办法不仅能帮助完成列表中的任务，还能提高估计时间的能力，实现周围人的期望。特别是当到了新的岗位或是面临新的任务时，从每个任务的时间估计中寻求帮助，否则会令人失望，注意自己的弱点。

2. 有关每日计划的 4 个建议

"一天就是一生"，能坚持做到把每一天都当成一生来过，就是你人生成功的秘诀。漫漫人生，就是靠你一步一步走出来的。所以，我们建议每天抽出 30 分钟来做当天的计划，每天晚上用 30 分钟的时间来反省自己今天一天的表现，是很重要的。以下就介绍 4 个关于每日计划的建议：

（1）每天要抽出一定的时间来系统安排一天的计划。

（2）每天都在笔记本的"今天应该做的事情"一栏中写上相应的活动安排，然后按照优先顺序排列。

（3）最大限度地利用你的笔记本，做计划、记录，它可以成为你工作时的参考。

3. 为了摆脱每天无所事事的状态，每天至少要做 3 件事情

（1）采取比较简单的生活方式，处理好工作与生活的矛盾。

（2）尽量减少不必要的对外应酬，必须应酬时设法节省应酬时间。

（3）充分运用上下班的搭车时间。

斯蒂芬·柯维在《全力以赴》中写道："大多数人以危险的方式管理他们的生活，他们只在两个问题之间进行优先选择。但是天生高效的管理者可以有序地安排自己的时间。除非事情更重要，而不是更紧急，否则，我们必须按计划来分配时间的使用。"

二、不要把时间资源短缺这个烫手的山芋传给别人

如果采取有效的策略，经理人尽力完成那些过去由两个或三个人完成的任务，也不会感到压力。

　　在某个管理的困难时刻，用一个深思熟虑的计划来管理自己、团队甚至是老板，不仅能够帮助自己完成压在身上诸多的新任务，而且能将艰难的形势转变为未来业绩的快速增长。

　　托马斯·德朗是哈佛商学院组织行为学教授学教授，认为许多管理者一想到要和他们的老板进行这种形式的谈话就很沮丧。"我很迷惑，虽然组织希望在不同的时间设置不同的成功标准，但只有非常少的个人愿意谈及他们需要完成的任务以取得成功。"

　　我们从大量的自我管理专家那里得到的最好的建议，下面是他们对过度劳累的管理者们的建议。

　　纵观高级人才的行为，他们的成功实质上是时间利用上的成功。充分利用时间，实质上就是以较少的时间做较多的事情。

1. 以较小的时间单位办事

　　这样有利于充分安排和利用每一点点时间，一时节约的时间和精力或许不多，但长期积累，可节约大量的时间。许多科学家、企业家、政治家办事常以小时、分钟为单位，而一般人常以天为时间单位。美国人办事常以小时、分钟为单位来计算，而我们办事常以一天、一周为单位来计算。可见，我们的时间观念远远比不上美国人，因而急需改进。

　　犹太人把时间视作金钱，常以 1 分钟得到多少钱的概念来工作。犹太老板请员工做事，工薪是以小时计算的。犹太人会见客人，十分注意恪守时间，绝不拖延。客人来访，必须要预约时间，否则要吃闭门羹。犹太人对于突然来客是十分讨厌的，如果是做生意，可能会导致失败。

2. 多限时

　　人的心理很微妙，一旦知道时间很充足，注意力就会下降，效率也会跟着降低；一旦知道必须在什么时间内完成某事，就会自觉努力，使得效率大大提高。人的潜力是很大的，多限制时间通常不会影响心身健康，却可大大提高办事效率，何乐而不为呢？

　　对多数事情而言，既可在较长的时间里做完，也可在较短的时间里做完，弹性相当大。多限制时间有助于减少办事时间，从而达到充分利用时间的目的。一件事情 8 小时可以做完，如果只给 4 小时，也可以想办法完成。例如，开会最好限制时间，并提前告诉参加会议者需要多长时间，这样既让他们好安排时间，又利于减少开会时间。比如说："这件事你考虑一下，下午打个电话答复我，好吗？"一般不要说："你想好了，打个电话给我。"否则，对方很可能会拖延较长时间，而你却一直地等，既浪费时间，又让人厌烦，不可取。

3. 采用先进的工具和技术节约时间

这样一时节约的时间或许不多，但长期积累则很多。假如一生都尽量采用较先进的工具和技术，往往可以取得成功。尽管使用先进的工具和技术可能要花不小的代价，但与长期积累所节约的时间相比，往往是值得的。

电脑是人类的好助手，花一些时间精通电脑很有好处。随身携带一个笔记本电脑，乘飞机、坐汽车、坐火车都可以学习、工作和娱乐。

4. 建立同盟，通过合作节约时间

拉瑞恩·西格尔认为："高级经理应该发展内部的同盟者。"他是《动态领导、适应组织——管理者的 10 个必要特质》的作者。这样的内部同盟不仅使以前的努力更有效，还能使你的工作更加受到关注。主管要在自己的组织里建立"说真话"的网络，需要找出 3～4 个人，"他们会告诉你不想听的东西，以及当你不在时谁是最佳的替代者。事情很棘手时，我们要做的最后一件事是有人能告诉我们，他们知道我们想听什么"。

5. 一心多用

边吃饭，边听新闻、音乐；边看电视，边交谈；边看书，边交谈；边吃饭，边交谈；边打乒乓球，边交谈。在刷牙、洗脸、刮胡子、穿着打扮时，可让自己放松、放松。高级人才都有一心多用的愿望，长期如此，也就在不知不觉之中形成了习惯，这对于充分利用时间非常有益。

在等待的时间里，可考虑发展计划、读几页书、看看报纸、处理一些琐事、运动或放松一下。比如，带上一个小问题在吃饭排队时思考；交给上司的方案往往要坐着等待他答复，可思考与此方案有关而尚未完成的问题。一个不善于利用零碎时间的人，不可能成为世界级人才。善于利用琐碎时间，一时得利或许不大，但长期积累，是非常有益的。难怪高级人才都重视零碎时间，而且都自我磨炼成为利用琐碎时间的能手。

6. 常做记录

随身带一本小册子，有好的想法就记下来。比如，随时记录改进工作、做好某事的好办法、学习的心得体会等。好的想法不记下来，很容易忘记，即使勉强能回忆起来，也很费时间和精力。一旦形成随时记录灵感和心得的习惯，你会发现自己的灵感和心得很多，对于个人的成才、发展都非常有益。难怪多数高级人才都有随时记录灵感和心得的习惯。

根据个人的实际情况，每个经理人都要制订一套充分利用时间的方案，

并长期认真执行，以逐步形成充分利用时间的习惯，从而使时间资源不再
短缺。

三、把"与自己的约会"安排在生物钟的黄金时间

时间是宝贵的，你的才华不应该浪费在与组织或个人任务无关的事上，
重要的事情一定要在精力最充沛的峰值时段进行，所以职业经理人要：

1. 战胜没有重点、疲于应付的习惯

大多数经理人把他们大部分的时间花在应对紧急但不重要的事情上。处
理杂事、接打电话、写备忘录以及参与无关的会议——所有这些事情占用了
一个经理人的一天，但这些都是无关紧要的小事。其实工作应该是出奇的高
效率，启发式的时间管理的目标就是让经理人把大部分的时间用来做真正重
要的工作。

2. 调整你与时间的关系

从时间的控制中解放出来的唯一方法就是控制好时间。首先对这个问题
的看法要有一个转变。那就是打消这样的念头：我们的行动总是不断地给其
他"需要"的行动让路。我们应该去做你不得不做的有价值的事情，事实上
这些才是神圣不可侵犯的。下面是一些做事的方法。

（1）关注真正重要的事情

富兰克林·柯维公司的 A. 荣格·梅里尔说"忙得不亦乐乎远比忙得有效
容易，"梅里尔没有争论，因为要在越来越少的时间里做越来越多的事情，而
压力与日俱增。"但是我们很容易混淆紧急与重要事情的关键界限，我们总沉
溺于紧急的事情。"

（2）利用时间管理工具

有上百种工具可以帮你安排管理你的时间。无论你是用笔记本，日历还
是在线应用程序，好好利用现成可用的工具。搭配使用几款工具。Remem-
berthemilk 帮我记录待办事项列表（专业版可以让你通过 iphone 来使用）。有
一个可擦日历来记录你的每月安排。你可以标记含有重要信息的邮件直到我
不再需要它为止。

使用黄色贴纸来整理待办事项（你把它们贴在你键盘前的桌子上），还有
一个口袋大小的 Moleskine 笔记本。这两个工具都很好用，但你还可以拥有
一个可以随身携带的待办事情列表。

其他的时间管理工具还有很多很多。试着用几个，看看哪个更适合你的工作。没有万能的解决方案，但是几乎可以肯定每个人都会有适合自己的方案。

（3）平衡生活中的不同部分

为了工作，许多闲暇时间被浪费了，花在无关的活动上。比如说，看电视可缓解工作的压力，但无助于作为一个好的爱人和父母的目标。应当重复做那些能够提高工作效率的事——每周一次检查一下"我是如何违反自己的承诺的"。

（4）委派或外包

偶尔在外面寻求一些帮助也没有什么。也许是把一个项目的责任委托给你办公室里的某人，甚至是一个助手。也许是把你项目的某一部分（调研、打代码等等）外包给某个人，这样你便可以专注在更重要的事情上。

你有必要为了更高效而把你工作的一部分外包出去或者委托出去。为什么不考虑雇用一位家庭保姆来每周给你打扫打扫屋子呢？或者让别人给你洗洗车什么的，而不用周六下午你亲自来做呢？这一类类似于外包的服务可以解放你的时间给你想做的最重要的事情（比如和你的爱人或是你的孩子一起玩玩，或者多玩一局高尔夫球）。

一个非常实用的工作方法是，每天留出一些时间，在这段时间里不接电话，也不受他人干扰，只做最重要的事情，并尽可能地把这"与自己的约会"安排在自己生物钟的黄金时段，在精力最充沛的峰值时段里，给自己留出一段时间来做最重要的事。

也可以通过在日程里少安排些事来改变忙乱的习惯。我们认为一个人只有一半时间应该提前安排，另一半预留出来应付每天的日常工作，允许既定的日程被更改以满足这些日常工作。

因此，首先要做重要的事情。斯坦福大学药学院压力管理研究者肯尼斯·R.佩尔蒂埃博士说："在真正的危机中智慧显而易见。""当一个孩子病了或他的亲人死了，我们将迅速而清晰地暗示或提醒他们，优先做并且最重要的事情是什么。"

四、"计划家"和"组织家"

1. 如何井井有条

有条理是管理时间和空间的大事。管理条例化的最好方法是无情地丢掉周围不需要的东西。斯蒂芬妮·登顿，一位在辛辛那提的专业的组织者，他也是美国专业组织协会的委员会成员，他建议应用以下基本的原则：拥有的东西越少，找起来越省时。

2. 有条理的制订长期计划的建议

为什么我要把长期计划列入时间管理的范围之内呢？因为长期性的工作往往很容易就被遗忘了，总认为还有好多时间呢，结果最后就敷衍了事，计划被无限期地延长。所以，在这儿向大家介绍有关长期计划的建议：

决定你的安排，把你的人生理念写下来，并且进行推敲，然后排列优先顺序。经常把你的实际行动和你的人生理念进行对照检查。

事先决定一个期限，每隔一段时间制定公司或者是事业部门的使命和目标。

制定一个合适的标准，来评估自己的目标实现的程度。按照这个标准，不断修正自己的目标，以求获得最大的成果。

尽量远一点，以你能够想象得到的未来为对象，来制订长期计划。

3. 设定优先次序

要设定优先顺序，将事情依紧急、不紧急以及重要、不重要分为四大类，一般人每天习惯于应付很多紧急且重要的事，但接下来会去做一些看来紧急其实不太重要的事，整天不知在忙什么。其实最重要的是要去做重要但是看起来不紧急的事，例如读书、进修等，若你不优先去做，则你人生远大的目标将不易达成。设定优先次序，可将事情区分为五类：A＝必须做的事情；B＝应该做的事情；C＝量力而为的事情；D＝可以委托别人去做的事情；E＝应该删除的工作。最好大部分的时间都在做 A 类及 B 类的事。时间应如何运用才最有价值？一个重要的观念是要做对及重要的事情，而不是把事情做对！一般人的习惯是不管所做的事情是否正确，只知一味去做，这样是不对的。唯有努力去做"对"的事情才会有高产能，要有勇敢的特质，拒绝不重要的事，来者不拒是不好的。

4. 规划与组织

保持整洁能够提升我们的自我价值、自我形象以及自我尊严。自己办公室井井有条对办公室卫生是有帮助的，做有些事就像经常刷牙一样频繁。一个国际非营利健康机构的信息系统高级经理费利西娅·兰德说："整理是每天要做的事。"似乎分配时间把东西理顺是不太重要的工作，但是，兰德建议，记录花在寻找那些明明知道去处又四处找不到的信息的总时间，或者记录那些因为你找不到相关文件而耽误同事继续工作的时间。

例如，将桌面保持整洁、做完事立即归档、做事只经手一次，经手五六次才完成就很浪费时间，尽可能一次就把它做完，凡事若能预做准备，则才能有效地掌握时间。

文件处理流程：

(1) 投掷：将不用的资料丢掉；

(2) 转手：将资料转交给别人去做；

(3) 行动：重要的事情一定要马上去做；

(4) 归档：有使用价值且重要者才归档，根据统计约 80%～90% 的归档资料是不会再去用它。若在 5 分钟之内无法找到所要的档案，就是不好的档案系统，所以一段时间要整理档案并将不需要的档案丢掉。小的组织里，管理者最烦的工作就是归档，从事这项技术工作的人可能和私人秘书一样正在消亡。创建或维护一个档案系统取决于工作的主要类型及如何认识它们。考虑到项目、人或最后期限了吗？然后再指出要保存什么。下面是保留一些文件的标准：

①包含的信息在其他地方不易找到。

②包含的信息有助于实现目标。

③通过整理使文件缩减至内容最少。

④最新的文件。

⑤列出工作清单。

5. "文山管理"的另一种方法

一些人正从事着被称为"文山管理"的工作——办公桌上所有的东西被堆放成一系列的小山，专家们认为，一个办公桌就是一个工作。其中应该有我们工作的用具——电话、笔、电脑、日历、文件夹和废件夹，可能还有一些列着我们要做或教人要做的活动项目的提示贴，以及我们当时工作用的东西。办公桌不是"一个混乱的储藏间"，如果这样用它的话，我们肯定要丢东西。

最后，回头审视一下最关键的需求：条理性。不只是把正确的文件放在正确的地方，还要理解优先级。对于陷入困境中的人，要有一个变得有条理的策略，要知道最终的目标是什么，最浪费时间的工作是首先要找到目标。

五、时间管理的五条法则

个人之所以成功，时间管理是非常重要的关键因素，如果我们想要成功，就必须让我们的时间管理做得更好，要把时间管理好，最重要的就是做好以结果为导向的目标管理。而对于企业管理者来说，做好时间管理、提高管理效率不仅意味着提高内部经济利益，而且能加强企业外部竞争实力。以下五种方法都有助于经理人提高管理效率：

1. 考虑不确定性法

在时间管理的过程中，还需应付意外的不确定性事件，因为计划没有变化快，需要为意外事件留时间。有三个预防此类事件发生的方法：第一是为每件计划都留有多余的预备时间。第二是努力使自己在不留余地、又饱受干扰的情况下，完成预计的工作。这并非不可能，事实上，工作快的人通常比慢吞吞的人做事精确些。第三是另准备一套应变计划。迫使自己在规定时间内完成工作，对你自己能力有了信心，你已仔细分析过将做的事了，然后把它们分解成若干意境单元，这是正确迅速完成它们的必要步骤。

考虑到不确定性，在不忙的时候，把一般的必然要做的工作先解决掉。

2. 时间"四象限"法

著名管理学家科维提出了一个时间管理的理论，把工作按照重要和紧急两个不同的程度进行了划分，基本上可以分为四个"象限"：既紧急又重要（如人事危机、客户投诉、即将到期的任务、财务危机等）、重要但不紧急（如建立人际关系、新的机会、人员培训、制定防范措施等）、紧急但不重要（如电话铃声、不速之客、行政检查、主管部门会议等）、既不紧急也不重要（如客套的闲谈、无聊的信件、个人的爱好等）。时间管理理论的一个重要观念是，应有重点地把主要的精力和时间集中地放在处理那些重要但不紧急的工作上，这样可以做到未雨绸缪，防患于未然。在人们的日常工作中，很多时候往往有机会去很好地计划和完成一件事，但常常却又没有及时地去做，随着时间的推移，造成工作质量的下降。因此，应把主要的精力有重点地放在重要但不紧急这个"象限"的事务上是必要的。要把精力主要放在重要但不紧急的事务处理上，需要很好地安排时间。一个好的方法是建立预约。建立了预约，自己的时间才不会被别人所占据，从而有效地开展工作。

3. 以人替时法

能让别人代劳的事情，自己就不要做，学会运用别人的时间。因为每个人的精力都是有限的，所谓有所为有所不为，把自己的精力和时间用在最能体现自己价值的方面。

4. 以钱购时法

交通方面，能坐飞机，就不要坐火车；如果能打车，就不要等公交。乘坐最快的、最有助于休息、学习的交通工具；学习方面，采用最有效率的学习方法，能面授听课就不看视频；能看视频的，就不买图书；工作方面，用最好的工作设备比如用最好的电脑、用最快的传真机，说服你的老板不要在设备上斤斤计较，要分析好的设备所节省的时间、所带来的价值。时光一去不复返，千金散尽还复来。

5. 见缝插针法

在工作中要很好地完成工作就必须善于利用自己的工作时间。工作是无限的，时间却是有限的。时间是最宝贵的财富，没有时间，计划再好，目标再高，能力再强，也是空的。时间是如此宝贵，但它又是最有伸缩性的，它可以一瞬即逝，也可以发挥最大的效力，时间就是潜在的资本。充分合理地利用每个可利用的时间，压缩时间的流程，使时间价值最大化。

第二章
在特定的情况下进行时间管理

一、治好你的"会议症"

我们每天都在操演的会议，为什么始终开不好？怎样才能开好会？如果会议目标不清晰，如果会前准备不充分，那……其实这不就是我们身边的常态吗！

即便你做好了心理准备，但在了解开会究竟占用了我们多少时间后，你仍会感到吃惊。

研究群体协作的专家迈克尔·多伊尔和大卫·斯特劳斯曾合写过一本《开会的革命》。按照书中所言：如果你是一个普通职员，你一生中用以开会的时间，保守估计也有 9000 小时（即连轴转逾一年！）以上；如果你是一个中层管理者，每周可能有大约 35％的时间用于开会；如果是高层管理者，更可能超过 50％，从财务数字来讲，大多数组织"直接"花在开会上的费用，占行政预算的 7％～15％，还不包括以会议为名义的其他开销。

面对花费了如此多精力和财力，而且在看得见的未来还离不开的"会议"，我们在抱怨开得太多而效率太低之后，最终有意义的行动，唯有用心琢磨如何才能开好会。

所以，会议只有在"最好的情况"下才能对公司的成功有重大贡献。《有效会议的管理者指南》一书的作者咨询师巴布·斯特雷贝尔说："问题是为什么要开会？大部分人对此并没有想得很清楚。最好的理由是与会者需要互动，需要人们分享他们的见解和知识，形成一个对问题综合的、一致的看法。这时，会议如果开得好的话，就是最好的方式。"

要知道，会议达不到预期效果，不仅意味着丧失机会，也意味着浪费金钱。时间是有限的，当你的雇员在会议上浪费几个小时，而不是用于在座位上或现场完成工作，那么公司就是在浪费巨额的金钱。

《不再开会——促进高效会议实用指南》一书的作者弗朗西丝·迈卡尔是

一位咨询师和培训师，她说："我听到的有关会议的最多的抱怨是，这些会议没有效率、时间太长，而且没有必要。"

她说："虽然在最好的情况下，对于组织来说，会议就是一切。如果能不断召开好的、高效的会议，公司变得越来越好。我知道有许多人不这样想。但多的会议意味着更好的沟通和更好的决策，而这直接影响着公司的财务盈亏状况。"

下面是一些建议，这些建议是给那些想要让会议成为公司成功的助推剂而非绊脚石的管理者的。

1. 不要总是开会

不要召开无效率的会议，"会议症"之所以存在，在很大程度上是因为在会上处理一些问题比其他方法更好。但在召集会议之前，管理者还是应该问一问自己，开会所要达到的目的，能不能通过其他的方式来实现。

2. 花时间准备来做到节约时间

在开会之前多花些时间做准备，让开会的时间尽量缩短，可以早点结束。全面的准备工作以产生令人惊讶的、备受欢迎的决策。培训师兼咨询师迈卡尔说："通过给出需要的结果，并提前准备一个议程，可能会发现根本没必要召开个会。"

不管是什么会议，事前都应该明确议题。会议的议题应该集中在一个焦点上，在开会之前让所有与会者进行确认。如果你出席了会议，但是觉得这是在浪费时间的话，就问一下会议的组织者："我还有必要继续参加这个会议吗？"

3. 不要在非上班时间开会

尽量在日常上班时间开会，除非是很紧急的事情。喜欢在傍晚或者周末开会的人，缺乏工作与生活的平衡，自然也无法在正常时间做好分内的工作，因为他们看不到他们所处世界的另一面，也无法看到周遭的另一个角落。

4. 避免离题和跑题的闲聊

其他专家给出了一个有效而且策略的方法来快速地把会议的主题转回来，而不会伤害任何人：把跑题的见解放到一个"广场"里，一个真正的或想象的白板上，白板上列着在其他更合适的时间讨论的所有想法和观点。

5. 公布一个没有会议的日子

一些公司正公布不开会的日子，另一些公司则规定每天的固定几个小时不能开会。在一些公司里，与会者通过站立的方式向会议的拖沓宣战，他们简单地聚在一起，议程表斜放着，一项项进行决议。全程都站着，无言地提醒着每个人，会议是没时间拖延和迁就的。

省点儿开会，把会开好。确实，人们经常觉得开会是在浪费时间，但如果会议是在最佳状况下进行的，那么会议就是一群人在一起创新，汇聚每个人的想法、知识和经验的地方。会议就可能成为解决问题的创新思路过程的一部分，成为更好的做事的方法。哪个经理人不想这样呢？

二、处理管理信息过载——消息控制 N 部曲

在信息爆炸时代，如何避免持续性信息过剩？使自己变得专注而不是被纷繁的信息所累？数字信息的激增使人们体会到信息过载，患上"新闻疲劳"。对此《哥伦比亚新闻评论》的编辑柯蒂斯·布雷纳德比较乐观，他说："人们有一个严重的误解，问题不是信息超载，而是获取信息的途径超载。"

信息时代就是以其产出来定义的，我们生产的信息远超出我们的应付能力，更不用说去吸收了。在数字时代之前，信息受限于我们的获取能力，出版受限于纸张和运输成本，广播受限于能够得到的频率和广播时间。网络却拥有接近零成本的无限能力，现在有 7000 多万个博客和 1.5 亿个网站，这一数字还在以每小时近 1 万个的速度增加，全世界每天发送 2100 亿个电子邮件。我们即将进入艾字节时代，5 个艾字节相当于 3.7 万个国会图书馆的信息量。2006 全年，全世界就生产了 160 艾字节的数字数据，是已有全部书籍信息量的 300 万倍。到 2010 年，这一数字增加至 988。我们正在被信息淹没、掩盖。

有了互联网之后，大家都会发现信息的获取越来越方便，渠道多样。但同时也会发现面临下载问题：

很难从海量信息找到合适的信息。

获取高质量的信息成本越来越高。

浪费的时间越来越多。比如点开一个新闻站点之后可能会不知不觉浪费很多时间来看新闻。

心态越来越浮躁，很难静下心来去思考和吸引知识。网络上的文章都以快餐化为主，看整本书的人越来越少。

注意力非常容易就会分散。比如 IM、邮件、RSS、Twitter、电话、短信、游戏，等等。

其实，信息过剩问题，也就是时间管理问题，消息控制 N 部曲帮我们高效管理：

1. 明白事情的优先顺序，将可以调动的时间划块，将事项分配到块状时间里去。在工作时间里，高度专注于某一事项，心无旁骛，能断网的话，尽量断网。

记住，没有比"紧急"更影响生命的了。留出时间来呼吸，建立自己工作的优先排序。对于任何包含歧义、交互或情感的事情，要重视面对面的交谈，而不是通过发消息来解决。技术只是一个工具，它不应该决定我们如何作决策，如何管理自己的时间及如何放松。

2. 为了身体健康着想，雷打不动地设定和执行作息时间，并在一天结束时处理电子邮件。这时人已经很累了，急于要回家。这样人就会更好地关注重要的邮件，并使回复尽可能地简短。而且，很少有人能够立即回复。

3. 在这个充满了诱惑的社会，时间是一个人所拥有的最匮乏的资源，永远都是不够用的，善于选择一件事，善于拒绝另一件事，将会给你带来无可比拟的优势。我们现在已经有了大量管理信息的工作，只是需要时间去建立和维护。收藏夹这一功能最简单，但很强大。问题是收藏网页太容易了，以至于很多人忘了去管理。整洁的收藏夹、RSS 订阅和邮件订阅能创造出惊人的效率，只是每个月要花几小时的时间删除不想要的条目、对新的条目加以分类。

4. 在每个系统中建立自己的知识框架，应用知识管理来不断完善，同时记录心得。形成自己的 GTD 系统，不断完善和改进。

5. 多看点书，深度思考，尽量将知识点绘制到 A4 纸上，你甚至都用不上华丽的 GTD 和思维导图工具。只要将知识点记下来，在随后的阅读里，你的目光将自然不断聚焦这个知识点上，这是人脑最厉害的地方，而且越用越灵。

三、数据的迷雾

信息时代给生产力带来了巨大的发展，但信息并非总是正面促进生产力，有时候信息过多让人们无法及时有效地完成任务，反而可能造成生产效率的下降，这就是信息过载。信息过载会引起信息疲劳综合征。

信息过载对于美国工业和全球管理者的影响：

根据 BASEX 公司的统计，2007 年美国工业界因信息过载造成的损失在

6.5 亿美元，而 2008 年这个值已经飙升到了 9 亿美元。

Waddington 早在 1996 年主持了一项名为"信息窒息"调查以期确定信息过载管理者的影响。该研究调查了英国、美国、澳大利亚和新加坡等国家和地区的 1313 名管理者，结果显示：2/3 的人认为信息过载造成的压力造成了同事关系的紧张，并影响了他们对工作的满意度；1/3 的管理者认为他们健康状况不佳是信息过载的直接结果，而在高层管理者中持这种看法的人达 43%；62% 的人认为信息过载是危及个人社会关系的直接原因；43% 的管理者认为由于信息过载的影响，许多重大的决策被迫延迟并进而影响到他们的决策能力；44% 的管理者认为检索信息的成本甚至已经超过信息本身的商业价值。

信息过载主要表现为受传者对信息反映的速度远远低于信息传播的速度、大众媒介中的信息量大大高于受众所能消费、承受或需要的信息量、大量无关的没用的冗余的信息严重干扰了受众对相关有用信息的准确分析和正确选择。

奥林·克拉普深入讨论了信息过载和由此而引起的厌烦问题。他认为，信息过载不仅是信息量的增加，更重要的是信息降级，具体表现为信息的噪音化和平庸化，即产生大量冗余、重复的信息而增加了有效信息获取的难度，信息超过个人接受和处理的能力，从而导致厌烦和心理焦虑。

信息过载对于企业的经营决策影响是很大的，因此要重视信息过载对经营决策的影响，哈佛心理学教授丹尼尔·吉尔伯特指出，信息过载削弱了大脑进行分析和决策的能力，虽然这样，面对信息过载的冲击，还是有一些人挺过来了，走出了数据的迷雾，而且比过去更成功。

如何能够免除或者降低信息过载对人们的影响，已经成为一个新兴的研究领域——信息过载及其解决方法的组织信息过载研究组（InformationOver-loadResearchGroup，后文简称 IORG）进行信息过载研究，该组织的成员来自包含了微软、英特尔、谷歌和 IBM 等知名企业在内的多家科技公司，据说该组织已经研究一些信息过载解决方案，如 Google 的工程师就设计了一款名为 EmailAddict 的软件来阻止用户总是去查看新到的电子邮件。

1. 不同的导致信息过载的原因

（1）第一类是和电子邮件过载。Email 对工作的影响包括三方面，一是大量的垃圾邮件消耗了工作者的工作时间，需要工作者花费更多的时间找到真正有用的邮件；二是很多人会打开电子邮件的自动接收功能，不断收到的新邮件和软件向用户发出的提醒会中断用户的工作，可能会打断用户的思路；第三是用户往往喜欢先去完成新收到的邮件中提出的优先级较低的任务，而把手边正在处理的高优先级任务中止，结果导致真正重要的任务被延误。

要解决这些问题，一方面需要提高对垃圾邮件的过滤能力，另一方面则需要对用户进行教育改变使用电子邮件的习惯，包括开发一些辅助软件来帮助用户调整习惯，例如来自 Google 的工程师就设计了一款名为 EmailAddict 的软件来阻止用户总是去查看新到的电子邮件。

（2）第二类是即时通信软件对用户的干扰和中断。相对于 Email 的非即时性，即时通信软件要求更高的即时性，用户很难对收到的即时消息推迟恢复或者不予理睬，因此即时通信软件对用户的干扰程度也远重于电子邮件。目前的研究还没有克服即时通信软件的负面效果的有效方法，主要工作集中在即时通信软件带来的中断和干扰与企业生产力之间的关系分析上。

（3）第三类是和电子邮件相关的社会问题，讨论了因为社会原因如道德规范导致的电子邮件信息过载等，通过跨学科研究从另一个层面分析信息过载。

2. 如何消除过多信息的干扰

（1）定义信息过载的基本概念，并通过宣传让公众认识到信息过载问题的存在；提供一个共享信息和资源的平台，提供关于信息过载的指导意见，以及资源链接。

（2）通过合作研究寻找解决信息过载的方法和最佳实践案例。

组织信息过载研究组每年举行年会，讨论信息过载研究的现状、企业的解决方案以及最佳实践，并通过会议的宣传不断扩大公众对信息过载的认识。此外，组织信息过载研究组还在自己的网站提供各类资源和实用经验。

信息过载在国内目前还未引起足够的重视，许多公司或单位往往是将即时通信软件一封了之，但除了封锁，也许我们应该像组织信息过载研究组一样，真正把信息过载当成一个科学问题来看待，寻求用科学的方法来解决。

四、多任务真的好吗

我们的生活是一种多任务生活，在一段时间内尽可能做几种事情，开车时打手机，开会时查看电子邮件，吃饭时看电视。

玛吉·杰克逊在《注意力分散》一书中说："多任务是把效率、狂乱的行动、高机动性视为成功途径的价值体系的一部分。所以我们愿意像醉鬼一样开车，或慌乱地工作，虽然可能会使自己丧命。"

认知心理学家们指出，人类的注意力是非常有限的。虽然我们竭尽全力，当我们同时做一件以上的事情时，效率就会变低，且更加容易出错。这是因为多任务实际上是分散注意力的过程，在各种任务之间来回切换。

永远在线、一心多用、同时处理多项任务的工作环境正在扼杀工作效率，抑制创造能力，并使我们很不快乐。

在各种"永远在线的多任务处理"的挑战面前，我们努力地断断续续地抓住片刻安宁，用自己的笔记本电脑或智能手机同时处理多项任务，试图与涌向自己的信息流保持同步。

同时处理多项任务——用一项任务打断另一项任务——有时可能很有趣。我们喜爱的高科技电子邮件设备的每一次振铃，都承载着潜在的回报希望。查看它，就可能提供一种来自更困难和更具挑战性任务的、我们乐于接受的注意力分散。它使我们感到，至少暂时感到，我们已经做了一些事情——哪怕只是删除自己电子邮箱收件箱中的邮件。

有资料表明：一个紧张的日程安排，需要在各种任务之间不断转换，只会降低效率而不会提高效率。专家的研究表明：人们开始一个新任务时，大脑要经过一个预热的过程。你需要集中注意力，回想主要的问题是什么。哈佛商学院的 TeresaAmabile 和她的同事们评估了 9000 多人的日常工作方式，这些人所从事的项目都需要具有创造力和创新性。他们发现，当人们在一天中的大部分时间里都专注于一项活动，并且只有一位合作者时，其发挥创造性思维的可能性更高。与此相反，如果人们每天的工作高度分散——参加不同团体的许多活动、会议和讨论，他们的创造性思维能力就会明显下降。

虽然一旦这些完成，人的思维就又进入了高效的工作状态。但即使是 10 秒的走神也足以让人出问题。研究发现，从一个任务转到另一个任务的频率，决定了相应的时间成本，加起来可能每天有 2~4 个小时。

1. 避免多任务同时进行。多任务同时工作有时候是可以的。但是要想获得什么实质性的工作，多任务工作可就弊大于利了。必须在一个小时内处理五六件事的情况可能是无法避免的，但如果还认为这是管理的理想而不是灾难的话，你永远也得不到提高。一次做一件事。这并不是说你必须做一个项目直到它完成为止，而是说你不应该在三个项目间两分钟换一次。给自己设定一个最短工作时间，15 或者是 20 分钟，甚至是一个小时，在这期间只做一个项目。

2. 不用每件事都亲历亲为。没有一个经理人有足够的时间去做他所有重要的事情。完成重要事情唯一的办法就是让别人去替你完成自己可以做的一些事情。对最高决策者来说，应该只亲自深入参与解决那些最需要插手干预的问题，那些对公司业绩——无论是现在还是将来的业绩——至关重要的问题。

对于企业高管来说，建立一个有效的日常信息管理支持结构已成为获得成功的一个关键要素。这种支持结构可能比较复杂，比如为一家大型企业首席执行官配备办公室主任，也可能比较简单，只需要一个能干的助理。

3. 时间封锁实践。当不想被打扰，在日程表中创造"独处时间"，集中精力对最重要问题进行有意义的深入思考。

德鲁克在他的书中说："只有一小块一小块的时间是不行的，即使这些时间加起来长得出人意料。"因此，经理人必须能够拥有相对大段的时间，特别对一些要求长时间思考、比较判断等决策，以及创新过程来说，更是这样。

管理专家 Drucker 早在 1967 年就为时间支离破碎的管理者提供了解决方案：

在你的工作日程中保留一些完整的时间，不接电话，每天一次或两次在短时间内集中回电话——听起来非常像当今的时间和信息管理专家提出的建议。

关于多任务工作的建议：对于那些使你从工作当中放松的事情也同样适用，比如查看电子邮箱、玩纸牌、接电话，等等。

第三章

管理能量，而非时间

一、陷入一种"嗜忙"的状态

不少管理者都有这样的感慨："忙了一天，也不知道忙了什么，时间还不够用。"其实，只要有效地运用时间，就可以提高工作效率，在相同的时间里做更多的事，而且做得更好，成为一名出色的管理者。如何才能有效地运用时间而避免陷入一种"嗜忙"的状态呢？

按照事务的类型来安排时间。大致来说，事务可以分为四种类型，管理者花多少时间，应视其类型而定。

第一，紧急而且重要。包括与客户洽谈业务、未按时交货、设备出故障、产品质量出现问题等。管理者对这类燃眉之急的事一般都不会马虎，必须花上整天的时间来处理，直到解决为止。

第二，重要但不紧急。包括远景规划、产品创新、人才培养、组织协调等。这类事务看起来一点都不急迫，可以从容地去做，但却是管理者要花大精力去做的事，是管理者的第一要务。如果不在这类事务上花最多的时间，管理者就是"不务正业"。

第三，紧急但不重要。包括批阅日常文件、工作例会、接打电话等。这类事务也需要管理者赶快处理，但不宜花去过多的时间。

第四，不紧急也不重要。包括可不去的应酬、冗长而无主题的会议等。对于这类事务，管理者可先想一想："这件事如果根本不去理会它，会出现什么情况呢？"如果答案是"什么事都没发生。"那就应该立即停止做这些事。

1. 要事第一

管理时间是每一个职场人士的必修课，可惜很多人都不及格。首先，管理自己的时间也要有战略观念，那就是：你的目标是什么？没有清晰的目标，从技术层面去谈时间管理，很容易滑落到有效率没效果的误区。所以，要管理好自己的时间，第一个要问的问题是：我要去往哪里？然后，你的所有时间都应该是为这个目标服务的，这样的时间管理才有意义。作为一名出色的管理者，一定要克服这样的心理倾向，首先着手最重要的工作，用足够的时间精力来处理它，并把它办好。在《管理能量，而非时间》一文中，作者就强调要调整自己的工作和生活习惯，在精力最旺盛的时候处理最重要的事情，保证自己最有工作效率，所谓的"要事第一"。

2. 每天留些"机动时间"

管理者容易犯这样的错误：用各种活动把一天的时间表排得满满的，以致没有一点"机动时间"处理可能出现的各种突发事件。如果出现意外情况，管理者就不得不放弃计划中的工作，来处理突发事件，而今日未完成的工作，就必须加进明日的工作表中。工作是一场马拉松，而非短跑，如此给自己加压，管理者坚持不了多久。因此，管理者应每天留些"机动时间"，即使没有发生突发事件，管理者也可利用"机动时间"处理一些较次要的问题；或与员工联络一下感情；也可休息一会，考虑一天工作中的得失等。这样，管理者就可紧张而又不失轻松地完成一天的工作，从容地面对明天的挑战。

3. 不做完美主义者

夏洛特北卡罗来纳大学的前任教授米里亚·阿德霍德特－艾伦特描述自己是完美主义的颠覆者。据他观察，完美主义者会让任何项目举步维艰，因为没有绝对正确的事。要学会放弃，有时要学会转个方向去做事情。要会安排，但必须用适合自己的方式。

安·麦吉－库珀顾问说："线性思维者喜欢这样的时间管理方式——列清单、保持桌面整洁、系统化，等等。"但现实是，非线性思维者大量的存在。这些人喜欢文件如山的桌面、多得喘不过气的计划、飞快地玩魔术似的同时做几件事情，他们觉得这样很舒服。对于这些人，安的建议可以用分色文件夹在桌面上堆放文件。这样的话，如果线性思维者来拜访，起码在视觉上觉得有条理，总比他认为你做事乱糟糟的要好。

二、提高你的专注力

上班族的注意力常常会被各种电子设备分散——在电脑前忙着公司的工作，但同时打开电子邮件的界面，还在 QQ 或 MSN 上与人交谈，手机还不时传来短信提示音……E 时代，不少职场人"习惯"同时做多件事情，但这对人们造成了一定的负面影响，工作效率严重降低，专注力涣散已成为职场一大流行"病症"。职场中人该如何提高自己的专注力？

获取新的信息需要集中注意力，包括忽视干扰。认知神经学家、《满满当当的大脑》一书的作者克林伯说："如果我们不集中注意力，我们就记不住。"换言之，专注力是高效工作的关键组成部分。

我们生活于其中的充满信息的环境对注意力有着非常高的要求。现在信息争相输入我们的大脑，导致我们无法吸收。大脑适于思考、分析和创造，如果只是对刺激做出反应，它就无法深入。网站上的文章、标题、视频、音频太多，使人无法集中注意力。"在网络信息下生活和工作，就像观看一位消防员试图用汽油来灭火。如果你的网页很难懂，加上一个别的网页的链接。如果帮助系统太麻烦，添加一个'如何使用帮助'。如果在这里找不到答案，那就点遍另外 1000 个网页。"巴里·施瓦茨在《选择的悖论》一书中说，太多选择会成为一种负担，选择的自由最后变成了选择的专制。

1. 专注的必要

"只有 10％的管理者拥有这样的专注和精力。"瑞士圣·加伦大学的领导学教授海克·布吕什博士，以及伦敦商学院的战略与国际管理学前任教授萨曼特雷·戈舍尔博士根据他们为期 10 年的对经理们的研究总结道。而其他的管理人员需要优先考虑的限制因素，如老板、同事或工作描述。在决定什么是可行的时，高效率的管理者们却完全反过来了。"他们先决定必须完成的目标，然后去管理外部的环境。"布吕什和戈舍尔在《注意那些忙碌的管理者们》一书中这样认为。

我们很多时候都不能集中注意力，但往往只有当注意力分散导致不能有效率地完成工作甚至发生错误的时候，我们才会意识到问题的存在。容易让人分心的环境、胡思乱想和情绪因素都会导致注意力不集中。你的思路就像一只跳来跳去的猴子，训练自己集中注意力就是要驯服这只大猴子。知道为什么会注意力不集中，就容易对症下药了。

"应对网络干扰，到底有没有一个有效的方法？也许没有，但第一步，就是让我们意识到我们正在面临这个问题。"麦克·埃尔甘说。他对《青年周末》记者详述了自己解决"网络分心"的小花招："当我工作时，我会尽量不让自己的笔记本联网，这一招可算是釜底抽薪了；另外一招是，我会给自己制定完成任务所需要的时间，比如我打算一个小时内完成某件事情，那我就会尽力跟钟表赛跑，从而避免分心。"

2. 一次只专心做一件事

数字时代，我们每天都需要处理大量的信息。当这些信息杂乱无章地摆在眼前时，很容易会让人产生焦躁情绪。所以应该做好时间规划，一次只做一件事，做好之后再做其他事情，这样做事效率会明显提高。值得注意的是，在分配时间时最好在每件事情中间留出空当，以避免当有其他事情突然插进来时引起慌乱。

美国马萨诸塞州萨德伯里大学的爱德华·豪威尔博士是注意力方面的专家。

他注意到，习惯同时做多件事情的人，很容易注意力涣散，并陷入不可自拔的焦虑之中。而过去 10 年中，有这类问题的人数竟增长了 10 倍。

信息社会，每天我们都不得不面对大量信息处理的压力。《哈佛商业评论》报道，当各种信息压得我们喘不过气，我们跟任务竞赛而又不能区分优先次序时，注意力缺陷就会出现。我们不仅集中不了注意力，反而冲动、着急上火，还会感到内疚，觉得自己不行。

爱德华·豪威尔说："这时候，人们往往想应该睡得更少点儿，工作更努力些，留在办公室更晚些，而这样一来，大脑的情况只会更糟糕。"

而一些世界上最具创造力和最有效率的人，却拒绝让他们的大脑承受过多的信息洪流。美国最有名的金融顾问苏沙·奥马说："我一次只做一件事，做好它后，我再做别的。"工作时，我拒绝被干扰。

3. 把握专注力高峰

"黄金时间做黄金事"是时间管理的重要原则。所谓黄金时间就是人体能量的高峰期。虽有个体差异，但总的来说，能量高峰时个体的反应力、注意力、思维敏捷性都处于相对的最佳状态。

把最重要的事放在"专注力高峰"的时间来做，就更容易提高效率。

因此，首先可以看看你的"黄金时间"是什么，有人是早晨，也有人是晚上。将专注力的高峰用于"重要事务"，而非疲于应对，也能提高专注效果。

4. 适当休息并融入环境

疲劳也会影响人的专注力，长时间的工作会消耗大量的精力，继而产生倦怠和注意力涣散。此时适当的休息和调整十分必要，比如尽量避免工作单一化，不同类型的工作交替进行；在工作的间隔站起来活动活动，或听听音乐；与同事聊聊天、说说话，都能够缓解烦躁的情绪，平息因工作繁复产生的怒气。

三、谁背上了猴子

许多经理人常常因为面临的问题太多、负担太重而觉得筋疲力尽。他们常常是时间不够用，工作做不完；而他们的下属则是相反。

在这个问题上，《哈佛商业评论》发表过很多时间管理方面的经典文章，其中最经典的两篇是《谁背上了猴子》这篇文章被重新印刷过很多次，值得每个经理人反复阅读。在这篇文章中，它以哈佛罕见的幽默语言，把工作比作猴子，提出了喂养猴子的五项原则。这篇文章随时会提醒你：现在猴子在谁的背上？在你的背上，还是在下属的背上？或者，下属正在成功地把猴子转移到你的背上？关键思想在于：你不要什么事情都要做！做那些你不得不做的事情，然后把其他事情更好的授权给他人来做。

一般来说，可以用以下公式概括领导的精髓：领导＝决策＋授权。领导不简单地等同于一般的管理，领导思维属战略思维，领导思考的应是全局性的、综合性的问题。领导的真正作用在于恰当处理组织的协调问题，发挥组织成员的潜能。调动组织全体成员的积极性和创造性，齐心协力完成组织目标。因此，领导要善于决策，善于授权。

1. 授权先授能

授权不等于放权。授权意味着激励员工承担更多的责任，拥有更多自行决策的权力。首先，授权必须要有适宜的对象，即成熟而热忱的员工，他有足够的能力和意愿去担当责任，所以授权的第一步是授能，是培养激励员工的过程。懂得怎样用有效的态度和方式去激励别人，在经理生涯中起着双重作用，你激励别人，别人也在激励你，是互动的成长。在这一阶段，经理人扮演着领导者的角色，需要给予员工具体的目标并加以指引和指导，协助他一起完成任务，很显然，这时的效率很低下，因为员工不能独立工作。

2. 管理者要让下属忙起来

随着员工工作效能和经验的增长，经理可以像教练一样与员工进行充分的交流，并开始向他解释有关的决定、决策和提供支持的过程和方式。比如一个销售经理训练销售员的最好方式就是亲自带领他去"打项目"：从寻找销售线索、判定项目落单的可能性及时期，到制定销售策略并对方案、报价、商务谈判等一系列具体问题提供建议，经理与队友交流认识及决策过程，而不仅是告诉他结果。同时，经理也可以请成熟的队友来做案例分析。一旦员工有信心、有能力独立完成任务时，经理的角色就变成了支持者，在员工达成目标的过程中，提供充分的支持而不是指导。在这个阶段，员工或团队的效率迅速提高，他们已经从心理上、能力上具备了承担责任的条件。

企业管理者的工作时间是属于企业的，上司来找你是应该的，下属来麻烦你是应该的。管理者要做的不是抱怨，是要下决心管理好自己的时间。其实管理者的管理时间，首先是管理好自己，其次是管理好他人，才能提高效率，节省时间。这才是企业管理者要做好的工作，只有管理好自己的时间了，才有更多的时间去做更多企业的事情。企业管理者得学会让下属忙起来，别什么事都是自己搞定，那样不仅浪费了时间更不能给下属锻炼的机会。

授权是领导者走向成功的分身术。今天，面对着经济、科技和社会协调发展的复杂管理，即使是超群的领导者，也不应独揽一切。领导者尤其是高层领导者，其职能已不再是做事，而在于成事了。因此，他们必须向员工授权。这样做的好处有：可以把领导者从琐碎的事务中解脱出来，专门处理重大问题。戴·卡耐基和史蒂文·柯维博士之所以享誉全球，是因为他们激励了成千上万的企业家去奋斗、去追逐成功。

3. 授权是有风险的

你可能会丧失神秘感，可能因精心培养的部下离职而受到伤害，也可能由于过分或不适时地授权而招致事情砸锅。但我们是否就因噎废食呢？经理人生涯，如同人生一样是一个过程，我们的目标在于如何让这一过程变得精彩而有效，如何在创建、激励一支高效团队的过程中获得成长和快乐，并带动团队乃至整个组织不断改善，以提高生产率。拥有给予的能力和敢于给予的胸怀，正是我们心驰神往的境界。

你就知道如何利用好时间，把时间当做你的朋友，而不是把时间塞得满满的，把自己搞得筋疲力尽。